职业教育“十四五”规划物业管理专业“知识+技能”系列教材

物业环境管理

（第2版）

主　编　张天琪

副主编　谭利芬　杨月娟

参　编　（按姓氏拼音排序）

郭　冰　李　翠　李小丰

梁　冲　司福亮　周道姗

中国财富出版社有限公司

图书在版编目（CIP）数据

物业环境管理/张天琪主编.—2版.—北京：中国财富出版社有限公司，2021.7（2026.1重印）

（职业教育“十四五”规划物业管理专业“知识+技能”系列教材）

ISBN 978-7-5047-7487-3

Ⅰ.①物… Ⅱ.①张… Ⅲ.①物业管理—环境管理—高等职业教育—教材 Ⅳ.①F293.33 ②X322

中国版本图书馆CIP数据核字（2021）第143811号

策划编辑	谷秀莉	责任编辑	朱凯琳		
责任印制	尚立业	责任校对	孙丽丽	责任发行	于 宁

出版发行	中国财富出版社有限公司		
社　址	北京市丰台区南四环西路188号5区20楼	邮政编码	100070
电　话	010-52227588 转 2098（发行部）		010-52227588 转 321（总编室）
	010-52227566（24小时读者服务）		010-52227588 转 305（质检部）
网　址	http：//www.cfpress.com.cn	排　版	宝蕾元
经　销	新华书店	印　刷	北京九州迅驰传媒文化有限公司
书　号	ISBN 978-7-5047-7487-3/F·3320		
开　本	787mm×1092mm　1/16	版　次	2021年11月第2版
印　张	18.5	印　次	2026年1月第4次印刷
字　数	427千字	定　价	49.00元

前言

党的十八大以来，以习近平同志为核心的党中央对加快推进社会治理现代化作出一系列重要部署，取得显著成效。党的十九届四中全会提出，“要坚持和完善共建共治共享的社会治理制度，保持社会稳定、维护国家安全”“确保人民安居乐业、社会安定有序，建设更高水平的平安中国”。住宅小区不仅是群众生产、生活、活动的基本单元，也是基层社会治理的最基础单元。住宅小区的物业管理具有“扎根基层、贴近业主、覆盖广泛”等特点，是加强和创新基层社会治理的切入点之一。党的二十大指出，要“健全共建共治共享的社会治理制度，提升社会治理效能”。同时，随着工业化、信息化、城镇化、市场化、国际化进程的逐步加快，我国城乡基层社会正在发生巨大变化，人们越来越注重对工作、居住环境及生活品质的追求，对物业服务的要求也日益提高。因此，在居民追求高品质服务和国家完善基层社会治理体系的新形势下，物业管理行业面临着难得的机遇和重大挑战。

物业环境管理是物业服务的重要内容之一，涉及面广，专业性比较强，涉及环保、绿化等多个学科，做好物业环境管理、提升物业服务质量是物业管理从业者面临的重要理论和实践课题。作为物业管理专业课程“物业环境管理”的配套教材，本教材吸取了近年来物业管理学科理论的最新研究成果、最新实用技术及新政策，具有一定的前沿性。在教材的编写过程中，针对职业院校学生的培养要求和学习特点，编者提供了丰富的物业管理方面的典型案例、资料以及实训练习内容，以锻炼学生的问题分析能力和实际操作能力。本教材从物业环境保护管理、物业环境卫生管理、物业垃圾与防疫管理、物业环境绿化管理、物业环境绿化设计与养护、物业水质与水景管理、物业安全管理、物业环境管理体系等方面全面介绍了物业环境管理的知识，并且根据教材和专业课程的设置情况，对物业环境管理所包括的设备设施、房屋等内容进行了技术性处理，以避免同物业设备管理和物业房屋管理等课程重复。与第 1 版教材相比，本教材增加了物业水质与水景管理等方面的内容，突出了教材的实用性。

本教材具有以下特色。

特色 1 采用项目化、任务驱动式教学方法，有利于调动学生积极性，使学生的注意力更加集中，教材中的附加内容可以使教材内容更加形象、生动，适量的配套练习可以培养学生自学自测的能力（从电子教学资料包中可以寻找到答案）。

特色2 教材内容根据企业调研，采取校企合作的模式进行编写。文字通俗易懂、深浅有度，理论知识广而不深，基本技能的教学贯穿教材始终，图文并茂，以例释理的方法得到广泛应用，符合职业院校学生的学习特点。

特色3 编写思路上注重知识与能力并重，一方面注重企业的参与，注重与相关职业资格标准相结合，另一方面知识与能力训练互为依托，增强了内容的可读性。

本教材定位于物业管理专业，具有针对性强、实操性强、理论适中、覆盖面较广、形式多样等优点，适合职业院校物业管理专业的学生以及物业管理爱好者使用。

本教材编写人员来自高校专业教师和企业一线管理人员，理论和实践经验丰富。其中，张天琪担任主编，谭利芬、杨月娟担任副主编，参加编写的人员有司福亮、李小丰、李翠、梁冲、郭冰、周道姗。

本教材在编写过程中，得到了北京农业职业学院物业管理专业相关领导及北京天地福业物业管理有限公司等企业的支持和帮助，同时参考了已出版的有关教材以及许多专家、学者的论文及著作，吸取了许多重要的研究成果和材料。在这里，谨向他们表示衷心的感谢！由于水平有限，不足之处在所难免，希望读者批评、指正。

编者

2020年10月

目　录

项目一　物业环境管理概述

动脑筋

老旧小区，“改”出新生活

建筑新了，车位多了，花园美了……去年以来，不少城镇的老旧小区变了模样。尤其在城镇老旧小区改造的试点地区，一系列“升级版”改造的新思路、新做法正在探索和实践。2020年，全国新开工改造3.9万个城镇老旧小区，同时也将“改”出近700万户居民的新生活。与从前主要聚焦于水、电、气、路等管线的改造相比，此次改造堪称“升级版”，改造内容可分为三类：水、电、气、路等市政配套基础设施改造和建筑物公共部位维修等基础类；小区环境和配套设施改造提升等完善类；养老、托育等社区公共服务产品供给的提升类。小区环境好了，设施全了，服务多了，很多城镇老旧小区改造后，居民都有了实实在在的获得感。尤其是在新冠肺炎疫情防控期间，改造后的城镇老旧小区在物业环境管理水平和防控能力上都有很大提升。那么，物业环境管理包括哪些内容？业主对物业环境管理有哪些要求呢？

资料来源：《人民日报》，有修改。

任务导读

- 物业环境管理概述
  - 物业环境管理的相关概念
    - 物业与物业管理
    - 环境
    - 物业环境
    - 物业环境管理
  - 物业环境管理
    - 物业环境管理的特点
    - 物业环境管理的内容及目标
    - 物业环境管理的基本原则及基本手段
    - 物业环境管理的重要性及发展趋势
  - 物业环境管理机构设置
    - 物业环境管理机构设置的要求
    - 物业环境管理机构设置的原则
    - 物业环境管理各部门的具体设置

本章学习目标

知识目标：1. 掌握物业环境管理的基本概念、内容和目标。
2. 熟悉物业环境管理的基本原则及手段。
3. 了解物业环境管理的特点、重要性及发展趋势。

能力目标：设计一家物业服务企业的环境管理机构。

任务一　物业环境管理的相关概念

任务导入

从《民法典》视角解读物业管啥不管啥

在人们的日常生活中，家里灯泡坏了，找物业；停水停电了，找物业；房屋出现质量问题，还是要找物业……在一些居民眼中，生活中的这些问题都需要物业来解决，物业就是万能的。有的居民问："我们小区才交房没几年，就已经出现个别业主毁坏公共绿地的现象，物业对此不管不问。物业到底有没有管理义务？"

《中华人民共和国民法典》（以下简称《民法典》）第二百七十四条规定，"建筑区划内的绿地，属于业主共有"；同时，《民法典》第九百四十二条规定，"物业服务人应当按照约定和物业的使用性质，妥善维修、养护、清洁、绿化和经营管理物业服务区域内的业主共有部分，维护物业服务区域内的基本秩序，采取合理措施保护业主的人身、财产安全"。因此，物业负有对小区公共绿地的管理义务。如果小区的公共绿地被侵占或破坏，物业应该要求破坏者整改并将公共绿地恢复原样。对于不予恢复的，物业公司可以报请有关执法部门介入解决。

资料来源：广州市物业管理行业协会，http：//www. gzpma. com/newsinfo/2261547. html，2020－09－22，有修改。

问题与思考：

1. 什么叫物业？什么叫物业管理？
2. 什么叫物业环境管理？影响小区住宅外部居住环境的因素有哪些？

知识探究

物业管理与环境密不可分，物业环境管理是维护现代人居住小区的生态环境乃至城市生态环境，促进城市可持续发展的基础。物业环境是城市环境的一部分，是城市范围内某辖区的小环境，是城市环境的单元。物业环境时刻影响着人类居住、工作、教育、卫生、文化、娱乐、经济、贸易、生产等活动，是人类生存和发展的基本环境。物业环境如果得不到保护，就很容易成为污染源，将会直接威胁城市整体环境，也会影响人类的身体健康和生活质量。

一、物业与物业管理

（一）物业

1. 物业的概念

所谓物业，是指已建成并具有使用功能和经济效用的各类居住和非居住的房屋及与之相配套的设备，市政、公用设施，房屋所在的土地、附属的场地和庭院等。其中，房屋是指地上的建筑物和地下的构筑物，既包括住宅房屋，如居民楼、公寓、别墅等，也包括非住宅房屋，如工业厂房、仓库、商店、饭店、宾馆、教学楼、医院、体育馆、办公楼等。各类房屋可以是一个建筑群，如住宅小区、工业区等，也可以是单元建筑，如一幢高层或者多层住宅楼、停车场等。

2. 物业的内涵

物业的内涵一般由四部分组成。

（1）供居住或非居住的建筑物本体即房屋，包括建筑物自用部位和共用部位。

（2）配套附属设备，同样包括自用设备和共用设备。自用设备指建筑物内部业主、非业主使用人自用的门窗、卫生洁具以及通向总管道的供水、排水、燃气管道及电线等设备。共用设备指建筑物内部全体业主和非业主使用人共同使用的供水、排水、落水管道及照明灯具、垃圾通道、电视天线、水箱、水泵、电梯、邮政信箱、避雷装置、消防器具等设备。

（3）配套公共设施，指物业区域内业主、非业主使用人共有共用的设施，如道路、绿地、停车场（库）、照明管线、排水管道等设施。

（4）相关场地，指物业所占用的场地。

物业管理小专家

“物业”一词的来源

“物业”一词来自香港方言。它源自“Real Property”或“Real Estate”，表示房地产或不动产。在中国港澳地区及东南亚一些国家，“物业”一词往往作为房地产或不动产的别称或同义词。在地方法规《香港房地产法》中，作者李宗锷先生称“物业”是单元性的房地产。它既可以是单元性的地产，也可以是单元性的房产，既可以是一套住宅，也可以是一栋楼宇或房屋，故而物业涉及的范围非常广泛。应注意的是，尽管“物业”一词常常作为房地产的同义词，但是物业的概念与房地产的概念在很多方面还存在着差别。一般来说，房地产一词涉及宏观领域，泛指一个产业；而物业则是一个微观的概念，它一般是指一个单项的房地财产，或一项具体的实物资产。

3. 物业的特征

物业与其他事物一样，也有自己独特的性质。从它的自然属性看，物业是一种区别于其他物质的物质形式，它具有以下特征。

（1）固定性。表现为土地、建筑物的不可移动性或位置的确定性。

（2）耐久性。表现为长久的使用寿命周期。

（3）多样性。表现为建筑物不同的构造、外观、功能等。

（二）物业管理

国务院在2018年最新颁布的《物业管理条例》中明确指出：物业管理是指业主通过选聘物业服务企业，由业主和物业服务企业按照物业服务合同约定，对房屋及配套的设施设备和相关场地进行维修、养护、管理，维护相关区域内的环境卫生和秩序的活动。

物业管理有广义和狭义之分。

1. 广义的物业管理

广义的物业管理是指在物业的寿命周期内，为发挥物业的经济价值和使用价值，管理者采取多种科学技术方法与管理手段，对各类物业实施全过程的管理，并为物业所有者或使用者提供有效周到的服务。广义的物业管理的范畴相当大，它涉及物业整个寿命周期内的多种管理与服务活动，如物业的开发建设管理、租售管理、装修管理、修缮管理以及为物业使用者的经营、生产、居住而提供的多种形式的服务。

2. 狭义的物业管理

狭义的物业管理是指专业组织或机构，受业主委托，按合同或契约，运用现代经营手段和修缮技术对已建物业进行管理，为其业主或用户服务。狭义的物业管理，一般包括对房屋建筑及附属配套设备、设施及场地以经营的方式进行管理，对房屋周围的环境、清洁卫生、安全保卫、公共绿化、公共设施、道路统一实施专业化维修、管护，维持物业使用功能，向业主或使用人提供多方面服务。

由此可见，广义的物业管理与狭义的物业管理的区别，在于其管理范围的不同。广义的物业管理范围涵盖较宽，包括物业从产生到寿命终止的全部过程，涵盖物业的建设策划、经营管理、投资增值和报废的善后处理等。在大多数企事业组织或机构，其内部的物业管理均体现出这种广义的特征。而狭义的物业管理，则多体现在物业建成并投入市场后，专业的物业管理服务企业接受业主或使用人的委托而进行的物业使用期的管理与服务，表现为物业运行管理。我国物业管理行业起步较晚，物业管理的市场体系正在建立中，目前开展的物业管理多属于狭义的物业管理。随着我国物业管理业的进一步发展，广义的物业管理将出现并发展起来。

二、环境

根据《中华人民共和国环境保护法》的规定：环境是指影响人类生存和发展的各种天然的和经过人工改造的自然因素的总体，包括大气、水、海洋、土地、矿藏、森林、草原、湿地、野生生物、自然遗迹、人文遗迹、自然保护区、风景名胜区、城市和乡村等。环境是人类进行生产和生活活动的场所，是人类生存和发展的物质基础。从另一种角度说，就是作用于“人类”这一主体的所有外界事物与力量的总和，即与“人”有关的周围地方或者所处的情况和条件。

环境有自然环境和社会环境之分。

1. 自然环境

自然环境是环绕在人们周围的各种自然因素的总和，如大气、水、植物、动物、土壤、岩石矿物、太阳辐射等。这些是人类赖以生存的物质基础，我们通常把这些因素划分为大气圈、水圈、生物圈、土壤圈、岩石圈五个自然圈。

2. 社会环境

社会环境是人类通过长期有意识的社会劳动，在自然环境的基础上，加工和改造了的自然物质、创造的物质生产体系、积累的物质文化等所形成的环境体系，是与自然环境相对的概念。社会环境一方面是人类精神文明和物质文明发展的标志，另一方面又随着人类文明的演进而不断地丰富和发展，所以也有人把社会环境称为“文化—社会”环境。

不同的人对社会环境所包含的内容有不同的看法。有人将社会环境按要素性质分为：①物理社会环境，包括建筑物、道路等；②生物社会环境，包括驯化、养殖的动物和植物；③心理社会环境，包括人的行为、风俗习惯、法律和语言等；④其他社会环境。有人将社会环境按环境功能分为：①聚落环境，包括院落环境、村落环境和城市环境；②工业环境；③农业环境；④文化环境；⑤医疗休养环境；⑥其他社会环境。社会环境分类如图 1－1 所示。

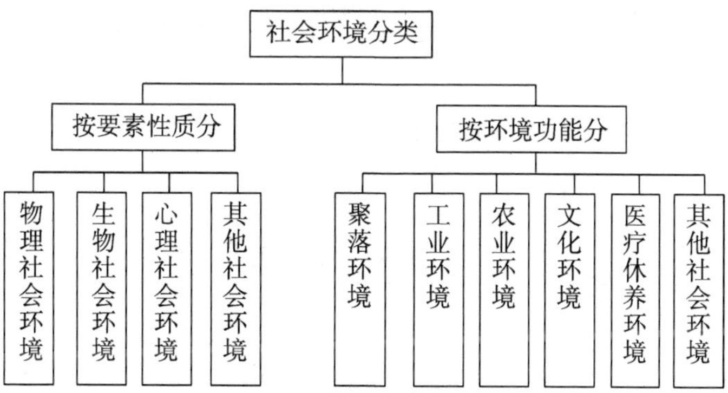

图 1－1 社会环境分类

三、物业环境

（一）物业环境的概念

城市环境是人群集中的聚落环境，主要是指在一个城市范围内的大环境。物业环境是城市环境的一部分，主要是指城市中某个物业管理区域内的环境，它是与业主和使用人的生活和工作密切相关的各种必需条件和外部变量因素的综合。

（二）物业环境的分类

1. 按区域分

通常分为物业内环境和物业外环境，一般来讲，楼宇内的环境叫作物业内环境，楼宇外的环境称为物业外环境。

2. 按自然条件和社会环境的不同角度分

物业环境包括硬环境和软环境。

（1）硬环境。这是指与业主和使用人有关的或其所处的外部环境物质要素的总和，也就是那些可以看得见、摸得着的物质环境，如物业管理区域内的水体、楼房、道路、花草树木、雕塑等。

（2）软环境。软环境多是相对硬环境而言的，是指与业主和使用人有关的或其所处的外部环境精神要素的总和，也就是无法用五官感受的一种心理上的感受，如邻里之间和睦相处的人文环境、人们行为良好的文明环境、夜不闭户的安全环境等。

这两种环境是相互影响、相互促进的，硬环境是软环境的基础和先决条件，软环境则是良好硬环境的指标与形象标准。没有好的硬、软环境，好的物业环境就难以形成。硬环境虽好，但软环境若不到位，也会使好的硬环境不能很好地保持甚至受到人为的破坏。因此，硬环境的建设离不开软环境的支持，软环境的建设也离不开硬环境的物质基础。

3. 按用途分

（1）生活居住环境。生活居住环境是指人们居住的物业环境，包括内部居住环境和外部居住环境两个方面。

① 内部居住环境。内部居住环境是指住宅（以家庭为居住单位的建筑）的内部环境。住宅内部环境的影响因素如表 1 – 1 所示。

表 1 – 1　　住宅内部环境的影响因素

影响因素	说　　明
住宅标准	住宅标准主要有面积标准和质量标准。面积标准一般是指平均每套或每户建筑面积和平均每人居住面积的大小；质量标准是指设备的完善程度，如卫生设备、供水、供电、供气、供热、电视、电话等设施的完善程度

续表

影响因素	说　明
住宅类型	住宅类型涉及住宅的高度和层高。住宅有低层、多层和高层之分。一般来说，低层或多层住宅在居住的方便性上优点比较突出，而高层住宅室内容量大、室外视觉效果好，居住起来舒适性特点较突出
隔声	住宅建筑的居室上下或前后左右要有良好的隔声效果，对电梯或楼梯、管道及外部噪声要有良好的隔离效果
隔热与保温	住宅建筑在夏天要有良好的隔热效果，在冬天要有良好的保温功能，这是改善居住环境的重要条件
光照	住宅建筑室内必须具有适宜的光照时间和强度，包括自然采光和人工照明两种情形
通风	通风一般是指自然通风。住宅建筑室内应具有良好的通风条件，特别是在炎热地区而没有空调的情况下。另外，风向与风力也是影响居室环境的重要因素
室内小气候	住宅建筑室内要具有适宜的气温、相对湿度和空气对流速度，确保室内居住环境空气清新，温度、湿度适宜，不损害人的身体健康，保持居室内环境的舒适性
室内新鲜空气量和二氧化碳及其他有害气体含量	住宅建筑室内要保持足够的新鲜空气量，尽量降低对人身心健康有害的二氧化碳及其他有害、有毒的气体含量，使人们居住在一个安全、舒适的室内环境之中
其他	湿度、电器噪声等

② 外部居住环境。外部居住环境是指居住物业所在区域内，与居民生活居住密切相关的各类公共建筑、市政公共设施、绿化、室外庭院和室外场地等设施与设备的情况和条件。外部居住环境与内部居住环境的有机组合，构成了居住物业的生活居住环境。住宅外部居住环境的影响因素如表 1－2 所示。

表 1－2　　住宅外部居住环境的影响因素

影响因素	说　明
居住密度	居住密度是指单位用地面积上居民和建筑的密集程度，通常用单位用地面积所容纳的居民人数和单位用地面积所建造的住宅建筑面积两个指标来衡量。从居住的舒适性角度考虑，居住密度以低为优
公共建筑	居住物业的公共建筑是指为居民生活服务的各类公共建筑，包括中小学、幼儿园、托儿所、医院、电影院、商店、邮局、银行等文教、卫生、商业服务、公安、行政管理等方面的公共建筑。居住物业的公共建筑配套完善，是保证居住物业具有良好外部环境的基本物质条件

续表

影响因素	说　明
市政公共设施	市政公共设施是指居住物业的居民生活服务设施，如道路、各种工程管线、公共交通等。一般来说，完善、便利的市政公共设施能够给居住物业提供一个良好的外部居住环境
绿化	绿化是指居住物业的室外公共绿化面积和绿化种植。绿化不但有利于调节小气候，而且能美化居住环境，有利于人们的身心健康
室外庭院和各类活动场所	室外庭院主要是指住户独用的室外庭院和公用的生活用地。居住物业的活动场所主要包括儿童游乐和成年人、老年人休息活动的场所。这些都是居民生活居住所不可缺少的组成部分
室外环境小品	室外环境小品主要包括建筑小品、装饰型公共标识、公共游憩小设施以及地面铺砌等
大气环境	居住物业区域内，空气中有害气体和有害物质的浓度与气味，直接影响着居民的身心健康。因此要保持良好的室外大气环境，应消除空气中的有害、有毒气体，或者最大限度地降低其浓度，确保居民人身安全和身心健康
声环境和视环境	为了确保一个良好的居住环境，应尽可能降低噪声强度和住户间视线的干扰程度
小气候环境	应做好居住区内的气温、日照、通风或防风等管理工作，确保居住区内优雅、舒适的小气候环境
邻里和社会环境	居住区内的社会风尚、治安状况、邻里关系、居民的文化水平和艺术修养等，都会直接影响居住环境
环境卫生状况	居住区内卫生状况好，能够净化环境，给居民提供一个清洁宜人的生活环境

（2）生产环境。生产环境是指企业及其生产者从事产品生产的相关设施与条件，其主要影响因素如表1－3所示。

表1－3　　生产环境的影响因素

影响因素	说　明
物业用途及类型	物业用途及类型是否适合该物业生产的产品属性，是影响生产环境的首要因素。例如，假设将一个层高较低的生产用房用于生产一种需要较高层高的厂房才能正常生产的产品，则其生产环境一定比较差
隔声	要求生产用房之间、生产用房与外界之间不造成噪声污染，确保生产者在进行生产工作时不受噪声的干扰，同时保证不影响外界他人的活动
隔热和保温	要求生产用房在夏天能防止室内温度急剧上升，在冬天能防止室内温度急剧下降，确保生产者在一个适宜的温度环境中从事生产活动

续表

影响因素	说　明
光照与通风	要求生产者能在具有足够的自然采光、人工照明和良好通风条件下从事生产
绿化	生产区域内若有足够的绿地面积和绿化种植，不但有利于厂区小气候的调节，而且能够美化厂区环境，有利于生产者的身心健康、树立企业良好的形象
环境卫生状况	良好的环境卫生状况，能够确保生产者在一个清洁、卫生的环境中从事生产，是高效率生产高质量产品的重要条件
交通条件	生产型企业通常需要大量运进原材料及燃料，以及运出产品，因此必须有便捷的交通条件
基础设施	企业生产对基础设施的依赖性较强，生产用房的电力供应情况、生产用水是否能够满足需要、排污及污染治理的可能性、通信条件等，都是影响生产环境的因素
行政服务条件	直接为生产型企业服务的公安、银行、工商、税务、环卫等行政服务机构的设置，对于确保企业有一个良好的生产环境，起着十分重要的作用

（3）商业环境。商业环境是指用于商业目的的物业，包括商店、旅馆、餐馆、游艺场馆和商务写字楼等。商业环境的影响因素如表 1－4 所示。

表 1－4　　商业环境的影响因素

影响因素	说　明
物业类型与档次	商业物业有低层、多层和高层之分，同时其物业档次也不相同。一般来说，档次越高，相关的商业环境越好，客户对商业环境的要求相对来说也更高一些
隔声	商业物业应有较好的隔声效果，以免影响他人或外界，造成噪声污染
光照与通风	商业物业在使用过程中，其室内应有足够的自然采光和人工照明，同时应具有较好的通风条件
室内小气候	要求室内具有适宜的气温、相对湿度和空气流动速度
室内空气含氧量	室内空气要具有足够的含氧量，最大限度地减少有毒、有害、有异味的气体或物质，确保使用人的人身安全和身心健康
绿化	商业物业要有足够的绿化面积和绿化种植或盆花种类
环境卫生状况	良好的环境卫生状况，有利于商业活动的开展和吸引顾客
环境小品	美观、合适的环境小品，能给商业活动的开展构造良好的情景和氛围
商业设施	完善、配套和便捷的商业设施，为商业活动的开展奠定了基础

续表

影响因素	说　明
交通条件	对商业物业来说，应考虑两个方面的交通条件：一是顾客方面，主要是公共交通的通达度（附近公交线路的条数、公交车辆运行时间间隔，以及公交线路联系的居民区人数；与飞机场、火车站、码头等距离的远近）；自行车、摩托车和汽车的停车场地问题。二是经营方面，要考虑进货和卸货的交通便利程度
服务态度和服务水平	商业物业的服务态度越好、服务水平越高，其商业服务环境就越佳，相应的商业效益就越好

（4）办公环境。办公环境是指以各种行政办公为目的的物业环境，主要包括各种类型的办公楼等。办公环境包括办公室内环境和办公室外环境。

① 办公室内环境。影响因素主要包括办公室结构、隔声效果、隔热与保温情况、光照和日照情况、室内空气情况、室内景观布置情况、办公人员的基本素质情况等。

② 办公室外环境。影响因素主要包括室外绿化、环境小品、大气环境、声环境、视觉环境、环境卫生状况、治安状况等。

四、物业环境管理

1. 物业环境管理的概念

物业环境管理就是物业公司按照物业服务合同约定，对所管辖区域的物业环境进行维修、养护的活动。

物业环境管理是物业管理的专项内容，是物业管理系统十分重要的一个环节。物业环境管理的主体一般是企业性质的物业公司，还包括一些物业公司聘用的专业清洁公司或保安公司等。物业环境管理作为物业管理的一部分，也是一种市场行为和有偿活动。

2. 物业环境管理的任务

物业环境管理的任务主要是保护和维持物业管理区域内的面貌，防止人为破坏和自然损坏，维护物业管理区域内正常的公共秩序，为管理区域内的居住人群提供良好的生活、办公和生产环境。

任务二　物业环境管理

任务导入

“从天而降”的垃圾

某小区的林女士反映，一年以来小区经常有人从楼上往下扔垃圾，她家窗下几天就厚厚一层垃圾。不光扔垃圾的声响吓得她胆战心惊，垃圾散发的臭味、滋生的蚊蝇更是影响她家的生活。关于楼里的住户往下扔垃圾这件事，物业卫生管理工作人员说，他们曾贴通知不让住户往下扔垃圾，但根本没什么效果。

问题与思考：

1. 对于此事件，物业公司能对扔垃圾的业主实施罚款吗？
2. 如果物业公司对业主实施了罚款，违背了物业环境管理的哪条基本原则？

知识探究

一、物业环境管理的特点

1. 管理范围的地域局限性

无论是住宅小区还是办公楼等非住宅的物业管理，都只是在城市区域中的某一个地段、地点上实施，其环境管理是对一种聚落空间内特定的环境进行管理。各地段、地点的自然地理环境和人文地理环境往往差别较大，所面临的环境问题重点也不完全一样。

2. 管理对象的特定性

物业环境管理一方面是对物业所有人和使用人的环境行为进行管理，另一方面是对所辖区内的不动产的环境质量进行管理。这两方面的管理都是与特定地方的特定人、特定物相结合的。

3. 服务性

物业公司的环境管理具体范围主要由物业管理委托合同加以规定，物业公司必须按照物业服务合同为业主和使用人提供服务。

4. 管理内容的有限性

狭义的物业环境管理主要涉及房屋维修管理、设备设施管理、辖区安全管理、绿化管理、环境卫生管理等有关人体健康和环境质量的内容。广义的物业环境管理还包括对辖区内业主和使用人进行可持续发展观、科学的生态环境观的宣传教育，发动群众参与所在城市和社区可持续生产和消费运动等环境文化建设事项。显然，具有宏观意义的环境管理内容，在现代化城市管理中是不可缺少的。

5. 管理工作的配合性

物业环境管理的重心是维护和提高辖区的整体环境质量。为达到此目标，物业公司一方面要自主开展有益辖区自然环境质量保持和改善的事业，另一方面要积极响应国家特别是地方政府关于城市环境和社会环境建设的任务要求，做好落实工作。另外，有关环境违法行为的查处权由有关行政主管部门掌握，物业公司一般只有监督权而无处罚权和强制权，故对辖区内发生的环境破坏行为，物业公司要配合有关行政主管部门做好查处工作。

二、物业环境管理的内容及目标

（一）物业环境管理的内容

根据管理的最终目的，从自然条件和社会环境的不同角度，可将物业环境管理分为硬环境管理和软环境管理，包括10项内容，如图1－2所示。本书重点讲解物业环境（特别是水环境）保护管理、物业环境绿化管理、物业环境卫生管理以及物业治安管理等内容。

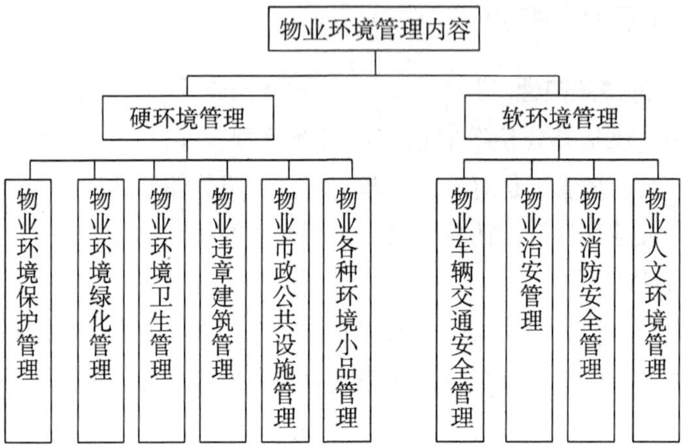

图1－2　物业环境管理的内容

1. 物业环境保护管理

物业环境保护，是指物业公司执行国家有关的环境保护法规，采取各种可行、有效的措施，防治物业管理区域内的大气污染、水体污染、固体废弃物污染、噪声污染等，本书主要介绍水质与水景管理（项目七）。

2. 物业环境绿化管理

尽量扩大绿化面积及丰富种植花草、树木的种类，不但可以净化空气，调节物业区域小气候，保持水土，防风固沙，而且可以消声防噪，达到净化、美化环境的目的。物业环境绿化、美化统一归到物业环境绿化管理的内容中。

（1）环境绿化主要是在物业管理的公共场所种植和养护花草树木，在楼宇公共场地布置和维护绿化景观。

（2）环境美化主要是增设人文景观，建设各种环境小品。环境小品具有美化环境、组织空间的功能，具有方便实用的特性，就其性质来说，可以分为功能性小品（如电话亭、标识牌、儿童游戏设施、休息亭廊等）、装饰性小品（如花架、花坛、水池、人工喷泉、假山等）和分隔空间小品（如围墙、栏杆、台阶）三类。

3. 物业环境卫生管理

物业环境卫生管理是物业管理中一项经常性的管理服务工作，其目的是净化环境，给物业业主和使用人提供一个清洁宜人的、优良的工作、生活环境。良好的环境卫生不但可以保持物业区域容貌的整洁，而且对于减少人们的疾病、促进人们身心健康十分有益，同时，对社会精神文明建设也具有很重要的作用。其主要包括以下两方面内容。

（1）对管理区域进行保洁管理，包括清扫内外环境卫生、清除公共设施和楼宇的污渍、收集和清运生活垃圾、维护和保养卫生设施等。

（2）灭杀公共场所的“四害”以及其他害虫，对公共场所设施进行消毒管理等。

4. 物业违章建筑管理

违章建筑是对整个物业区域和谐环境的破坏。它既有碍观瞻，又影响人们的日常工作和生活，还可能带来交通、消防等方面的隐患。因此，物业公司一定要协助有关部门认真做好清除违章建筑和及时防止物业区域内违章建筑的搭建管理工作。

物业管理小专家

违章建筑

违章建筑是指在城市规划区域内，未取得建设工程规划许可证或违反建筑工程规划许可证规定建设的，或采取欺骗手段获得批准而占地新建、扩建和改建的建筑物。

违章建筑主要包括以下几种：①未申请或申请未获得批准，未取得建设用地规划许可证和建设工程规划许可证而建成的建筑；②擅自改变建设工程规划许可证的规定建成的建筑；③擅自改变使用性质建成的建筑；④擅自将临时建筑设为永久性建筑的。

依据《城市房屋权属登记管理办法》第五条和第二十三条，违章建筑是不受法律保护的。因为其违反了法律的禁止性规定，所以原则上不赋予当事人所有权，不能依法进行产权登记。

《中华人民共和国民法典》第九百四十二条规定物业有经营管理物业服务区域内业主共有部分的义务。因此，小区内如果出现了私搭乱建的情况，业主首先可以通过业主大会、业主委员会进行维权；如果有人在业主共有部分私搭乱建，业主同样可以要求物业进行管理；如果私搭乱建者拒不履行相关义务，物业还可以向有关行政部门投诉或报告，请求有关部门介入处理。

此外，新版《物业管理条例》明确，建设单位擅自处分属于业主的物业共用部位、共用设施设备的所有权或使用权的，由县级以上地方人民政府房地产行政主管部门处 5 万元以上 20 万元以下罚款。

5. 物业市政公共设施管理

为物业业主、使用人和受益人生产、生活、办公等服务的市政公共设施是物业区域的一个重要组成部分，它一旦遭到破坏或损坏，便会影响人们正常的生产、生活和工作。因此，加强市政公共设施的管理也是物业公司环境管理的一项重要工作。

6. 物业各种环境小品管理

环境小品具有美化环境、优化空间的功效，有着方便实用的特性。不同物业，环境小品的布置原则和方法不尽相同，环境小品的管理应从使用功能出发，在整体环境协调的统一要求下，保持与建筑群体和绿化种植的紧密配合，这样才能达到理想的效果。

7. 物业车辆交通安全管理

车辆是人流、物流的载体，是现代生活的重要组成部分。物业区域的交通道路是物业人流、物流流动的通道，在物业使用中有着特殊的重要性。车辆交通管理的目的是建立良好的交通、车辆停放秩序，确保物业业主、使用人和受益人的车辆不受损坏和失窃。

8. 物业治安管理

物业区域内的治安管理工作是指物业管理企业为防盗、防破坏、防不法侵害、防意外及突发事故而在所管物业区域内进行的一系列管理活动。治安管理防治的对象主要是人为造成的事故与损失。其目的是避免所管物业区域内财物受损失、人身受伤害，维护正常的工作、生活秩序。治安管理在整个物业管理中占有举足轻重的地位。它是物业业主、使用人和受益人正常工作、安居乐业的基本保证，也是整个社区及社会安定的基础。同时，良好的物业治安环境能提高物业和物业公司的声誉。

9. 物业消防安全管理

消防安全管理工作在物业管理中占有头等重要的地位。为使物业业主、使用人和受益人有一个良好的物业使用环境，物业公司应做好物业消防设施和器材的配置与管理、消防宣传教育等工作，要预防物业火灾的发生，最大限度地减少火灾损失，为物业业主、使用人和受益人的生产和生活提供安全环境，增强其安全感，保卫其生命和财产安全。

10. 物业人文环境管理

新型的人文环境应该是和睦共处、互帮互助的生活环境；互利互惠、温馨文明的商业环境；融洽和谐、轻松有序的办公环境；安全舒适、相互协作的生产环境等。新型的人文环境可以使人们焕发热情，提高工作效率，热爱生活，充满爱心，并对维护良好的社会治安状况有着很大的积极作用。

（二）物业环境管理的目标

物业环境管理的实质，就是要遵循社会经济发展规律和自然规律，采取有效的手段来影响和限制物业业主、使用人和受益人的行为，以使其活动与环境质量达到较佳的平衡，保证物业正常、良好的工作、生活秩序与创造优美舒适的工作、生活环境，确保物业经济价值实现，最终达到物业经济效益、社会效益和环境效益的统一。按照这个总目标，物业环境管理的目标主要有以下几个方面。

1. 创造一个可持续发展的健康环境

即合理开发和利用物业区域的自然资源，维护物业区域的生态平衡，防止物业区域的自然环境和社会环境受到破坏和污染，使之更适合人类劳动、生活和自然界生物的生存和发展。

要达到这一目标，就必须把物业环境管理与治理有机结合起来，也就是合理利用资源，防止环境污染；在产生环境污染后，做好综合治理的补救性工作。这是防止环境污染和生态破坏的两个重要方面。在实际工作中，我们更应该注意以防为主，把环境管理放在首位，通过管理促进治理，为物业业主、使用人、受益人创造一个有利于生产和生活的优良环境，一个既能保证技术的合理发展又能防止污染的健康、舒适、优美的物业环境，以达到物业经济效益、社会效益和环境效益的统一。

2. 创造一个清新、美好的绿色环境

随着人民生活水平的不断提高，光有健康的生态环境远远不能满足人民群众日益增长的物质和精神文明需求，因此，物业环境管理要加强绿化管理，适应当今人们注重环境、“择绿而居”的要求，建立美丽绿色家园。

3. 创造一个洁净、整齐的卫生环境

这是物业环境管理的基本目标。物业管理区域的卫生是否达标、设施是否整洁，最能直观体现物业环境的好坏和物业管理水平的高低。如果物业管理区域内存在道路及绿地上随处可见杂物、楼道墙角灰尘覆盖、各种设施锈迹斑斑、各种设备破坏严重、公共网线杂乱交织、路面“疤痕”累累等现象，那么相应的物业环境管理就没有达到物业环境管理的目标要求，就必须进行整改。

4. 创造一个放心、稳定的安全环境

这实质上是通过对硬环境的建设来实现软环境的目标。物业公司有责任和义务贯彻国家有关物业环境保护的法规、条例、政策、规划等，并具体制订物业环境安全管理的方案和措施，做好物业环境安全维护和监督工作，选择切实可行的能够保护和改善物业环境安全的途径，形成一个社会安定、居住安全的物业管理区域，为社会稳定和发展尽到物业公司的职责。

5. 创造一个和谐、舒适的人文环境

物业环境管理的提出与发展，孕育了一种新型环境文化，这种环境文化代表了人与自然关系的新的价值取向，认为人与自然本质上是一个整体，人与自然应当和谐相处。这种新型的环境文化，标志着人类在现代社会中高水平文化意识的觉醒，有利于提高和普及公众的环境意识，是现代文明进步的标志和尺度。

物业管理人员热情服务，积极开展保护环境的宣传教育活动，引导公众参与物业环境管理等，有利于实现高水平的物业环境管理，保证人们正常的生活和工作秩序。

物业环境是一个局部区域的环境，它直接影响着一个城市乃至整个国家的整体环境，最终涉及人类自身的切身利益。因此，普及环境保护意识，引导人们自觉遵守有关保护物业环境的法律、政策，使人们关心物业环境、社会公共利益与长远利益，把物业环境管理方面的要求和标准变成人们自觉遵守的行为准则和道德规范，是实施物业环境管理的根本和基础。

物业管理小专家

什么是绿色建筑

绿色建筑又称生态建筑、可持续建筑。2004 年 8 月，国家建设部①将绿色建筑明确定义为：为人们提供健康、舒适、安全的居住、工作和活动的空间，同时实现高效率地利用资源（节能、节地、节水、节材）、最低限度地影响环境的建筑物。即要求在建筑设计、建造及使用中充分考虑环境保护的要求，将建筑物与环保、高新技术、能源等紧密结合起来，在有效满足各种使用功能的同时，能够有益于使用者身心健康，并符合环境保护要求的工作和生活空间结构。

绿色建筑的特点：①绿色建筑能够使能源、资源消耗降至最低限度，想方设法使用太阳能、风能、地热、生物能等天然能源和再生能源，利用节能技术并防止污染。绿色建筑和既有建筑相比，普遍耗能可以降低 70% ~75%，最好的能够降低 80%。②绿色建筑具有地域性特征，强调采用本地的原材料，尊重本地的人文、自然、气候条件，在风格上完全是本地化的，所以能够创造出新的建筑美学和健康舒适的生活环境（不同于一般建筑商品化的生产技术，建造过程的标准化、产业化造成了各地建筑风貌大同小异）。③绿色建筑周围有洁净的空气、水源和土壤，避免了不良自然环境的危害，不易遭受自然灾害的侵袭，尽量保持和开辟绿地，在建筑物周围种植树木，以改善景观。

我国人口众多，年建筑量世界排名第一，资源消耗总量增长迅速，而许多资源的人均拥有量在世界平均水平以下。随着我国各项资源日益紧张，建筑物如何在满足人们居住需要的前提下高效率地利用资源、最低限度地影响环境，日益成为业界共同关注的话题。因此，发展绿色建筑是一项意义重大而又十分迫切的现实任务。

三、物业环境管理的基本原则及基本手段

（一）物业环境管理的基本原则

1. 依法管理

物业环境管理主要是指业主依法将物业环境管理服务通过合同的形式委托给具有相关资质的企业，而物业服务企业通过业主的授权，依据物业环境管理的标准、规程、规范，对业主所委托的房屋及配套的设施设备和相关场地进行维修、养护、管理，维护物业管理

① 2008 年组建中华人民共和国住房和城乡建设部。

区域内的环境卫生和相关秩序的活动。物业服务企业必须依法确定，环境管理内容是通过合同约定的，管理活动是依照相关规程和规范处理的，物业管理中发生矛盾和纠纷也必须通过有关法律的程序解决。因此，物业环境管理自始至终都是依照国家法律、法规和地方的规章和规范性文件开展工作的，不论是对物业服务企业内部的管理和工作要求，还是对小区内业主的服务和规定，都必须依法行事。

2. 业主主导

业主在物业环境管理中应处于主导地位，物业环境管理应以物业管理区域内的业主（或业主委员会）为权力核心。物业服务企业在接受了业主委托后，应按照业主的意志和要求，聘用专业的环境管理服务人员，对物业的环境进行管理。物业服务企业提供专业服务的同时，也离不开业主的参与和配合，特别是在卫生、绿化、消防、车辆等方面，业主应主动配合物业服务企业共同做好物业环境管理，创造出一个和谐、洁净、安全的物业环境，使物业管理区域不断升值。

3. 服务第一

服务是物业环境管理的本质。现代物业环境管理要求我们以新的管理思想、技术手段、管理手段管好物业，为业主和使用人提供优质、高效、经济、便捷的服务。物业环境管理是直接同业主利益相关的工作，从事物业环境卫生、绿化、安全、车辆和消防等服务的工作人员必须牢固树立为业主和使用人服务的思想，增强服务意识，表现出良好的服务态度，提高服务技能，做好日常服务工作。

4. 权责分明

物业环境管理是物业管理的一项重要内容，每天都要进行，因此，必须分清权责，包括物业服务企业与物业环境管理部门的权责、内部人员的权责、物业服务企业和业主之间的权责等。物业服务企业应当通过各种规章制度来规范各种管理行为，做到物业环境管理工作依靠制度而不是人来进行。

5. 专业高效

物业服务企业对物业开展管理是市场选择的结果，物业管理行业总体上进入门槛相对较低，企业之间竞争激烈，物业服务企业只有为业主提供优质的、专业的和高效的服务，才有可能被业主认可。物业环境管理包括许多方面，各方面的性质和功能不完全相同，如绿化和安全、消防等内容有所不同。物业环境管理人员必须专业化，这样才能适应物业环境管理的发展需要。只有建立专业化的物业环境管理模式，才能真正地提高物业管理实效，提高业主的满意度。

6. 统一管理

物业环境管理要实行统一管理，避免各个管理环节上出现衔接性问题，造成物业环境管理的失误。比如要进行物业二次装修，就要注意环境卫生的清扫、建筑垃圾的收运、物业消防的要求等，只有统一管理才能保证物业环境一直良好。

（二）物业环境管理的基本手段

1. 法律手段

依法治企、依法管理是搞好物业管理的基本保证。物业环境管理涉及许多法律问题，如签订物业环境管理合同、物业绿化委托管理、物业清洁委托管理等。环境污染的问题如何处理？环境安全遇到的问题如何处理？这些都要以我国的法律、法规为依据，只有这样，才能有效地解决问题，并且得到法律的保护。

2. 经济手段

物业环境管理过程中，充足的资金是搞好环境管理的物质基础。通过经济手段，如收取物业费、物业装修保证金、车位费等，保障物业小区内环境优美、整洁有序。收费要遵循合理、公开以及费用与服务水平相适应的原则。收缴的费用要让业主和使用人能够接受并感到质价相符、物有所值。

3. 技术手段

物业环境管理专业性强，涉及管理、建筑工程、电气设备、给排水、暖通、门禁自动化、消防设备、保洁、绿化等多个专业领域。物业服务企业可以利用先进技术和先进设备提高物业环境管理的专业性、高效性。

4. 宣传教育手段

物业区域内的业主、使用人和受益人，其环境意识的强弱是衡量其文明程度的重要标志。物业环境管理人员不但应加强对物业区域内成年人的环境意识教育，而且应该重视对物业区域内的中小学生和学龄前儿童普及环境科学知识，使他们从小就养成良好的环境意识和习惯。总之，加强公众环境意识的宣传教育工作，无疑是保护环境、促进社会经济持续发展的战略性管理手段。

四、物业环境管理的重要性及发展趋势

（一）物业环境管理的重要性

物业环境质量的提高对人们的生活、对物业管理区域的价值体现、对物业服务企业的发展和对整个城市环境的改善，都具有十分重要的意义。

1. 物业环境质量直接影响人们的生活质量

在优美、安全的环境中工作、居住、生活，能够给人一种美的享受，使人感到舒适、方便、安全、顺心，这是外界环境给人的直观感受。同时，好的环境又能陶冶人们的情操，推动精神文明建设。可以说，好的居住环境既是物质文明程度的体现，又是精神文明建设的标志。物业作为人们工作、居住和生活的场所，其环境的好坏是人们生活质量的一个重要体现，同时是关系到社会能否稳定、人们能否安居乐业的大事。

2. 物业环境质量关系到城市的可持续发展

随着国家城市化进程的加快，新的生产、生活和办公环境观念正在成为规范人们社会行为的一种指导原则，人们更注重人和环境的和谐发展。城市是由一个个小单元组成的，其中物业管理区域是今后城市发展的重要组成单元，物业环境管理的好坏，既关系到城市环境的好坏，也关系到城市形象的好坏，同时又关系到城市能否有序发展。因此，物业环境质量关系到城市的可持续发展。

3. 物业环境管理质量具有品牌效应

通过物业管理改善和提升居住环境质量，成为开发商销售房屋的卖点。近年来，经历了从集团购买到散户时代的市场转型，国内的房地产市场已经发生了根本性变化，市场需求方的成熟带动了住宅产品的逐步成熟，楼市竞争逐渐演变成差异性竞争，强调产品的个性化品质已经成为产品创新的主流，并很快反映到房地产市场的营销手段中。良好的物业管理品牌效应，不但具有强大的市场号召力，而且符合市场发展方向，成为物业服务企业迈向市场并制胜的法宝之一。

4. 良好的物业环境管理可以实现经济效益

从业主角度看，物业环境管理搞得好，能延长房屋的主体结构、设备设施的使用寿命，使业主的经济利益得到保障；从开发企业角度看，物业环境管理不但有利于房屋销售，而且有利于开发商以较高的价格售房，获取更大的利润；从物业服务企业角度看，物业环境管理部门可通过开展多种经营、提供各种有偿服务弥补管理费不足的缺口，取得良好的经济效益；从政府角度看，如果没有小区物业管理，政府就要投入大量的人力、物力用于房屋维修和环卫、治安、绿化及市政设施管理。小区由物业服务企业管理后，政府不仅不需要投资，还可以向物业服务企业征税，经济效益是很显著的。

（二）物业环境管理的发展趋势

物业服务企业应在环境科学和可持续发展理论的指导下，认清环境管理和环境质量对社会以及业主的重要意义和作用，不断创新，不断完善所承担的物业环境管理工作，使业主获得最大的利益。下述工作是今后物业环境管理应当认识到的重点内容。

1. 建立物业环境质量动态评价系统

借鉴环境影响评价技术，同地方环境监测部门保持环境信息交流，组织力量隔一段时间对本辖区内的环境质量作一次评价，评价指标、数据和评估结果都要建立数据库。当然，如果科技力量强，也可以搞一套辖区可持续发展评价系统，把辖区内的环境与经济、社会复合关系量化，以指导物业环境管理的持续改进和完善。

2. 积极争取环境管理达到国际标准

环境管理体系（ISO 14000 系列标准）是国际标准化组织（ISO）继 ISO 9000 系列标准后提出的又一套重要的系列标准，它包括环境管理体系、环境审核、环境标志、环境行为评价、生命周期等几个方面。该标准是以消费行为为根本动力的，强调持续地改进，是一套环境自愿性标准，通过第三方认证的方式实施。根据实际情况，适时采用ISO 14000系列标准，对加强物业管理服务全过程的环境管理与控制，提高物业服务企业的环境管理水平和企业形象，实现环境保护和改善目标，具有积极的意义。中国环境管理体系认证指导委员会统一指导、协调和推进环境管理体系认证工作的发展。

3. 采取有效行动方案和措施推动物业小区内可持续生产和消费

应加强辖区环境文化建设，提倡和鼓励辖区内生产经营单位（含个体工商户和物业管理服务企业）和居民趋向可持续生产与消费，通过更高效的生产和自然资源的合理使用，实现废弃物的最少化、产品和服务的最优化，对提高环境质量做出贡献。

4. "互联网+物业"带来的思维变革

"互联网+"是创新2.0下互联网发展的新业态，是知识社会创新2.0推动下的互联网形态演进及其催生的经济社会发展新形态。"互联网+"是互联网思维进一步实践的成果，推动经济形态不断发生演变，从而增强社会经济实体的生命力，为改革、创新、发展提供广阔的网络平台。近年来，"互联网+"思维迅速渗透到物业服务领域。从物业服务企业对互联网"看不到、看不懂、看不起"，到如今"互联网+物业"模式逐步迈入成熟期，互联网在物业服务领域的应用实现了从0到1、从1到N的转变。

例如，以"互联网+"思维创新社区服务运营，以"彩之云"平台为依托的各类"E化"产品，成为"彩生活"生态在国内最耀眼的明星。2017年，"彩生活"生态圈"E化"产品接近30个，除提供原有的常见的社区家政、维修等服务外，创新增加了教育、财富管理等项目，"彩生活"成为"全球最大的社区服务运营商"。

5. "机器人+物业"带来的人员冲击

机器人是自动执行工作的机器装置，它既可以接受人类指挥，又可以运行预先编排的程序，还可以根据人工智能技术制定的原则纲领行动。它的任务是协助或取代人类的工作，例如，生产业、建筑业等行业中的重复性或危险的工作。物业行业是一个劳动密集型行业。统计分析显示，2018年全国物业管理企业约20.2万家，国内行业产值达到数百亿元，并以平均每年15%以上的幅度递增。物业管理产业经济在我国有着巨大的发展空间。截至2018年年底，物业服务从业人员1007.9万人。调研发现，知名的物业服务企业中管理人员只占13.6%，而秩序维护员（37.07%）和清洁工（26.55%）两类物业从业人员所占比例高达63.62%。一般情况下，秩序维护员和清洁工并不需要具备很深的理论知识与技能水平，而且其中很多工作具有简单与重复的特点，这也为机器人取代人工埋下了伏笔。

例如，高仙作为全球较早从事机器人自主移动技术研发的上游技术型企业，其基于全场景移动机器人技术已实现"50+机型""10000+"终端和"5000+"行业案例的应用积累，其机器人产品与解决方案更是直击物业管理中对人力依赖较大的安防、清洁、配送三大垂直场景，全力助推物业管理智慧升级。

6. 智慧物业的平台化服务

智慧物业是指充分利用物联网、云计算、移动互联网等新一代信息技术，为物业辖区业主或使用人提供一个安全、舒适、便利的现代化、智慧化生活环境，从而形成的基于信息化、智能化物业服务的一种新的管理形态物业。

智慧物业集成物业服务的相关系统，包括停车场管理、闭路监控管理、门禁、智能消费、电梯管理、保安巡逻、远程抄表和自动喷淋等系统，可以实现社区内各独立应用子系统的融合，进行集中运营管理。

基于智慧物业的平台化服务的相继出现，实现了以往传统服务所无法实现的功能。例如，通过移动互联网和智能手机，可以将原本烦琐的维修流程简化，还可以预订服务、购买商品。相关智能 App（手机应用）的开发与应用，已经成为物业行业的一个发展方向。

此外，区别辖区内各种污染源的性质和特点，采取适当对策予以控制，加强辖区防灾减灾工作，提高环境管理科技含量，开发辖区立体园艺以增加绿化，努力在促进人与自然、人与社区和谐发展基础上开拓辖区居民舒适的生活空间、美好的感应空间和愉悦的精神空间，都是物业环境管理发展的重要方向。

任务三 物业环境管理机构设置

任务导入

小区存在的问题该怎么解决

近日，家住滨州市和风江岸小区的业主向市政府投诉称，小区存在物业环境管理混乱等问题，机构设置不合理，出现问题找不到相应的管理人员，各部门之间职责不清，互相推诿。

问题与思考：

1. 物业环境管理机构设置有哪些基本要求？
2. 为避免遇事推诿现象，物业环境管理机构设置需要遵循哪些原则？

知识探究

根据物业公司的规模和管理小区的范围和复杂程度，可以设立不同的管理部门。正常规模的物业公司，其设立的物业环境管理部门一般包括安全保卫部、保洁部、绿化管理部、工程维修管理部等。另外，有一些小型物业公司的各部门可以合并，以节约管理成本。

一、物业环境管理机构设置的要求

物业环境管理机构的设置必须为实现物业公司的经营目标和各部门的环境管理目标服务，它的设置应满足以下四个基本要求。

1. 具备服务性的功能

物业公司是专门从事物业管理与服务的服务性企业，它的组织机构设置必须保证服务性功能，并有助于实现企业的目标。

2. 充分发挥公司员工潜能

物业公司的管理、经营和服务活动都是依靠每一个人来实现的。因此，组织机构部门的设置要求每一位职员都能人尽其才，充分发挥个人智慧。

3. 关系协调统一

公司是一个有机整体，是由人、财、物、技术、信息等要素和子系统组成的开放系统，这种系统能否最大限度地发挥出整体功能，有赖于系统内各要素的协调配合。因此，物业环境管理机构的设置必须和公司整体设置一致，保证公司内部各种关系的相互协调。

4. 效率与效益并重

物业公司的机构设置要从实际出发，以低成本的投入达到最好的工作效率、经济效益、社会效益以及环境效益。

二、物业环境管理机构设置的原则

为了发挥物业公司组织机构的整体功能，实现公司的总目标，根据上述四个基本要求，物业环境管理机构的设置应遵循以下原则。

1. 目标原则

公司有自己的经营发展目标，组织机构的设置必须以公司的总体目标为依据。从某种意义上讲，组织机构的设置是实现公司总目标的一种管理手段。因目标设置机构，因机构设职、设人，这是组织机构设置的目标原则。

2. 统一领导与层次化管理原则

物业公司的经营战略和重大决策权应集中在高层领导手中，而日常工作的管理与经营权则应逐级授权，实行层次化管理。统一领导是各项工作协调进行和实现总目标的决策保证，层次化管理则是充分发挥各级管理人员积极性的保障机制。如果公司的高层领导整日忙于事务性工作而很少花精力去考虑重大决策问题，则不但会影响各层次管理人员的积极性，而且会使公司逐渐失去长远的战略目标，甚至迷失发展方向。这是公司逐渐步入正轨时高层领导尤其应注意的问题。

3. 分工协作原则

分工协作是社会进步的标志，它不但能提高劳动生产率，而且能发挥整体效益。物业公司最大限度地发挥出整体效益，离不开组织机构的专业分工与相互协调。公司的总目标如能分层次落实到各个部门，使各部门各司其职、相互协作，总目标也就不难实现了。

4. 责权对应原则

整个公司的责任和权力是对等的，向管理人员委以责任的同时也必须授予自主完成任务所必需的权力。有责无权，不但不能调动管理人员的积极性，而且会使责任形同乌有，最终无法保证公司任务的完成；有权无责，则必然助长官僚主义，导致权力滥用。

5. 有效管理幅度原则

在处理管理幅度与管理层级的关系时，一般情况下应尽量减少管理层级，尽可能地扩大管理幅度，否则，管理层级多了，人员和费用也多了，会影响公司的经营效率。但是，有效的管理幅度必须考虑到机构特性、管理内容、人员能力以及组织机构的健全程度等因素，管理幅度过大同样会影响公司的经营效率。

物业公司不是孤立的经济实体，而是开放的组织系统。要设计一个功能齐全、结构合理的组织机构，首先必须明确每一个组织机构的功能作用和具体目标，其次需要考虑人、财、物等资源分配以及各部门之间、人与人之间的协调关系。组织机构设置的目的性和科学性，是保证公司整体协调和高效运作的关键。图 1－3 为某物业公司组织机构。

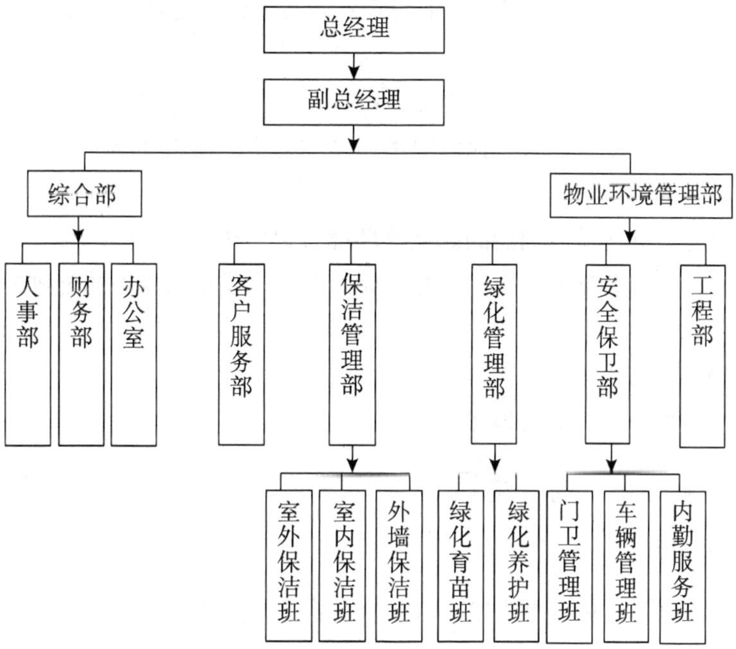

图 1－3　某物业公司组织机构

三、物业环境管理各部门的具体设置

（一）保洁服务部门的设置

为了搞好物业区域的环境保洁管理，物业公司应当确定物业区域的环境保洁管理模式，并在此基础上设置不同的保洁管理部门。

1. 保洁部门设置方式

（1）委托式，即将物业区域的环境保洁管理工作委托给专业的保洁公司负责。采用这种模式，物业公司一般要采取招标的方式选聘专业的保洁公司。物业公司只需配备1～2名管理人员，根据委托协议对保洁公司进行检查、监督、评议即可。

（2）自主式，即物业管理区域的环境保洁管理工作完全由物业公司负责。当物业管理区域规模大、物业类型多、清洗高层楼宇外墙的任务也比较重时，物业公司需要建立一个比较完备的物业环境保洁管理部门，此时可采用这种模式。

（3）结合式，即物业管理区域的环境保洁管理工作一部分由物业服务企业自己负责、一部分由专业保洁公司负责，也就是自主与委托相结合的方式。这种模式主要用于物业区域规模小、清洗高层楼宇外墙任务不重等情况。一般情况下，物业公司会下设一个公共区域保洁班，主要负责公共区域的清扫与保洁工作，清洗高层楼宇外墙的任务则交给具有一定设备的专业保洁公司来完成。

2. 保洁部门职责

物业环境保洁部门主要负责完成物业管理区域各部位的清洁、防疫等工作，具体职责如下：

（1）负责制订物业环境卫生保洁服务方案。

（2）负责编制物业公司的各种保洁卫生用品和物料的使用计划。

（3）负责物业的日常清洁工作。

（4）负责物业公共区域及周边的绿化及环境布置工作。

（5）负责对外接洽各种保洁服务业务，做好对外提供保洁服务的创收工作。

（6）负责随时检查和保养保洁机械设备。

（7）负责物业的除虫灭害工作。

（8）完成上级领导交办的其他任务。

（二）绿化服务部门的设置

1. 绿化部门设置方式

物业公司的环境绿化管理模式与保洁管理模式基本相同，根据其绿化管理模式，管理部门一般采取以下几种设置方式。

（1）委托式，即物业管理区域的环境绿化管理工作委托给专业的绿化公司负责。采用这种方式时，物业公司一般采取承包的方式将绿化工作转包给专业的绿化公司，物业公司只需配备1～2名管理人员，根据承包议定书对绿化公司进行检查、监督和评议。

（2）半委托式，即物业管理区域的环境绿化管理工作一部分由物业公司自己负责、一部分委托给专业绿化公司负责，实行半委托方式。这种模式主要适用于物业公司无专业绿化技术人员的情况。

（3）自主式，即物业管理区域的环境绿化管理工作完全由物业公司负责。采用这种方式时，物业公司要建立自己的绿化管理部门，其规模大小要根据具体情况而定。如果物业管理区域规模小，绿化管理部门相对来说可以小一些，有一个绿化养护组就可以了；如果物业管理区域规模大、类型多、任务比较重，物业公司就需要建立一个比较完备的物业环境绿化管理部门了。

2. 绿化部门的职责

（1）协助物业公司业务主管（或经理）管理好物业区域的绿化管理工作。

（2）培育各种花卉苗木，不断学习和引进新品种，以满足居住区绿化的需要。

（3）负责种花、养花，满足节假日摆花、用花的需要。

（4）负责组织绿化管理人员的岗位培训和技术培训工作。

（5）负责编写物业区域绿化设计要求、建议，制订花草树木的购买计划以及物业景观的维护、改进计划。

（6）负责绿地树木花草的保护工作，禁止人为地破坏、践踏绿地以及改变绿地用途。

（7）负责绿地树木花草的养护工作，要及时浇水、施肥，清除病虫害并及时补植、更新等。

（8）负责清除绿地的杂草、枯枝败叶，铲平乔（灌）木树坑，处理草地鼠洞，扑杀草地蚂蚁，维护园林小品、雕塑，保证绿地设施完好。

（9）妥善保管和使用各种工器具和材料。

（10）完成上级领导交办的其他相关工作。

（三）安保服务部门的设置

物业公司的安保部门负责对物业管理区域内的人身安全、财产安全、交通安全、消防安全等方面进行管理，也就是为保证物业管理区域内的正常生活和工作秩序而进行防盗、防破坏、防火以及防止人为的各种突发事故等一系列管理活动。安保部门服务范围一般包括治安服务管理、消防管理、车辆服务管理三个方面。

1. 安保服务部门设置

关于安保工作，物业公司可以聘用社会专业安保公司，也可自己组建安保部门，或者将部分岗位交给社会专业安保公司。具体采用何种方式，应根据物业公司的运作特点和管理区域的特点来决定。

2. 安保部门的主要职责

（1）负责物业的防火、防盗、防破坏和警卫工作。

（2）配合政府、公安、消防、司法部门做好治安防卫工作。

（3）成立义务消防队，定期举行消防演习。

（4）建立、健全、制定物业的各项安全规章制度。

（5）与业主签订“消防安全责任书”。

（6）负责物业大型活动的警卫布置。

（7）负责物业的日常巡逻工作和固定岗位的安排。

（8）负责地上、地下停车场的安全秩序管理工作。

（9）负责监控室管理工作。

（10）负责安全管理员的管理、培训、考核工作。

（11）负责经理指派的其他工作。

项目小结

物业环境管理是物业公司按照物业服务合同约定，对所管辖区域的物业环境进行维修、养护的活动，是物业管理的专项内容，是物业管理系统中十分重要的一个环节，主要包括物业环境保护管理、物业环境绿化管理、物业环境卫生管理、物业环境安全管理等重要内容。物业环境管理要遵循依法管理、业主主导、服务第一、权责分明、专业高效、统一管理的原则，充分利用法律、经济、技术及宣传教育手段。同时，物业环境管理机构设置应满足具备服务性的功能、充分发挥员工潜能、关系协调统一、效率与效益并重的四个基本要求。总之，物业环境管理的实质，就是要遵循社会经济发展规律和自然规律，采取有效的手段来影响物业业主、使用人和受益人的行为，以使其活动与环境质量达到较佳的平衡，保证物业正常良好的工作、生活秩序，创造优美舒适的工作、生活环境，确保物业经济价值的实现，最终达到物业经济效益、社会效益和环境效益的统一。

走进物业公司

实训项目：物业公司机构设置

［**实训目的**］根据管理机构设置要求和原则，设计一物业公司的组织机构。

［**实训内容**］全班现有人员每10人一组，每组设计一物业公司的组织机构，并说明设计依据和理由。公司规模：①注册资金为100万元；②管理面积为30万平方米。

［**实训考核**］每组准备PPT（演示文稿）上台演示并讲解。

考考物业管理员

一、填空题

1. 自然环境包括________、________、________、________、______五个自然圈。

2. 物业环境按物业用途的不同，可分为________、________、商业环境和办公环境等。

3. 物业环境按区域分通常分为________和________；按自然条件和社会环境的不同可分为________和________。

4. 物业环境管理应以物业管理区域内的________为权力核心。

5. ________是物业环境管理的本质特征。

二、判断题

1. 物业管理虽然可以称为管理，但本质上是以人为本的，物业环境管理也是围绕着对业主服务展开的。(　　)

2. 大气、水、植物、动物、土壤、岩石矿物、太阳辐射等属于自然环境。(　　)

3. 工业环境、农业环境、文化环境、医疗休养环境等属于社会环境。(　　)

4. 自然环境是人类精神文明和物质文明发展的标志。(　　)

5. 社会环境随着人类文明的演进而不断丰富和发展，有人把社会环境称为“文化—社会”环境。(　　)

6. 软环境是物业环境的基础和先决条件，硬环境则是保持良好硬件环境的指标与形象标准。(　　)

7. 物业环境管理作为物业管理的一部分，也是一种市场行为和有偿活动。(　　)

8. 物业环境是城市环境的一部分。(　　)

9. 委托式管理物业公司可以把某项管理工作全权委托给专业公司，无须配备任何人员。(　　)

三、不定项选择题

1. 在环境管理中，收取装修押金属于（　　）。

A. 法律手段　B. 经济手段　C. 行政干预手段　D. 宣传教育手段

2. （　　）是环境管理的主体。

A. 环境　B. 居民　C. 政府　D. 物业企业

3. 下面（　　）属于自然环境。

A. 村落环境　B. 植物　C. 大山　D. 农业环境　E. 狗

4. 下面（　　）属于软环境。

A. 人文环境　B. 雕塑　C. 安全环境　D. 花草树木　E. 人造景观

5. （　　）是人类精神文明和物质文明发展的标志。

A. 自然环境　B. 安全环境　C. 社会环境　D. 城市环境

四、简答题

1. 什么叫物业软环境和硬环境？它们有何区别和联系？

2. 物业环境的类型主要有哪几种？

3. 影响居住环境的因素有哪些？

4. 物业环境管理的内容和目标是什么？

5. 物业环境管理应遵循哪些基本原则和手段？

项目二　物业环境保护管理

动脑筋

某市居民魏先生8年前买了一套新房，装修好就结婚入住了。不久，妻子怀孕、生产，一家3口过着甜蜜幸福的生活。不料，前不久魏先生的小孩出现身体不适，医院检查发现孩子患了白血病，突如其来的噩耗使魏先生不知所措，左思右想不知致病诱因是什么。有朋友提醒魏先生，是不是家里的室内环境有问题，魏先生才想到请市环境检测服务中心进行检测，经检测，魏先生家室内空气中甲醛污染超标达6倍。当检测人员打开魏先生孩子的衣橱时，一阵刺鼻异味扑鼻而来。室内甲醛超标属于物业环境污染吗？

任务导读

- 物业环境保护管理
  - 物业环境保护管理基础
    - 环境污染及相关概念
    - 物业环境污染的种类及特征
    - 物业环境污染对人体的危害
    - 物业环境管理中常见的环境污染
  - 物业环境质量管理
    - 环境标准
    - 环境监测
    - 物业环境质量管理
  - 物业大气污染及其防治
    - 物业大气污染概述
    - 物业大气污染的危害
    - 大气污染控制标准
    - 物业室外大气污染的防治
  - 物业噪声污染及其防治
    - 环境噪声概述
    - 物业噪声污染及其危害
    - 噪声污染的控制标准及措施
    - 物业噪声控制措施

本章学习目标

知识目标：1. 掌握物业环境保护管理相关的基本概念、物业环境污染种类及控制措施。

2. 熟悉环境监测、环境标准体系及相关知识。

3. 了解大气污染、水污染、噪声污染的危害及治理措施。

能力目标：编制物业环境污染调研报告。

保护环境，人人有责。环境保护是我国的一项基本国策。改革开放以来，我国经济迅猛发展，物质文化极大丰富，人民群众对生活环境和健康安全的期望不断提高，而环境污染带来的环境质量下降、生态平衡遭到破坏以及公众健康受到危害，越来越成为制约经济持续增长和影响社会和谐发展的关键因素，发展、环境、健康之间的突出矛盾，已经成为当前迫切需要解决的重大问题。保护物业环境、协助监测与治理环境污染是物业管理工作的一项重要内容，也是物业管理部门、业主和使用人及全体公民的共同任务。

任务一　物业环境保护管理基础

任务导入

快递包装绿色治理被纳入重庆市塑料污染治理实施意见

在重庆市邮政管理局的积极推动下，日前，重庆市发展和改革委员会与重庆市生态环境局两部门联合印发《重庆市关于进一步加强塑料污染治理的实施意见》（以下简称《意见》），将快递包装绿色治理纳入重庆市生态环保治理工作，同部署、同考核、同问责。《意见》要求，由重庆市邮政管理局牵头，各区县政府按职责分工，切实加强全市快递塑料包装管控，到2025年年底，全市范围内邮政快递网点禁止使用不可降解的塑料包装袋、塑料胶带、一次性塑料编织袋等；以快递行业为重点，积极推广可循环、可折叠的包装产品和物流配送器具；在重点区域投放快递塑料包装废弃物回收设施；结合实际，严格执法监管；不断完善并强化政策支持力度。

资料来源：国家邮政局网站，有修改。

问题与思考：

1. 什么是环境污染？按污染物形态划分，塑料污染属于哪一类污染？
2. 物业环境管理中常见的环境污染有哪几类？

知识探究

一、环境污染及相关概念

1. 环境污染

在人类生产和生活过程中，排放的物质和活动的后果使自然环境发生了不良变化，引起环境质量下降进而有害于人类及其他生物正常生存和发展的现象，称为环境污染。

物业环境作为城市环境的组成部分，其污染源是多方面的，其中，城市环境污染是很重要的一个方面。

2. 污染物

造成环境污染的物质被称为污染物，如铅、汞等。

3. 污染源

产生有害物质的设备、装置、场所、活动等，被称为污染源。

4. 环境保护

环境保护就是运用现代环境科学的理论和方法、技术，通过采取行政、法律、经济、科学技术等方面的措施，合理开发、利用自然资源，防治环境破坏和污染，综合整治环境，保护人体健康，促进社会经济与环境协调、持续发展。

从环境保护的概念来理解，环境保护是一个专有名词，其实质上是针对环境破坏而言的，只有产生了污染现象，才会产生对被污染对象进行保护的必要性，如减少污染物的排放、解决垃圾堆积问题、净化污水、减少噪声扰民等，其根本目的是创造一个良好的环境。

二、物业环境污染的种类及特征

（一）物业环境污染的种类

1. 按污染物形态划分

可分为大气污染、水污染、固体废物污染、噪声污染、辐射污染、光污染等。

2. 按污染物性质划分

可分为生物污染、化学污染、物理污染。

3. 按污染产生原因划分

可分为生产污染和生活污染。生产污染又分为工业污染、农业污染和交通污染。

4. 按污染物的分布范围划分

可分为全球性污染、区域性污染、局部性污染。

物业管理小专家

生物性污染典型案例

凤眼莲（凤眼蓝、水葫芦）属多年生漂浮性大型水生草本植物。其叶片为肾形或卵圆形，常呈波浪状，长度能达到1米，内部储存了很多空气，这使整个植株漂浮在水面上。它主要进行根、茎的无性繁殖，也通过种子繁殖。种子生命力极强，能在水中存活5～20年，适合在温暖、浅水和高光照的条件下萌发。凤眼莲的适应性极强，适合温度为5℃～35℃，能够在贫营养、富营养及含有大量重金属和有机污染物的水体中生长，甚至在高酸性和碱性（pH4～pH12）的水中仍能成活。

凤眼莲原产于巴西，1823年首次出现在报道中，1844年在美国一个博览会上被誉为“美化世界的淡紫色花冠”，从此被各国引种栽培。凤眼莲的营养价值高，是畜禽的优良饲料。20世纪40年代后，人们发现它可以有效吸收污水中的各种重金属和有机毒物，对污水有很强的净化作用，且净化效率优于其他水生植物，因此被进一步推广种植。现在分布在北纬40°到南纬45°之间的地区。

但是，凤眼莲的疯长会造成航道堵塞、水质恶化和水生生物死亡。昆明、上海、武汉、宁波和太湖等地区都发生了比较严重的凤眼莲危害事件。

造成凤眼莲入侵和危害的主要外部因素是人类的传播、水体的富营养化、缺乏天敌控制及持续的暖冬天气；内部因素是其很强的生长繁殖能力和较强的生态适应性和竞争力。

（二）物业环境污染的特征

从影响人体健康的角度看，物业环境污染特别是居住物业环境污染一般具有以下几个特征。

1. 影响范围广

大气、水体和土壤与人们生活、生产关系极为密切，人和它们的接触又极为广泛，因此，一旦有毒、有害物进入大气、水体和土壤中产生污染，一般都具有涉及范围广、受害人数多、污染不易控制的特点。

2. 作用时间长

由于治理被污染的空气、水体等需要较长时间，且空气、水体等对人的重要作用又是别的物质所不能代替的，因此直接接触污染源的人群以及在污染区生活的居民等受害者不得不长时间地处于被污染的环境中，被动地接受污染物的毒害。有些污染物，如电磁波、放射性物质等，长时间毒害受害人，且受害人不易察觉，这些都显示出污染物对人体的毒害具有作用时间长的特征。

3. 污染情况复杂

污染物进入环境后，受到大气、水体的稀释，浓度往往变得很低，不被人们所重视。

然而这种长期且慢性的毒害作用，对人体健康的潜在危害是十分严重的，人们一旦发现病症，可能就会难以治愈。加之环境中存在的污染物种类繁多，这些污染物在与空气、水体、土壤、食物的接触过程中，通过生物或理化作用发生转化，会改变原有的性质、状态或浓度，对人体产生复杂的作用，比如一种污染物有可能减弱或加剧另一种污染物的有毒、有害性。这一特点使人们很难判断哪一种污染物对人体的危害是主要的、严重的，给治理和消除污染物的工作带来了很大的困难。

4. 治理困难

要想使被污染的物业环境恢复原状，不但费力大、代价高而且难以奏效，甚至有重新污染的可能。有些污染物，如重金属和难以降解的有机氯农药，污染土壤后能在土壤中长期留存，治理起来十分困难。

三、物业环境污染对人体的危害

环境的异常变化，会不同程度地影响人体正常的生理功能。有毒、有害物进入人体后，一方面会干扰和破坏机体的正常生理功能，对机体产生潜在危害；另一方面人体又会通过各种防御机制与代谢活动降解有毒、有害物并将其排到体外。人体与有毒、有害物之间有一个由有毒、有害物的“量变”逐渐引起人体生理机能“质变”的过程。也就是说，进入人体的有毒、有害物的数量在没有超过人体自我调节的范围的时候，人体一般不会表现出病态，但如果有毒、有害物进入人体的数量超过人体自我调节的范围，人体就会表现出病症。

环境污染对人体能否造成危害、危害程度的深浅，主要与污染物进入人体的数量、作用时间、多因素的混合作用以及个体敏感性等因素有关。一般来讲，环境污染对人体健康的危害主要有以下三种情况。

1. 急性危害

污染物在短期内浓度很高，或者几种污染物联合进入人体，可以很快对人体造成危害，如1984年印度博帕尔农药厂发生异氰酸甲酯泄漏事故，造成严重污染，导致2.5万人直接致死，55万人间接致死，20多万人永久残废，该事件成为世界环境污染史中最严重的一次污染事件。

2. 慢性危害

慢性危害主要指小剂量的污染物持续地作用于人体产生的危害，如氯乙烯危害。资料显示，空气中的氯乙烯浓度如果超过国家卫生标准，长时间吸入对人体神经系统有一定的损伤，对肝脏的损害程度更大。

3. 远期危害

环境污染对人体的危害，一般是经过一段较长的潜伏期后才表现出来的。如在被污染的水中，有机污染物中的苯酚类、醛类、石油类和有机氯等也对人体健康有直接的、深远的危害。以有机氯为代表的合成高分子物质，大多数极难在自然环境中被分解，危害时间较长。这些物质和重金属一样，能够被水生生物等富集成百万倍，然后通过食物链进入人体，危害人体健康。据研究，这种危害可延续到第二代甚至第三代。

四、物业环境管理中常见的环境污染

1. 大气污染

物业大气污染主要来源于生活污染源、工业污染源和交通污染源，具体来说有以下几种。

（1）锅炉污染物超标排放。在北方，许多物业管理区域内都设有采暖锅炉，如果没有对烟（粉）尘和二氧化硫等的防治措施或防治措施不完善，就很容易对物业管理区域造成污染。

（2）交通车辆排放的汽车尾气污染。我国的车辆持有率越来越高，居民私家车不断增加，在物业管理范围内，随着居住小区内车辆的增加，汽车尾气污染问题也应该引起高度重视。

（3）油烟无序排放。相当一部分住宅楼没有统一设置集中排油烟道，或者设而不用，各式各样的排油烟管从住户厨房伸出，既不美观，又造成小区内油烟四处飘散，形成空气污染。

（4）室内环境空气污染。房屋装修过程中往往会采用大量装饰材料，其中许多都含有一些有毒有害物质，因此，刚刚装修完的房屋都或多或少地存在一些室内空气污染。

2. 生活垃圾污染

正规的物业管理小区内都设有垃圾收集箱，现在基本都为分类回收型的，虽然当前积极倡导垃圾分类回收，但有些小区及个别居民仍执行不到位，导致各种垃圾混合存放和收运问题，特别是一些废旧灯管、废旧电池、废旧药品等危险废弃物混杂在一起，存在环境污染的隐患。

3. 环境噪声污染

环境噪声是物业环境管理中最常涉及的污染类型。人们经过一天紧张的工作、学习和劳动，回到家里往往希望有一个安静的环境。但城市的环境噪声总是存在，它是影响物业管理区域环境质量好坏的一个重要因素。物业管理区域的环境噪声主要有汽车鸣笛、发动和行驶过程中产生的噪声；供暖或供水所用的各种泵运行的噪声；集体或自发的自娱自乐活动产生的噪声；餐饮、休闲活动场所的油烟机、动力运行等产生的各种噪声；有些住宅由于隔声材料不好等，居民经常会受到邻居家的音乐声、孩子打闹声等噪声影响。

4. 水污染

工业废水、生活废水、医疗污水等常常含有酚、氰化物、砷、汞、铅等有毒物质，另外还包括石油类，氮、磷等富有营养的盐类等。居住区物业的水污染主要是生活废水污染。

5. **辐射污染**

当前人们离不开网络和移动电话，各通信公司设立的发射基站往往就在距离居民较近的地方，虽然多数情况下其辐射的强度不会超过国家标准，但也应避免将基站的天线直接对着居民的窗户。另外，某些建筑材料也存在辐射污染。

6. **光污染**

光污染是继废气、废水、废渣和噪声等之后一种新的环境污染源，国际上一般将光污染分成3类，即白亮污染、人工白昼污染和彩光污染。光污染正在威胁着人们的健康。

（1）白亮污染。阳光照射强烈时，城市里建筑物的玻璃幕墙、釉面砖墙、磨光大理石和各种涂料等会反射光线，明晃白亮，炫眼夺目。专家研究发现，长时间在白亮污染环境下工作和生活的人，视网膜和虹膜都会受到不同程度的损害，视力急剧下降，白内障的发病率高达45%。白亮污染还会使人头昏、心烦，甚至产生失眠、食欲下降、情绪低落、身体乏力等类似神经衰弱的症状。

（2）人工白昼污染。夜幕降临后，商场、酒店的广告灯、霓虹灯闪烁夺目，令人眼花缭乱。有些强光束甚至直冲云霄，使得夜晚如同白天一样，即所谓的人工白昼。在这样的“不夜城”里，人们在夜晚难以入睡，人体正常的生物钟被扰乱，导致人们白天工作效率低下。

（3）彩光污染。舞厅、夜总会等安装的黑光灯、旋转灯、荧光灯以及闪烁的彩色光源都会造成彩光污染。据测定，黑光灯所产生的紫外线强度大大高于太阳光中的紫外线，且对人体的有害影响持续时间长。人如果长期接受这种照射，可诱发流鼻血、脱牙、白内障，甚至导致白血病和其他癌变。彩色光源让人眼花缭乱，不但对人眼睛不利，而且会干扰人大脑中枢神经，使人头晕目眩，出现恶心呕吐、失眠等症状。科学家最新研究表明，彩光污染不仅有损人的生理功能，还会影响人的心理健康。

物业管理小专家

世界环境日的由来

1972年6月5日，联合国人类环境会议在瑞典首都斯德哥尔摩召开，会议通过了《联合国人类环境会议宣言》。同年的第27届联合国大会将每年的6月5日定为“世界环境日”。“世界环境日”的确立，反映了世界各国人民对环境问题的认识和态度，表达了人类对美好环境的向往和追求。

联合国和各国政府每年都在6月5日这一天开展各项活动来宣传与强调保护和改善人类环境的重要性。联合国环境规划署每年选择一个成员方在6月5日举行“世界环境日”纪念活动，发表环境现状的年度报告书及表彰“全球500佳”，并根据当年的世界主要环境问题及环境热点问题，有针对性地制定每年的“世界环境日”主题。

联合国确立的11个环保纪念日

日期	节日名称	相关专题
3月21日	世界森林日	森林——我们的骄傲
3月22日	世界水日	珍惜水、爱护水
3月23日	世界气象日	人与气候
4月22日	世界地球日	善待地球——从节约资源做起
5月31日	世界无烟日	创建无烟环境
6月5日	世界环境日	促进低碳经济
6月17日	世界防治荒漠化与干旱日	恢复生态、保护土地、复苏经济
7月11日	世界人口日	人口、发展与环境
9月16日	国际保护臭氧层日	守护生命的臭氧
10月16日	世界粮食日	齐成长、同繁荣、共持续。行动造就未来
5月22日	国际生物多样性日	呵护自然人人有责

资料来源：人民网，有修改。

任务二 物业环境质量管理

任务导入

2020年8月20日，密歇根州政府同意赔偿弗林特市居民6亿美元作为初步的民事诉讼解决方案，这起饮用水污染危机终于将要画上句号。弗林特市人口主要是非裔美国人，超过40%的人属于贫困人群。2014年4月，弗林特市将供水来源从五大湖中的休伦湖切换至弗林特河，以节省费用、缓解政府财政危机。然而，弗林特河的水质腐蚀性较强，弗林特自来水处理厂没有对水进行合理净化，密歇根环境保护局也没有严格审查。弗林特河的水腐蚀了整个城市管道，导致大量有毒金属铅顺着水流进入弗林特的家家户户。许多人开始掉头发或是长皮疹，水龙头流出的水时而是蓝色的时而是黄色的。虽然不少居民向政府抱怨水质问题，但是当地政府还是装聋作哑了一年多。在切换水源后的一年里，当地暴发了军团菌病，这种病是人们饮用未经合理净化或消毒杀菌的水导致的。

问题与思考：

1. 案例中饮用水污染的原因是什么？
2. 物业管理人员应如何对辖区内的污染进行管理？

知识探究

物业环境质量是指在物业区域内，环境的总体或环境的某些要素对人们的生产和生活的适宜程度，是反映人们的具体要求而形成的对环境评定的一种概念。它是对环境状况的一种描述，这种状况的形成，有自然的原因，也有人为的原因，而且从某种意义上说，后者是更为重要的原因。物业管理公司要依据环境管理部门制定的环境质量标准体系，对物业区域内的自然环境质量和社会环境质量进行检测监控，切实做好环境管理工作，使物业区域内的环境质量水平不断提高，为业主及使用人提供一个健康的生活、居住和工作环境。

一、环境标准

环境标准是为了防止环境污染，维护生态平衡，保护人群健康，对环境保护工作中需要统一的各项技术规范和技术要求所做的规定。环境标准既是进行环境保护工作的技术规则，又是进行环境管理的重要依据。环境标准是国家环保法律体系的重要组成部分。

（一）环境标准体系

我国的环境标准体系是以环境质量标准和污染物排放标准为主体，与环境监测方法标准、环境标准样品标准和环境基础标准相配套的。

环境标准按适用范围可分为三级：国家标准、行业标准、地方标准。其中，环境质量标准只有国家标准和地方标准两种；污染物排放标准既可以有国家标准和行业标准，也可以有地方标准；环境监测方法标准、环境标准样品标准和环境基础标准只有国家标准。地方标准和行业标准一定要严于国家标准。执行标准时要按地方标准、行业标准和国家标准的先后顺序执行。环境标准体系如图 2－1 所示。

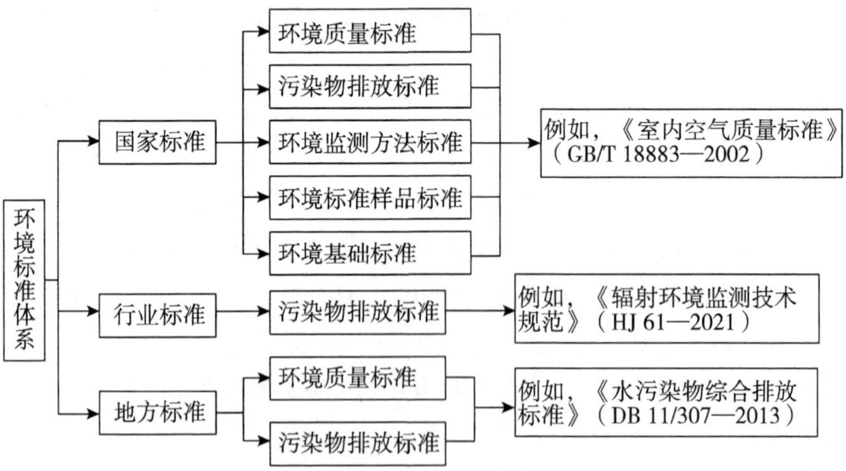

图 2－1　环境标准体系

1. 环境质量标准

以保护人群健康、促进生态良性循环为目标而规定的各类环境中有害物质在一定时间和空间范围内的容许浓度，或其他污染因素的容许水平，叫作环境质量标准。环境质量标准是所有环境标准的核心。

环境质量标准可分为以下几种。

（1）水环境质量标准。比如《地表水环境质量标准》《海水水质标准》《渔业水质标准》《生活饮用水卫生标准》等。

（2）大气质量标准。比如《环境空气质量标准》等。

（3）环境噪声标准。环境噪声标准可分为环境噪声基本标准、户外噪声标准和室内噪声标准等，目前我国环境噪声标准主要有《声环境质量标准》等。

除上述环境质量标准外，还有土壤环境质量标准、生物质量标准、辐射标准、振动标准等。

2. 污染物排放标准

污染物排放标准是国家或地方为实现环境管理目标，确保环境质量标准实现而对污染物或其他有害物质排放的允许标准所做的强制性规定。

污染物排放标准按适用范围可分为两种类型：一种是通用排放标准，就是各行业都要遵守的标准，比如《污水综合排放标准》《锅炉大气污染物排放标准》《工业企业厂界环境噪声排放标准》；另一种是行业排放标准，就是规定某一行业所排放的各种污染物的容许排放量，只对该行业有约束力。由于地方环境条件等因素，执行国家排放标准不能实现地方环境质量目标时，可由地方在国家排放标准基础上制定地方污染物排放标准。

3. 环境监测方法标准

环境监测方法标准主要有分析方法、取样方法、制定程序、模拟公式、操作规程、工艺规程、设计规程和施工规程等相关标准。

4. 环境标准样品标准

环境标准样品标准是在环境保护工作中，用来标定仪器、验证测量方法、进行量值传递或质量控制的材料或物质标准。

5. 环境基础标准

环境基础标准为环境标准的制定提供统一的语言，内容有名词术语、符号代号、标记方法、标准物排放方法等。

（二）环境标准的作用

1. 环境标准是执行环境保护法规的基本手段

环境标准是一定时间内环境政策目标的具体体现，是制订环境规划、计划的重要手段。

2. 环境标准是环境执法的尺度

环境标准用具体数字来体现污染物排放的界限，超越了这些界限，即违背了环境保护法。环境法规的执法过程与环境标准的实施过程是紧密联系的，如果没有各类标准，这些法规将难以具体执行。

3. 环境标准是科学管理环境的技术基础

环境的科学管理包括环境立法、环境政策、环境规划、经济评价和环境监测等方面。环境标准是环境立法、执法的尺度，是环境政策、环境规划所确定的环境质量目标的体现，是经济评价的依据，是监测、检查环境质量和污染源排放是否符合要求的依据。

4. 环境标准是推动科技进步的动力

环境标准与其他任何标准一样，是以科学技术与实践的综合成果为依据制定的，具有科学性和先进性，代表了今后一个时期内科学技术的发展方向。环境标准在某种程度上是判断污染防治技术、生产工艺与设备是否先进可行的依据，是筛选、评价环保科技成果的一个重要尺度，对技术进步起着导向作用。

二、环境监测

要想知道一个地区环境质量的好坏、污染源排放的污染物对环境影响的程度等，需要有准确、可靠的数据作为判断依据。

1. 环境监测的概念

环境监测就是通过对影响环境质量因素的代表值进行测定，确定环境质量（或污染程度）及其变化趋势。

环境监测包括化学监测、物理监测、生物监测等。化学监测就是对普通污染物质采用化学或物理化学方法进行分析测试；物理监测就是对物理（或能量）因子（如热、声、光、电磁辐射、振动及放射性等）的强度、能量和状态进行测试；生物监测就是用生物手段监测环境质量变化所造成的群落、种落的迁移变化、受害症状等。

2. 环境监测的目的

环境监测的目的是准确、及时、全面地反映环境质量现状及发展趋势，为环境管理、污染源控制、环境规划等提供科学依据，具体可归纳为以下几项：

（1）评价环境质量。

（2）为实现环境监督管理、控制污染源提供依据。

（3）为研究环境容量、实施总量控制、目标管理、预测预报环境质量提供依据。

（4）为制定环境法规、标准、规划等提供服务。

3. 环境监测的分类

环境监测可按其监测目的或监测介质对象分类，也可按专业部门分类（如气象监测、卫生监测和资源监测等）。

（1）按监测目的分类：

①监督性监测（又称例行监测或常规监测）。主要是对指定的有关项目进行定期的、长时间的监测，以确定环境质量及污染源状况，评价控制措施的效果，衡量环境标准实施情况和环境保护工作的进展情况。

②应急监测。在发生污染事故时进行应急监测，以确定污染物扩散方向、速度和危及范围，为控制污染提供依据。

③仲裁监测。主要针对污染事故纠纷、环境法执行过程中所产生的矛盾进行监测。仲裁监测应由国家指定的权威部门进行，以提供具有法律效应的数据（公证数据），供执法部门、司法部门仲裁。

④科研服务监测。科研服务监测是针对特定目的的科学研究而进行的高层次监测，或者是为政府部门、科研机构、生产单位所提供的服务性监测。

（2）按监测介质对象分类：

环境监测按监测介质对象可分为水质监测、空气监测、土壤监测、固体废物监测、生物监测、噪声和振动监测、电磁辐射监测、放射性监测、热监测、光监测、卫生（病原体、病毒、寄生虫等）监测等。

4. 环境监测的程序

（1）现场调查与资料收集。

（2）确定监测项目。

（3）确定监测点位布置及采样时间和方法。

（4）选择和确定环境样品的保存方法。

（5）环境样品的分析测试。

（6）数据处理及结果上报。

三、物业环境质量管理

（一）物业环境质量管理的概念

物业环境质量管理是指采用技术的、经济的、行政的、法律的、教育的各种手段，对人们利用、保护和改善物业环境的活动进行干预或施加影响，以协调物业使用人与物业环境的关系、保障人民身体健康、提高物业环境质量为目的所进行的管理活动。

物业服务企业要依据城市环境管理部门制定的环境质量标准及指标体系，对物业区域内的自然环境质量和社会环境质量进行监控、测试、评价，切实做好环境管理工作，使物业区域内的环境质量水平不断提高。物业服务企业要切实从保护人体健康和维护生态平衡出发，为获得最佳的环境效益和经济效益，在综合考虑发展经济与保护环境及人体健康等因素的基础上，提高物业区域内的环境质量。

物业服务企业应积极配合城市环保部门，承担起维护社区、住宅区环境质量管理的责任。

（二）物业服务企业环境质量管理的职责

（1）积极配合政府和环保部门做好管辖区域内的环保工作，贯彻执行国家有关环保的法律法规，把环保纳入社区物业管理的实际工作。

（2）采取多种宣传形式，对管辖区域内的居民和单位进行环保法、环保知识的宣传教育，提高社区成员的环保意识。

（3）协助环保部门加强对管辖区域内环境污染的监测、治理工作，预防并治理“三废”污染和噪声污染。

（三）物业环境质量管理的内容

1. 对物业环境质量进行监控

物业环境质量监控，就是对物业区域内的环境质量进行监测和控制。监测就是监视、检测并及时分析和处理代表环境质量的各种指标数据，掌握环境质量的现状及变化发展趋势。控制就是根据监测得到的环境质量的现状及变化发展趋势，及时将信息反馈给有关部门，在超过警报指标或出现严重污染事故时发出警报和进行预报，通过有关部门采取具体措施，控制环境质量的继续恶化。环境质量监控是环境质量管理的主要环节，它包括以下内容：

（1）区域环境监控。区域环境监控主要是对物业区域内的大气、水体、土壤等环境质量现状进行监控。当物业区域内环境质量已经达到国家规定的某一级标准，或虽未达到标准但达到过渡性标准时，应对有害污染物浓度变化和发展趋势进行常规性监测；当物业区域内环境质量既未达到国家标准，又无明确的环境目标，且环境质量逐年恶化时，应遏制现有污染的发展，控制新污染，并汇报给有关决策部门，以便及时采取合理的对策。

（2）污染源的监测。环境污染源的监测主要包括对工业污染源的监测，如对烟尘、工业废气、废水、废渣、粉尘排放和工业噪声污染等的监测；对交通污染源的监测，如对机动车、船尾气及交通噪声污染的监测；对医院污水、城市废弃物、城市生活污水污染等的监测。

（3）污染事故的监测。主要是确定在各种紧急事故情况下的污染程度和范围，检查、分析其原因，以便采取有效措施，并避免事故再次发生。

2. 对物业环境质量进行评价

物业环境质量评价，主要是对物业区域内的环境质量进行回顾评价、现状评价和影响评价，按照一定的评价标准和评价方法，对物业区域内的环境质量状况及变化趋势进行定量描述、评定和预测。

3. 编写物业环境质量报告书

编写物业环境质量报告书，就是在对物业区域内的环境进行监测和评价的基础上，提出对物业环境质量状况的分析以及改善环境质量的措施与对策。进行此项工作，应遵循以下原则：

（1）要着眼于“人类－环境”大系统，从地区的整体出发，以生态理论为指导，全面分析经济、社会发展与环境质量的关系，不仅要认真对待“三废”及噪声的问题，还要考虑其他影响环境质量的因素。

（2）在对基本数据进行汇总分析时，要将自然环境特征与社会环境特征考虑进来，要有较强的针对性，以便为分析环境问题提供具体依据。

（3）分析问题要抓住主要矛盾，即主要的环境问题的危害，包括经济损失、人身伤害及其产生的原因等。

（4）对环境质量的变化及发展趋势，要有科学的预测，并对主要环境问题提出相应对策。

任务三　物业大气污染及其防治

任务导入

2020年，全国337个地级及以上城市（以下简称337个城市）中，202个城市环境空气质量达标，占全部城市数的59.9%，比2019年上升13.3个百分点；135个城市环境空气质量超标，占40.1%，比2019年下降13.3个百分点。若不扣除沙尘影响，337个城市环境空气质量达标城市比例为56.7%，超标城市为43.3%。337个城市平均优良天数比例为87.0%，比2019年上升5.0个百分点。其中，17个城市优良天数比例为100%、243个城市优良天数比例为80%～100%、74个城市优良天数比例为50%～80%、3个城市优良天数比例低于50%；平均超标天数比例为13.0%，以$PM_{2.5}$、O_3、PM_{10}、NO_2和SO_2为首要污染物的超标天数分别占总超标天数的51.0%、37.1%、11.7%、0.5%和不足0.1%，未出现以CO为首要污染物的超标天。

资料来源：《2020中国生态环境状况公报》，有修改。

问题与思考：

1. 什么是大气污染？
2. 物业大气污染有哪些主要来源？

知识探究

植物通过光合作用从大气中吸收二氧化碳，放出氧气，制造有机质，人类通过呼吸从大气中吸收氧气，放出二氧化碳，将有机质转化为能量，自然界通过氧气和二氧化碳的物质循环，维持着人类的生命活动，所以没有大气就没有人类，没有人类就没有今日的世界。大气一旦遭到破坏，整个人类的生存和发展都将受到影响。

一、物业大气污染概述

（一）物业大气污染的概念

大气污染通常是指由于人类活动或自然过程导致某种物质进入大气，呈现出足够的浓度，达到了足够的时间，并因此危害了人体的舒适、健康和福利或危害了环境的现象。

物业大气污染是在物业区域内的大气污染。从总体上看，物业大气污染是由自然灾害和人为活动造成的，一般情况下是指人为活动造成的污染。

（二）物业大气污染来源

物业大气污染的来源主要有三个方面：一是生活污染源，即人们在做饭、取暖等过程中所用燃料放出的有毒、有害气体以及烟雾等造成的污染；二是工业污染源，即工矿企业在生产过程中和燃料燃烧过程中排放的煤烟、粉尘及无机、有机化学物质；三是交通污染，即各种交通工具运行时排放的尾气等造成的污染。

有资料显示，人群久居的室内空气较室外的空气污浊得多。不仅人体会散发出几百种代谢产物，室内燃料（煤或煤气等）燃烧及烹饪过程中的油烟均可造成空气污染。此外，吸烟、杀虫剂的使用、居室装修、新家具的购置也是室内空气污染的主要原因。人的一生，在室内生活和工作的时间较多，因此室内环境的好坏直接影响人类的健康。另外，一些生活用品如果使用不当，也会给人体健康造成危害。

1. 室内污染

（1）吸烟引起的污染。吸烟是人为造成的一种主要室内污染。烟草在燃烧过程中产生大量烟雾，其中有焦油物质、一氧化碳、氨、醛等各种气体，它们在空气中以气态、气溶胶态存在，烟草中的尼古丁对人的神经细胞和中枢神经系统有兴奋和抑制作用，吸入达一定量后会让人产生“烟瘾”。吸烟还可加速人体衰老进程，降低人体免疫力。世界卫生组织为了引起人们对吸烟问题的重视，将每年的 5 月 31 日定为“世界无烟日”。

（2）居室装修及新家具引起的污染。随着生活水平的提高，人们的住房条件有所改善，居室装修成为一种时尚，装修材料和新家具中的甲醛、苯、甲苯、二甲苯等有害物质也就随之进入室内。医学研究认为，甲醛能损害人体内脏器官，美国国家环境保护局已将甲醛定为潜在性的致癌物。装修中使用的涂料、油漆、黏合剂会散发出大量的化学合成物质，其中的苯、甲苯、二甲苯的危害比甲醛更大。苯有“芳香杀手”之称，是国际卫生组织认定的强烈致癌物，甲苯、二甲苯对人体黏膜和神经系统的损害比苯还强。如长期工作和生活在这种环境中，会使人体内产生某些潜在的疾病隐患，这些隐患很可能在人体抵抗能力下降时或在某一特定因素引发下导致人生病。另外，用于建筑的砖、混凝土、石膏板等建筑材料会使室内的氡浓度比室外高出2~20倍。氡是一种无色无味的放射性气体，可通过呼吸道吸入人体并沉积在人体肺泡中，破坏肺泡组织，诱发细胞癌变。所以，居室内应经常通风换气，以保持空气清新。

(3) 日用化学品引起的污染。人们为了家居的清洁美观，越来越多使用一些化学日用品，如日常清洁、化妆、灭虫等活动中使用的清净剂、发胶、杀虫剂等。如果这些化学品使用不当或过量使用，其中的一些挥发性物质就会大量散发到室内空气中，通过呼吸道进入人体，会使人头晕、恶心等。

(4) 住宅厨房污染。目前，我国城市中天然气已基本普及，但有一些地区还是以煤为主要燃料，相当一部分农村以柴或沼气作为生活燃料。无论使用何种燃料，厨房内的炊事活动都会产生有害物质，对厨房及家庭住宅内其他房间产生空气污染。这些有害物质种类多、浓度高、毒性大，像CO、SO_2、CO_2、NO_X、可吸入粉尘及多环芳烃类强致癌物，如苯并［a］芘等，在室内特别是厨房内空气中的浓度值有时会大大超过室外及居民区大气国家卫生标准，这时人们在房间里逗留，会直接受到污染物的危害。这些污染物除一部分直接被吸入人体，危害人的身体健康及生命安全外，还使室内充满了油烟并形成污垢，污染室内炊具及家用设备。

(5) 建筑物自身的污染。一种是建筑施工过程中使用的化学物质，如北方冬季施工使用的防冻剂，有可能渗出有毒、有害气体；另一种是部分砖瓦、水泥、混凝土及各种矿渣砖等基本建筑材料，可释放出对人体有害的放射性核素，对人体健康存在危害。

2. 室外污染物的污染

居室附近的各种污染源排放的污染气体，不仅造成室外大气严重污染和生态环境的破坏，使人们的生存条件变得恶劣，而且加剧了室内空气的污染。

二、物业大气污染的危害

世界卫生组织和联合国环境保护组织发表的一份报告提到，空气污染已成为全世界城市居民生活中一个无法逃避的现实。工业文明和城市发展，在为人类创造巨大财富的同时，也把大量废气和废物排入大气，人类赖以生存的大气圈成了空中垃圾库和毒气库。大气中的有害气体和污染物达到一定浓度时，就会对环境和人类带来巨大灾难。

（一）大气污染对人类的影响

1. 物业室内空气污染对人类的危害

人的一生要在住宅及办公室内度过大量时间，可想而知，室内的空气污染将对人体健康造成多么严重的影响。

(1) 装饰材料对人类的危害。资料显示，一旦装饰材料中的有机物散发到室内空气，将会引发人体包括呼吸道、消化道、神经、视力、视觉、血压等方面的多种疾病。比如甲醛是无色、刺激性气体，对眼、鼻、喉、上呼吸道和皮肤均可产生明显的刺激作用，并会导致睡眠不安，浓度极高时易引发肺炎、肺水肿等疾病。苯系物被确定为致癌物质，会造成人体急性和慢性中毒。在急性中毒的情况下，苯会起麻醉作用，而慢性中毒的后果是造血组织和机体一些器官（包括淋巴结）的变化。酚类化合物是无色针状结晶或白色结晶，有特殊气味，可通过消化道、呼吸道和皮肤被人体吸收，使人慢性中毒并导致肝、肾损害。硝基化合物、氨气、非甲烷总烃、丙酮等物质对人体也都有一定的危害。

（2）烟气对人类的危害。室内空气污染的最大受害者是婴幼儿及心血管系统、呼吸系统疾病患者，以及孕妇和老年人。国外一些资料表明，孕妇吸烟（或被动吸烟）对腹中胎儿有很大危害，烟雾中高浓度的CO会引起母体及胎儿血液中的碳氧血红蛋白增高，使血液输送氧气的能力减弱。烟雾中其他有毒物质被吸进母体也会危害胎儿，影响胎儿发育。如果孕妇在空气污染的厨房中进行炊事劳动，这种情况与被动吸烟相似，而且接触污染空气的时间比吸烟要长，与各种污染物的总接触量也可能更大，这样必然会对胎儿产生极为不良的影响。

（3）CO对人类的危害。CO对人的危害作用大小，取决于它的浓度和人接触的时间，若高浓度长时间接触，可导致接触者死亡。长期吸进含有CO空气的人，更易发生心肌损害。研究发现，CO浓度与死亡率之间有明显的关系。

此外，科学家发现，NO_x 可以引起人呼吸系统疾病。当人吸入NO后，可引起变性血红蛋白的形成，危害神经系统；NO_2 则会使婴幼儿、学龄儿童急性支气管炎患病率大大增加。

2. 物业室外空气污染对人类的危害

物业室外空气污染对人类的危害如表2－1所示。

表2－1　物业室外空气污染对人类的危害

污染物名称	对人体的危害
二氧化硫	令人视程缩减，流泪，眼睛产生炎症；闻到异味，胸闷，呼吸道产生炎症，呼吸困难，肺水肿，甚至窒息死亡等
硫化氢	恶臭难闻，令人恶心、呕吐，影响人体呼吸、血液循环、内分泌、消化和神经系统等，使人昏迷甚至中毒死亡
氮氧化物	令人闻到异味，导致支气管炎、气管炎、肺水肿、肺气肿等，使人呼吸困难甚至死亡
粉尘	伤害眼睛，缩减视程，易使人患上慢性气管炎、幼儿气喘病和尘肺，增加死亡率，降低能见度，使交通事故增多等

续表

污染物名称	对人体的危害
光化学烟雾	使人眼睛红痛，视力减弱，头疼、胸痛、全身疼痛，麻痹人的神经，导致肺水肿等，严重的可在 1 小时内致死
碳氢化合物	损害皮肤和肝脏，致癌致死
一氧化碳	令人头晕、头疼、贫血、心肌损伤、中枢神经麻痹、呼吸困难等，严重的可在 1 小时内致死
氟和氟化氢	强烈刺激眼睛、鼻腔和呼吸道，引起气管炎、肺水肿、氟骨症和斑釉齿等
氯气和氯化氢	刺激眼睛、上呼吸道，严重时可引起中毒性肺水肿等
铅	令人神经衰弱、腹部不适、便秘、贫血、记忆力低下等

物业管理小专家

"红颜杀手"

自然界的花岗岩或大理石在形成过程中吸收了大量放射性元素如钍、铀等，如果在装修中大量使用这些材料，其中的放射性元素会衰变成一种无色无味的惰性气体——氡。氡在衰变时会释放出 α、β、γ 等射线，其易溶于脂肪，也可通过呼吸进入人体肺部。氡不同于氨气、甲醛、苯等挥发性气体，它无色、无味，人体接触无明显的不适感，且潜伏期较长，难以根除。

资料表明，氡对人体的脂肪有较高的亲和力，能在脂肪组织、神经系统、网状内皮系统和血液中广泛分布，对细胞造成损伤，最终诱发癌变。氡已被 WHO（世界卫生组织）公布为 19 种主要环境致癌物之一，且被国际癌症研究机构列为室内主要致癌物。长期处于氡浓度超标的室内环境会大大增加患癌尤其是肺癌以及患败血症等疾病的可能。

建筑物中地下室和第一层的空气中氡的浓度一般较高，室内氡的浓度可以比室外高出 2 ~ 10 倍。假若室内通风不良，人体长期受到高浓度氡的辐射，可导致肺癌、白血病及呼吸道等方面的病症。这就是居室中的大理石、花岗石及其他装潢材料给人们带来的放射性危害，有时人们称它为"红颜杀手"。这是因为凡含高铀或钍的花岗岩，其颜色通常显示为红色。美国权威机构统计，美国每年肺癌死者之中 8% ~ 20% 是由氡所致，这使氡辐射成为仅次于吸烟的第二位致癌因素。

专家提供了两条减少氡污染的有效办法，一是尽量减少使用像花岗岩、大理石等含放射性物质高的建筑材料，二是加强室内通风。

（二）大气污染对植物的影响

1. 高浓度污染物影响

高浓度污染物会产生急性危害，使植物（花、草、树木、农作物等）叶面产生伤斑和坏死，或直接使叶面枯萎脱落，导致植物死亡。受 SO_2 污染的地区常会出现酸性雨雾，其腐蚀性很强，可使大片农作物和森林受害或死亡。

2. 低浓度污染物影响

低浓度污染物一方面会产生慢性危害，如使植物叶片褪绿、发黄，影响植物生长；另一方面会产生不可见危害，即虽从植物外表看不出受害症状，但植物的生理机能却受到损害，造成植物生长能力减弱，抗病虫害能力下降，影响生长发育。

（三）大气污染对环境的影响

1. 大气污染对气候的影响

（1）使全球气候变暖。近些年来，大气污染使地球气候异常增温，赤道附近海水温度升高，形成厄尔尼诺现象。厄尔尼诺现象每 2 ~7 年发生一次。发生时，太平洋赤道附近海水异常增温，造成大量海洋生物死亡；还会通过与大气相互作用，使全球气候变化异常，造成世界范围内的旱涝灾害、风暴灾害等。

（2）产生“温室效应”。随着工业和交通运输事业的发展，燃料用量不断增加，这使大气中的二氧化碳含量不断增加。二氧化碳能吸收地球外的红外辐射，引起地面层温度升高。因此，大气中的二氧化碳就好像是防止近地层的热能散射到宇宙中的一个屏障，如同农业生产中的温室，故称为温室效应。

（3）造成城市“热岛效应”。“热岛效应”是指城市日夜处于通风不畅的高温性气候中的现象。在人口集中、污染严重的大城市，城市物业区由于建筑密集，在生产生活活动过程中会散发出大量热量，出现市区气温比郊外高的现象，即所谓的城市“热岛效应”，这在大中城市更为突出。比如俗称“三大火炉”的重庆市、武汉市和南京市，其市中心区的气温比周围郊区要高出 1℃ ~4℃，如果乘飞机在污染严重的城市上空俯瞰，常常会看到有孤立的云区笼罩在城市上空，而周围则是晴空。这就是大气污染造成的“热岛效应”在城市上空形成的局部环流，使污染和废热总在城市上空循环而不易扩散。

（4）破坏大气臭氧层。在离地面 10 ~55 千米的平流层里，大气中的臭氧相对集中，形成了臭氧层。大气中的臭氧层起着净化大气和杀菌的作用，可以把大部分有害的紫外线过滤掉，减少其对人体的伤害，而且可以使许多农作物增产。臭氧过浓会使人体中毒，而臭氧含量减少，紫外线就会长驱直入，使人体皮肤癌发病率增加，农作物减产。

（5）形成酸雨。二氧化硫是造成酸雨的主要原因之一。大气受硫氧化物、氮氧化物污染，并与雨、雪、雾结合生成硫酸、硝酸，就会形成酸雨。酸雨的危害遍及欧洲和北美，我国主要分布在贵阳、重庆和柳州等地。酸雨降落到地面后，会导致水质恶化，各种水生动物和植物都会受到死亡的威胁。植物叶片和根部吸收了大量酸性物质后，会枯萎死亡。酸雨进入土壤后，使土壤肥力减弱。人类长期生活在受到酸雨影响的环境中，饮用酸性的水质，会造成呼吸器官疾病、肾病和癌症等。据估计，酸雨每年要夺走7500~12000人的生命。

2. 大气污染对地区降雨呈负面作用

根据《科学》杂志发表的文章，研究人员对陕西省华山地区自1954年以来的降水量和能见度进行了观测研究。他们认为，华山海拔2000米以上地区能见度的降低，与空气中能够到达云层的污染颗粒的增加有关，而在由空气污染造成能见度最低的日子里，降水量会相应减少一半。同时，利用对华山地区气候变化数据研究形成的模型，可以验证美国、以色列、南非和西班牙等世界其他地区降水量的变化与大气污染之间的关系。由此，可得出结论：大气污染对地区降水呈负面作用。

3. 大气污染对能见度的影响

大气污染最常见的效应是大气能见度降低。能见度是反映大气透明度的一个重要指标，它是指具有正常视力的人在当时的天气条件下，能够看清楚目标轮廓的最大水平距离。能见度和当时的天气情况密切相关。当出现降水、雾、霾、沙尘暴等天气时，大气透明度较低，因此能见度较差。测量大气能见度一般可用目测的方法，也可以使用大气透射仪、激光能见度自动测量仪等测量仪器测量。

三、大气污染控制标准

根据国家《环境空气质量标准》（GB 3095—2012），环境空气功能区分类和质量要求如下：

1. 环境空气功能区分类

一类区为自然保护区、风景名胜区和其他需要特殊保护的地区。

二类区为居住区、商业交通居民混合区、文化区、工业区和农村地区。

2. 环境空气质量标准分级

一类区适用一级浓度限值；二类区适用二级浓度限值。一、二类环境空气功能区质量要求如表2-2所示。

表2-2　环境空气污染物项目浓度限值

序号	污染物项目	平均时间	浓度限值		单位
			一级	二级	
1	二氧化硫（SO_2）	年平均	20	60	μg/m³
		24小时平均	50	150	
		1小时平均	150	500	

续表

<table>
<tr><th rowspan="2">序号</th><th rowspan="2">污染物项目</th><th rowspan="2">平均时间</th><th colspan="2">浓度限值</th><th rowspan="2">单位</th></tr>
<tr><th>一级</th><th>二级</th></tr>
<tr><td rowspan="3">2</td><td rowspan="3">二氧化氮（NO_2）</td><td>年平均</td><td>40</td><td>40</td><td rowspan="3">μg/m³</td></tr>
<tr><td>24 小时平均</td><td>80</td><td>80</td></tr>
<tr><td>1 小时平均</td><td>200</td><td>200</td></tr>
<tr><td rowspan="2">3</td><td rowspan="2">一氧化碳（CO）</td><td>24 小时平均</td><td>4</td><td>4</td><td rowspan="2">mg/m³</td></tr>
<tr><td>1 小时平均</td><td>10</td><td>10</td></tr>
<tr><td rowspan="2">4</td><td rowspan="2">臭氧（O_3）</td><td>日最大 8 小时平均</td><td>100</td><td>160</td><td rowspan="15">μg/m³</td></tr>
<tr><td>1 小时平均</td><td>160</td><td>200</td></tr>
<tr><td rowspan="2">5</td><td rowspan="2">颗粒物
（粒径小于等于 10μm）</td><td>年平均</td><td>40</td><td>70</td></tr>
<tr><td>24 小时平均</td><td>50</td><td>150</td></tr>
<tr><td rowspan="2">6</td><td rowspan="2">颗粒物
（粒径小于等于 2. 5μm）</td><td>年平均</td><td>15</td><td>35</td></tr>
<tr><td>24 小时平均</td><td>35</td><td>75</td></tr>
<tr><td rowspan="2">7</td><td rowspan="2">总悬浮颗粒物（TSP）</td><td>年平均</td><td>80</td><td>200</td></tr>
<tr><td>24 小时平均</td><td>120</td><td>300</td></tr>
<tr><td rowspan="3">8</td><td rowspan="3">氮氧化物（NO_X）</td><td>年平均</td><td>50</td><td>50</td></tr>
<tr><td>24 小时平均</td><td>100</td><td>100</td></tr>
<tr><td>1 小时平均</td><td>250</td><td>250</td></tr>
<tr><td rowspan="2">9</td><td rowspan="2">铅（Pb）</td><td>年平均</td><td>0. 5</td><td>0. 5</td></tr>
<tr><td>季平均</td><td>1</td><td>1</td></tr>
<tr><td rowspan="2">10</td><td rowspan="2">苯并〔a〕芘（BaP）</td><td>年平均</td><td>0. 001</td><td>0. 001</td></tr>
<tr><td>24 小时平均</td><td>0. 0025</td><td>0. 0025</td></tr>
</table>

四、物业室外大气污染的防治

物业室外大气中的污染物，一般不可能集中进行处理，因此对于已经进入大气的污染物，只能考虑尽可能利用大气的自净作用和植物的净化能力逐渐使其消除或减少。因此，防止大气污染的根本办法是在污染物排入大气之前对污染物进行处理，使它们不能进入大气，以保证大气的环境质量。

（一）室外大气污染防治

1. 治理污染源

（1）煤烟型污染防治。提高优质能源比例，大幅度减少市区燃煤量。同时，推广使用太阳能、地热、风能等可再生能源。

（2）机动车污染防治。继续实施公交优先战略，重点发展轨道交通（地铁、轻轨），继续提高、完善城市机动车污染物排放标准。

（3）扬尘污染防治。施工工地必须达到规定的环保标准，坚决控制施工扬尘。加强道路交通扬尘的防治，凡在城区内从事散装货物运输的车辆一律实行密闭运输，全市裸露农田严格采取“留茬免耕”等扬尘控制措施。

（4）工业污染防治。实施污染物排放总量控制，削减各项工业污染物排放量，加大市区企业搬迁调整力度。

2. 合理规划，集中控制

政府从城市整体着眼，采取宏观调控和综合防治措施控制大气污染，如合理规划工业布局、调整工业结构等。

3. 加强监测管理

从现实出发，以保证技术可行性和经济合理性为原则，对不同的物业地区确定相应的大气污染控制目标，并经常对物业大气进行监测，及时了解物业大气的污染状况，以便综合治理，促使物业大气环境污染的防治工作有目标、有方向地进行。及时、准确地掌握排污单位的情况，运用经济手段征收排污费和处以罚款。

4. 改善能源结构，减少排污

一方面可以改变燃料构成。改变物业居民燃料构成是物业大气污染综合防治的一项有效措施，用清洁的能源或低污染的燃料来代替燃煤，可使大气中的粉尘含量降低，这是一种根本性控制和防治大气污染的方法。另一方面可以积极开发清洁能源，在大力节能的同时，因地制宜地开发利用水电、地热、风能、海洋能、核电及太阳能等。

5. 合理利用大气的自净作用

大气的自净作用有物理作用（扩散、稀释和雨雪的洗涤等）和化学作用（氧化还原反应）。此外，高空风速大有利于污染物的扩散和稀释，因此，可加大烟囱高度，使烟气上升力增强，减少地面污染，同时可改善燃料燃烧状态。

6. 充分发挥植物净化作用

植物本身不仅有美化环境的作用，还有调节气候、吸尘、降噪以及吸收大气中的有害污染物等功能，可以减少大气环境污染对人的危害。同时，增加绿化还可以使大气的自净作用增强。因此，加大环境绿化的力度、有计划地植树造林，是大气污染综合防治具有长效性和多功能性的有效措施。

7. 加强对物业管理区域的综合管理

我国的环境问题很多是由管理不善造成的，为了保证大气污染综合防治的各项措施有效实行，除了必须有先进的科学技术手段作保证外，加强管理是关键。要严格控制物业管理区域所管企业的污染物排放；加强对汽车尾气的管理；加强对装修、维修等造成的扬尘的防治；平整和硬化地面，减少扬尘；禁止随意焚烧沥青、油毡、橡胶、塑料、皮革、落叶和绿化修剪物等能产生有毒、有害气体和恶臭气体的物质；禁放烟花爆竹；限制饮食服务业的油烟污染，禁止道路两侧露天烧烤等。

8. 加强宣传

大力宣传大气污染的危害性及防治大气污染的重要性和紧迫性，进一步提高公众的环境保护意识，形成“人人参与防治大气污染”的良好氛围。比如发放控制大气污染防治的宣传材料，各街道办事处可设环保宣传专栏；注重新闻报刊、广播电视等媒体宣传形式和途径，多角度、多形式开展宣传活动，形成持续良好的宣传教育氛围；根据“环保进企业、环保进社区、环保进学校”的原则，动员全社会都来关注和控制大气污染，发挥社会力量，保护好我们的生存环境。

（二）物业室内大气污染防治

1. 污染源控制

（1）选用环保型装修材料。在进行室内装修时，尽量少使用化学物质较多的材料，并尽量选择具有环保标识的环保型装饰材料；居室装修最好采用木、竹地板；在室内装修后，一定要经过一段时间充分释放有害气体再入住。

（2）减少日常化学品的使用。在日常生活中，应尽量减少使用空气清新剂、杀虫剂等物品；厨具、碗碟的清洗最好不用洗洁剂，用豆粉加清水洗碗碟、厨具油渍，用肥皂水和百洁布擦炉灶更加安全有效。

（3）厨房燃料燃烧完全。有条件的家庭尽量安装吸油烟机或排气扇，多做炖菜少炒菜；另外，尽量把厨房安排在通风较好的地方，使污染浓度降低，尽量多用电器产品。

（4）在室内尽量少吸烟或不吸烟，保持室内空气清新。

2. 加强通风

加强室内的通风换气，为了增加新鲜空气量，除了常开门窗外，还可以留有经常保持空气流通的气窗，以及在居室内安装空气净化设备，这些都是改善室内空气质量的简单而有效的方法。

3. 有选择地使用空气净化装置

使用空气净化装置是改善室内空气的有效方法，可使用中草药净化剂以及清除、吸附作用均很强的活性炭吸附材料。此外，在房间中可以使用负氧离子发生器，空气负氧离子是一种带负电荷的空气微粒，通过肺泡进入人的血液，被输送到全身各个部位，可以改善肺的换气功能，增加氧吸收量和二氧化碳呼出量。负氧离子还可以调节中枢神经系统的兴奋和抑制状态，改善大脑皮层的功能，同时还能起镇静、降血压等作用，对人体生命活动影响很大，被称为“空气维生素”。目前，欧美国家的建筑设计中已将负氧离子发生器作为配件使用。有条件的，在空调房间中最好配备使用负氧离子发生器。

4. 适当种植绿色植物

室内可适当种植一些绿色植物，室内种植绿色植物应有选择，同时不能在狭小的空间内大量种植花草。室内适宜种植的绿色植物以月季、米仔兰、杜鹃、虎尾兰、芦荟、吊兰、常春藤、菊花、铁树、龟背竹、百合等为佳，它们可不同程度地吸收一些有害气体。

任务四　物业噪声污染及其防治

任务导入

空调室外机引来的官司

自从搬来了王女士这个邻居，年近八旬的李老太就不得安生。王女士在距离李老太家窗户 1.5 米处安装了一台空调室外机。按照王女士的说法，"我在自家阳台上装空调机有啥不可以"。由于这是一台柜式空调机的室外机，功率较大，晚上启动时，室外机发出的噪声和热量使李老太难以入眠。老人在房间里四处挪动床位，也无济于事。

李老太要求王女士拆除这台空调室外机，被王女士一口回绝。王女士称："我自家装的空调，你有啥权力叫我拆掉?！装也装了四年了，当初你为啥不觉得响。"

对此，李老太向法院提起诉讼，要求被告王女士拆掉这台违规安装的空调室外机，还自己一个正常平静的生活环境。

问题与思考：

李老太有权要求排除空调妨碍吗？

知识探究

从远古时期开始，自然界中就有雷鸣、风啸、海浪、流水、山崩地裂等现象。当生物出现以后，就有了林木摇曳、鸟语虫鸣、狼嚎狮吼、野马奔腾等。人类诞生以后，就有了狩猎作战、行走攀登、谈笑聊天、工厂机车轰鸣等，这些无不会产生响动。有些声音弱如虫鸣，有些则强如炮轰，有些声音尖如汽笛，有些又沉如闷雷，有些声音悦耳动听，有些却吵闹难忍。噪声污染同大气污染、水污染一起，被公认为当今世界的三大公害。

一、环境噪声概述

（一）环境噪声

1. 相关概念

（1）噪声。从物理学定义而言，在振幅和频率上完全无规律的振动称为噪声。从环境保护角度而论，凡是人们所不需要的声音统称为噪声。它不仅包括杂乱无章、不协调的声音，也包括影响人们工作、休息的音乐等声音。因此，对噪声的判断不但要根据物理学上的定义，而且要考虑到人们所处的环境和主观感受。

（2）噪声源。产生噪声的声源称为噪声源。

（3）环境噪声。环境噪声应当包括自然界噪声和人为活动产生的噪声。按照法律规定，环境噪声是指在工业生产、建筑施工、交通运输和社会生活中所产生的干扰周围生活环境的声音。

（4）环境噪声污染。根据《中华人民共和国环境噪声污染防治法》，所产生的环境噪声超过国家规定的环境噪声排放标准，并干扰他人正常生活、工作和学习的现象，称为环境噪声污染。表示声音大小的分贝是声压等级单位，记为 dB。适合人类生存的最佳声音环境为15～45dB。

2. 噪声污染特点

（1）主观性和相对性。一种声音是否是噪声，其危害是大是小，不仅具有一定的客观性，还取决于受害人的生理与心理要素，一般没有绝对标准。同一种声音对不同的人来说，感受是不同的。比如同样分贝的声音，对老年人与青年人、脑力劳动者与体力劳动者、病人与健康人等，产生的效果是不一样的。因此，环境噪声具有显著的主观性和相对性，这就决定了在制定环境噪声标准时，应考虑噪声产生的不同时间、不同地区和不同行为状态。

（2）局部性和分散性。噪声污染只局限于噪声源附近地区，随着距离增大，噪声强度迅速减弱，噪声污染不会像大气污染和水污染那样转移和富集。噪声污染没有储备性或积累性，噪声源一旦停止发声，噪声立即消失，没有遗留危害作用，这是噪声污染比较容易治理的一个方面。而噪声源在物业区域内是极为分散的，数量又比较多，例如，每一辆汽车都可能是一个噪声源，这就导致人们难以对噪声源进行集中处理，这是噪声污染难以管理的一面。

（3）多发性。噪声源在分布上是分散的，噪声源往往不是单一的，在人群周围噪声源无处不在。

（4）暂时性。噪声源一旦停止发声，噪声就即时消失，不会留下能量的积累。

（二）噪声的来源

噪声源可分为自然噪声源和人为噪声源两大类。目前人们尚无法控制自然噪声，所以噪声的防治主要指对人为噪声的防治。人为噪声的划分有以下几种。

1. 按噪声源发生的场所划分

（1）交通噪声。主要指机动车辆、铁路机车、机动船舶、航空器等交通运输工具在运行时所产生的干扰周围生活环境的声音。这些噪声的噪声源是流动的，干扰范围大。载重汽车、公共汽车、拖拉机等重型车辆在行进时的噪声为 89～92dB，电喇叭的噪声为90～100dB，汽喇叭的噪声为105～110dB（距行驶车辆5m处）。一般大型喷气客机起飞时，距跑道两侧1km内语言通信受干扰，4km内的人们不能睡眠和休息。

（2）工业噪声。主要指在工业生产活动中使用固定的设备时产生的干扰周围生活环境的声音。比如工厂地处居民区而没有声学措施或防护设施不好的工厂辐射出来的噪声，对居民的日常生活干扰十分严重。我国工业企业噪声调查表明，一般电子工业和轻工业厂的噪声在90dB以下；纺织厂的噪声为90～106dB；机械工业的噪声为80～120dB；凿岩机、大型球磨机的噪声约为120dB；风铲、风镐、大型鼓风机的噪声在120dB以上；发电厂高压锅炉、大型鼓风机、空压机放空排气时排气口附近的噪声可高达110～150dB。工厂噪声是造成劳动者职业性耳聋的重要原因。

（3）建筑施工噪声。主要指在建筑施工过程中产生的干扰周围生活环境的声音。施工过程中要大量使用各种动力机械，要进行挖掘、打洞、搅拌，要频繁地运输材料和构件，从而产生大量噪声。据有关部门统计，距建筑施工机械设备10m处，打桩机产生的声音为88dB，推土机、刮土机的噪声为91dB，这些施工噪声不但会给操作工人带来危害，而且会给当地居民的生活和休息带来严重的影响。

（4）社会生活噪声。主要指人为活动所产生的除工业噪声、建筑施工噪声和交通运输噪声之外的干扰周围生活环境的声音。这类噪声一般在80dB以下。比如洗衣机、缝纫机的噪声为50～80dB，电风扇的噪声为30～65dB，空调机、电视机的噪声约为70dB。

2. 按噪声产生的机理划分

（1）机械噪声。机械设备运转时，各部件之间相互撞击、摩擦件的交变机械作用力使设备金属件、轴承、齿轮或其他运动部件发生振动而辐射出来的噪声，如锻锤、织机、机床、机车等产生的噪声。机械噪声又可分为撞击噪声、激发噪声、摩擦噪声、结构噪声、轴承噪声和齿轮噪声等。

（2）空气动力性噪声。引风机、鼓风机、空气压缩机运转时，叶片高速旋转会使叶片两侧的空气发生压力突变，气体通过进、排气口时激发声波产生的噪声，按发生机理又可分为喷射噪声、涡流噪声、旋转噪声、燃烧噪声等。

（3）电磁性噪声。由于电动机等的交变力相互作用而产生的噪声，如电流和磁场的相互作用产生的噪声，发电机、变压器的噪声等。

（4）社会噪声。社会人群活动产生的噪声，如人们的喧闹声、沿街的吆喝声，以及家用洗衣机、收音机、缝纫机发出的声音，都属于社会噪声，这些噪声会直接干扰人们正常的工作、学习和生活。

二、物业噪声污染及其危害

随着工业生产、交通运输、城市建筑的发展，以及人口密度的增加，家庭设施（音响、空调、电视机等）的增多，噪声污染日益严重，它已成为污染人类社会环境的一大公害。噪声具有局部性、暂时性和多发性的特点。噪声不仅会影响人的听力，而且会对人的心脑血管系统、神经系统、内分泌系统产生不利影响，所以有人称噪声为“致人死亡的慢性毒药”。

（一）对人类的影响

噪声给人带来的生理上和心理上的危害主要有以下几个方面。

1. 干扰休息和睡眠，影响工作效率

（1）干扰休息和睡眠。休息和睡眠是人们消除疲劳、恢复体力和维持健康的必要条件。但噪声往往使人不得安宁，难以休息和入睡。当人辗转不能入睡时，便会心态紧张、呼吸急促、脉搏跳动加剧、大脑兴奋不止，第二天就会感到疲倦或四肢无力，从而影响工作和学习，久而久之，容易得神经衰弱症，表现为失眠、耳鸣、疲劳。人进入睡眠之后，即使是40～50dB较轻的噪声干扰，也会从熟睡状态变成半熟睡状态。人在熟睡状态中，大脑活动是缓慢而有规律的，能够得到充分的休息；而半熟睡状态，大脑仍处于紧张、活跃的阶段，这就会使人得不到充分的休息和体力的恢复。

（2）使工作效率降低。研究发现，噪声超过85dB会使人感到心烦意乱，人们会感觉吵闹，无法专心地工作，导致工作效率降低。

2. 损伤听觉、视力

（1）损伤听觉。我们都有过这样的体验，从飞机上下来或从锻压车间刚出来时，耳朵总是嗡嗡作响，甚至听不清对方说话的声音，过一会儿才会恢复。这种现象叫作听觉疲劳，是人体听觉器官对外界环境的一种保护性反应。如果人长时间遭受强烈噪声作用，听力就会减弱，进而导致听觉器官的器质性损伤，造成听力下降。

强烈的噪声可以引起耳部的不适，如耳鸣、耳痛、听力损伤。据测定，超过115dB的噪声还会造成耳聋。医学研究认为，家庭噪声是儿童聋哑的致病因素之一。噪声对儿童身心健康危害很大。儿童发育尚未成熟，各组织器官十分娇嫩和脆弱，不论是母亲体内的胎儿还是刚出世的孩子，噪声均可损伤其听觉器官，使其听力减退或丧失。

（2）损伤视力。人们只知道噪声影响听力，其实噪声还会影响视力。实验表明，当噪声强度达到90dB时，人的视觉细胞敏感性下降，识别弱光反应时间延长；噪声达到95dB时，有40%的人瞳孔放大，视线模糊；而噪声达到115dB时，多数人的眼球对光亮度的适应都有不同程度的减弱。所以长时间处于噪声环境中的人，很容易发生眼疲劳、眼痛、眼花和视物流泪等眼损伤现象。同时，噪声还会使人的色觉、视野发生异常。研究发现噪声能够使人对红、蓝、白三色的视野缩小80%。

3. 损害神经系统和儿童智力发育

噪声是一种恶性刺激物，长期作用于人的中枢神经系统，可使大脑皮层的兴奋度和抑制能力失调，条件反射异常，出现头晕、头痛、耳鸣、多梦、失眠、心慌、记忆力减退、注意力不集中等症状，严重者可产生精神错乱。对于这种症状，药物疗效很差，但当人脱离噪声环境时，症状就会明显好转。噪声可引起人的神经系统功能紊乱，表现为血压升高

或降低、心率改变、心脏病加剧。噪声对儿童的智力发育也有不良影响，据调查，3 岁前的儿童如果长期生活在 75dB 的噪声环境里，他们的心脑功能发育都会受到不同程度的损害，在噪声环境下生活的儿童，智力发育水平要比安静环境下生活的儿童低 20% 。

噪声还会使人的唾液、胃液分泌减少，胃酸降低，胃蠕动减弱，食欲不振，引起胃溃疡。噪声对人的心理影响主要是使人烦恼、激动、易怒，甚至失去理智。此外，噪声还对动物、植物、建筑物有损害。

4. 损害心血管

噪声是心血管疾病的危险致病因子，会加速心脏衰老，增加心肌梗死发病率。医学专家经人体和动物实验证明，长期接触噪声可使体内肾上腺素分泌增加，从而使血压上升，在平均 70dB 的噪声中长期生活的人，其心肌梗死发病率会增加 30% 左右，特别是夜间噪声会使发病率更高。

5. 对女性生理机能的损害

女性长期受噪声的威胁，可能会引发月经不调、流产及早产等问题，会导致女性性机能紊乱等。

（二）破坏建筑物

噪声还能给生产活动造成严重影响，给建筑物带来灾难。比如超音速飞机产生的巨大噪声可使墙体震裂、瓦片掉落、门窗损坏，甚至使烟囱及古老的建筑倒塌，使钢结构产生“声疲劳”而被损坏。

（三）使仪器失灵

强烈的噪声可使自动化、高精度的仪器、仪表失灵，使科研、国防建设和人们的现代化生活遭受损失。

物业管理小专家

根据《2020 年中国环境噪声污染防治报告》，2019 年我国在社会生活噪声污染防治方面完善的规章制度，为社会生活噪声污染防治提供了法治保障，比如，2019 年遵义市颁布的《遵义市城市文明建设若干规定》，要求不得在规定时段使用大音量音响、抽打陀螺、甩响鞭等方式进行文化娱乐、健身活动。同时，我国多措并举防治噪声污染，持续推进多部门协调配合，强化日常监管。各地生态环境主管部门加强与城管、公安、市场监管、文化、住建、园林等相关部门的协调配合，共同推进社会生活噪声污染防治。加强对商铺的日常巡查管理，禁止利用大音量音响招揽顾客。开展多部门联合专项整治行动，解决酒吧、KTV（唱歌的娱乐场所）、夜市、公园等社会生活噪声投诉热点问题，比如，北京市大兴区城管、市场监管局与街道通过联合执法，解决公园内游乐设施扰民问题。持续推进安静居住小区建设，比如，重庆市2019年新建市级安静居住小区37个，天津市、上海市截至2019年年底分别创建了约340个、209个市级安静居住小区，通过示范作用，促进噪声污染防治。

三、噪声污染的控制标准及措施

（一）环境噪声控制标准

1. 环境噪声标准

ISO（国际标准化组织）的调查认为，噪声干扰人睡眠和休息的极限在白天是50dB，夜间是45dB。现在各国在制定环境噪声标准时，都以ISO的标准为参考基准。

按区域的使用功能特点和环境质量要求，声环境功能区可以分为以下五种类型，如表2－3所示，各类声环境功能区适用的环境噪声等效声级限值如表2－4所示。

表2－3　声环境功能区分类

分类	区域
0类声环境功能区	康复疗养区等特别需要安静的区域
1类声环境功能区	以居民住宅、医疗卫生、文化教育、科研设计、行政办公为主要功能，需要保持安静的区域
2类声环境功能区	以商业金融、集市贸易为主要功能，或者居住、商业、工业混杂，需要维护住宅安静的区域
3类声环境功能区	以工业生产、仓储物流为主要功能，需要防止工业噪声对周围环境产生严重影响的区域
4类声环境功能区	交通干线两侧一定距离之内，需要防止交通噪声对周围环境产生严重影响的区域，包括4a类和4b类两种类型。4a类为高速公路、一级公路、二级公路、城市快速路、城市主干路、城市次干路、城市轨道交通（地面段）、内河航道两侧区域；4b类为铁路干线两侧区域

表2－4　环境噪声限值　　单位：dB（A）

声环境功能区类型	时段	
	昼间	夜间
0类	50	40
1类	55	45
2类	60	50
3类	65	55

续表

声环境功能区类型		时段	
		昼间	夜间
4类	4a类	70	55
	4b类	70	60

注：①表中4b类声环境功能区环境噪声限值，适用于2011年1月1日起环境影响评价文件通过审批的新建铁路（含新开廊道的增建铁路）干线建设项目两侧区域。

②在下列情况下，铁路干线两侧区域不通过列车时的环境背景噪声限值，按昼间70dB（A）、夜间55dB（A）执行：穿越城区的既有铁路干线；对穿越城区的既有铁路干线进行改建、扩建的铁路建设项目。既有铁路是指2010年12月31日前已建成运营的铁路或环境影响评价文件已通过审批的铁路建设项目。

③各类声环境功能区夜间突发噪声，其最大声级超过环境噪声限值的幅度不得高于15dB（A）。

④“昼间”指6：00至22：00时间段；“夜间”指22：00至次日6：00时间段。

2. 室内噪声标准

室内噪声标准分为住宅室内噪声标准和非住宅室内噪声标准。我国住宅室内噪声标准低于所在区域环境噪声标准10dB。非住宅室内噪声标准是根据房间的不同用途设置的，以室外传入室内的噪声级为基准。

3. 噪声源控制标准

噪声源控制标准多属于设备、产品的噪声指标，它不仅是防止设备、产品的噪声污染环境的依据，也是衡量产品性能质量的指标，其指标高低是技术先进程度的反映。对物业环境影响较大的噪声源主要是机动车辆。

（二）噪声控制途径

所有噪声的传播路径基本上都是声源—传播途径—接收者。因此，控制噪声污染的技术措施也应当从三方面考虑。

1. 声源控制

运转的机械设备和运输工具等是主要的噪声源，控制它们的噪声有两条途径。

（1）改进结构，提高其中部件的加工精度和装配质量，采用合理的操作方法等，以降低声源的噪声发射功率。

（2）利用声的吸收、反射、干涉等特性，采用吸声、隔声、减振、隔振等技术，以及安装消声器等，以控制声源的噪声辐射。采用各种噪声控制方法，可以收到不同的降噪效果。比如将机械传动部分的普通齿轮改为有弹性轴套的齿轮，可降低噪声15～20dB；把铆接改成焊接，把锻打改成摩擦压力加工等，一般可降低噪声30～40dB。

2. 传播途径的控制

（1）声在传播中的能量是随着距离的增加而衰减的，因此使噪声源远离需要安静的地方可以达到降噪的目的。

（2）声的辐射一般有指向性，处在与声源距离相同而方向不同的地方，接收到的声强度也就不同。不过，多数声源以低频辐射噪声时指向性很差；随着频率的增加，指向性就会增强。因此，控制噪声的传播方向（包括改变声源的发射方向），是降低噪声尤其是高频噪声的有效措施。

（3）建立隔声屏障，或利用天然屏障（土坡、山丘），以及利用其他隔声材料和隔声结构来阻挡噪声的传播。

（4）应用吸声材料和吸声结构，将传播中的噪声声能转变为热能等。

（5）在城市建设中，采用合理的城市防噪声规划。

此外，对于固体振动产生的噪声可采取隔振措施，以减弱噪声的传播。

3. 接收者的防护

为了防止噪声对人的危害，可采取下述防护措施：

（1）佩戴护耳器，如耳塞、耳罩、防声盔等。

（2）减少在噪声环境中的暴露时间。

（3）根据听力检测结果，适当调整在噪声环境中工作的人员。

四、物业噪声控制措施

从物业管理方面来讲，噪声的控制可以从硬环境管理和软环境管理两方面着手。

（一）硬环境管理措施

1. 城市分区与道路规划

在进行城市总体规划设计时，应按噪声控制的要求进行功能分区，即把工业区、商业区与住宅区分开，避免铁路穿过市区，航空港应设置在远离市区的地方。

在城市道路网规划中，应按道路的功能和性质进行分类、分级，分清交通性干道和生活性道路。交通性干道主要承担城市对外交通和货运交通，应避免穿越市中心区和住宅区，可规划成环行道等从城市边缘绕过去。当交通干道必须穿越市中心或住宅区时，应对其采取防噪措施，如设置隔声屏障等。

2. 小区选址与总图设计

小区在选址过程中应进行噪声预测，现在多数采用物理模型与数据模型预测地区噪声。在居住区规划时，除了要控制交通噪声干扰，对住宅区内部噪声亦不应忽视。比如农贸市场、中小学校操场、儿童游戏场以及锅炉房等，应尽量布置在远离住宅区处。

3. 住宅平面设计与构件设计

住宅平面设计与构件设计中应增加防噪措施，应考虑的噪声问题有平面布局中的防噪、外窗与阳台的防噪、隔墙与楼板的隔声、分户门的隔声以及设备与管道的噪声控制等。

4. 隔声屏障与绿化

在建筑物与干道之间设置专门的隔声屏障，可降低对住宅区的噪声影响。隔声屏障可以是土丘、绿篱、混凝土甚至玻璃的结构物。绿化的好处是众所周知的，植物不但可以净化空气，调节温度与湿度，保持水土，防风固沙，而且可以消声防噪。物业环境管理者应在所管物业区域内多种植树木、花草，以达到消声防噪、美化环境的目的。

（二）软环境管理措施

1. 强化行政管理

控制噪声只靠技术手段还不够，还必须配合行政措施，并制定相关法规。比如国家2008年颁布的《声环境质量标准》（GB 3096—2008）和《工业企业厂界环境噪声排放标准》（GB 12348—2008）以及《社会生活环境噪声排放标准》（GB 22337—2008），一些地方也制定了相应的管理办法。这些行政法规为防治环境噪声污染，保障人们有良好的生活环境，起到了非常重要的作用，具体措施有搬迁住宅区中难以治理的固定噪声源、限制过境车辆穿越市区或住宅区、禁止汽车在市区内鸣笛和在住宅区乱用室外广播的高声喇叭等。

2. 限制车辆进入物业区域

完全禁止车辆进入物业区域是不太可能的，但可以在数量上进行限制，并禁止车辆在物业区域内特别是居住区内鸣笛，还可以对物业区域内的机动车道路采取曲线形设计，使车辆进入物业区域后不得不降低速度以减少噪声。特别需要注意的是，应尽量避免使物业区域的道路成为车辆的过境交通要道。

3. 加强精神文明教育，制定必要的管理办法

对生活噪声来讲，加强精神文明教育和建设，让物业业主、使用人和受益人懂得尊重别人就是尊重自己的道理，尽量减少生活噪声，不失为一个良策。同时，还应采取必要的管理办法，作为防治生活噪声的辅助措施。

项目小结

在人类生产和生活活动过程中，由于排放的物质和活动的后果使自然环境发生了不良变化，引起环境质量下降而有害于人类及其他生物的正常生存和发展的现象，称为环境污染。物业小区环境作为城市环境的组成部分，其污染源是多方面的，很大程度上源于城市环境污染。物业环境污染具有影响范围广、作用时间长、污染情况复杂、治理困难的特征，对人体健康的危害主要有急性危害、慢性危害、远期危害3种情况，物业环境管理中常见的环境污染有大气污染、生活垃圾污染、环境噪声污染、水污染、辐射污染、光污染。物业管理人员要积极配合政府和环保部门，做好管辖区内环保工作，贯彻执行国家有关环保的法律法规，把环保纳入社区物业管理的实际工作。采取多种宣传形式，对管辖区域内的居民和单位进行环保法、环保知识的宣传教育，提高社区成员的环保意识。保护物

业小区环境、协助监测与治理环境污染是物业管理工作的主要内容，也是物业管理部门、业主和使用人及全体公民的共同任务。

走进物业公司

实训项目：物业区域环境污染调研（校园）

[实训目的] 了解物业区域环境污染状况（校园）。

[实训内容] 全班现有人员，每5人一组，编制调研报告。

[实训考核] 每组交一份调研报告。

考考物业管理员

一、判断题

1. 产生有害物质的设备、装置、场所、活动等，被称为污染源，如重金属就是污染源。(　　)

2. 按污染物性质划分，环境污染可分为大气污染、水污染、固体废物污染、噪声污染、辐射污染、光污染等。(　　)

3. 按污染产生原因划分可分为生物污染、化学污染和物理污染。(　　)

4. 环境噪声污染指所产生的环境噪声超过国家规定的排放标准，并干扰他人正常生活、工作和学习的现象。(　　)

5. 国家标准和行业标准一定要严于地方标准。(　　)

6. 执行标准时要按地方标准、行业标准和国家标准的先后顺序。(　　)

7. 环境方法标准、标准样品和基础标准只有国家标准。(　　)

8. 环境基础标准是所有环境标准的核心。(　　)

9. 环境标准是环境立法、执法的尺度，是环境政策、环境规划所确定的环境质量目标的体现，是环境影响评价的依据，是监测、检查环境质量和污染源污染物排放是否符合要求的标志。(　　)

二、不定项选择题

1. 造成酸雨的主要原因是（　　）。

A. 二氧化硫　　B. 汽车尾气　　C. 一氧化碳　　D. 粉尘

2. 适合人类生存的最佳声音环境在（　　）。

A. 25～40dB　　B. 15～50dB　　C. 15～45dB　　D. 10～40dB

3. 在高级别墅区，昼间噪声控制标准为（　　）。

A. 55dB　　B. 60dB　　C. 50dB　　D. 65dB

4. 环境污染按污染物性质可分为（　　）。

A. 大气污染　　B. 生物污染　　C. 化学污染　　D. 物理污染

5. 世界的三大公害指（　　）。

A. 噪声污染　B. 固体废弃物污染　C. 辐射污染　D. 大气污染　E. 水污染

三、名词解释

1. 环境保护
2. 环境污染
3. 环境标准
4. 环境监测
5. 大气污染

四、简答题

1. 大气污染的综合防治方法有哪些？
2. 为什么要进行环境监测？
3. 居住区如何进行噪声控制？
4. 举例说明室内环境空气污染的主要原因。

项目三　物业环境卫生管理

动脑筋

当今社会，住小区的人越来越多，物业服务企业常常因卫生服务管理不到位而引起与业主间的物业纠纷。那么，物业环境卫生管理内容是什么？标准是什么？

任务导读

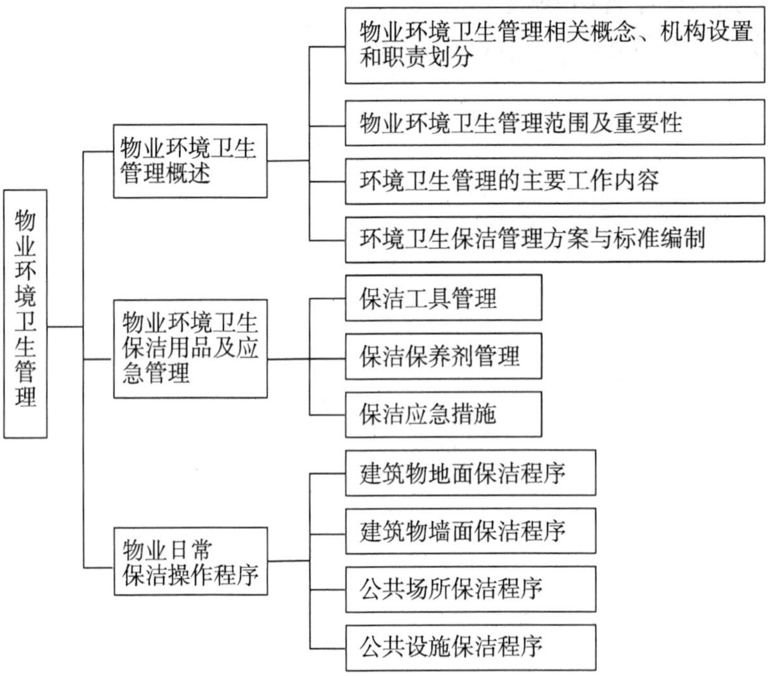

本章学习目标

知识目标：1. 掌握物业环境卫生管理的基本概念、环境卫生管理的主要工作内容。

2. 了解环境卫生保洁管理方案编写及保洁用品管理。

能力目标：1. 掌握物业区域清洁卫生的基本要求、操作方法和流程。

2. 能按卫生要求管理物业区域。

3. 会编制环境卫生保洁管理方案。

任务一 物业环境卫生管理概述

任务导入

小王被派到某大厦做保洁主管，主抓卫生质量和保洁员管理工作。俗话说，万事开头难。对小王来讲，他没有保洁方面的专业知识，更没有现成的管理经验，只好买来保洁方面的专业书籍，在业余时间学习保洁方面的专业知识，如保洁设备和清洁剂的使用等，自我充电。等他熟悉情况后，主管部门经理要求小王在一周内制定一套保洁管理制度。小王为此焦头烂额，他该怎么办？

问题与思考：

1. 保洁管理制度的制定需要遵守哪些原则？
2. 如果你是小王，你将从哪几个方面制定保洁管理制度？

知识探究

物业环境卫生是保证人们健康、愉快工作和生活的必备条件，也是物业管理的重要任务。环境卫生管理是一项经常性、长期性的管理服务工作，其目的是净化环境，给业主和使用人提供一个清洁宜人的工作、生活环境。良好的环境卫生不但可以保持物业区域容貌整洁，而且对于减少疾病、促进身心健康十分有益，同时，对物业区域内的精神文明建设也有很重要的作用。

物业环境的整洁及其所带来的舒适，是物业区域文明的象征，更是物业服务企业服务水平的重要标志。物业环境卫生的好坏是评判一个物业服务企业管理水平的重要指标。

一、物业环境卫生管理相关概念、机构设置和职责划分

（一）物业环境卫生管理相关概念

1. 环境卫生

环境卫生通常是指与人有关的周围环境是否干净和整洁。

2. 环境卫生管理

环境卫生管理是指通过采取各种措施来改善、消除一定区域内单位和个人在工作和生活中产生的废弃物、灰尘对环境、个人健康等的影响，创造有利于健康的工作和生活环境。

3. 物业环境卫生管理

物业环境卫生管理是针对物业管理区域而言的，其管理的主要目的就是维护和保持整个物业管理区域内干净、整洁、卫生，为业主和使用人提供一个优雅、舒适的工作和生活环境。

（二）物业环境卫生管理机构设置

由于物业服务企业对环境卫生管理工作可以采取三种模式进行，即“委托式”“自主式”和“结合式”，因此，物业环境卫生管理机构也是根据物业服务企业所选择的管理模式分别设置的。下面重点讲述自主式的机构设置。

在这种模式下，物业服务企业要设立“环境卫生管理部”（保洁管理部），作为卫生管理的专门机构，由分管该领域工作的物业管理公司副总经理负责。

环境卫生管理部根据不同物业类型、区域分布、面积大小及保洁对象不同而灵活设置若干班组和人员。一般情况下，可参考以下班组进行设置，如图 3－1 所示。

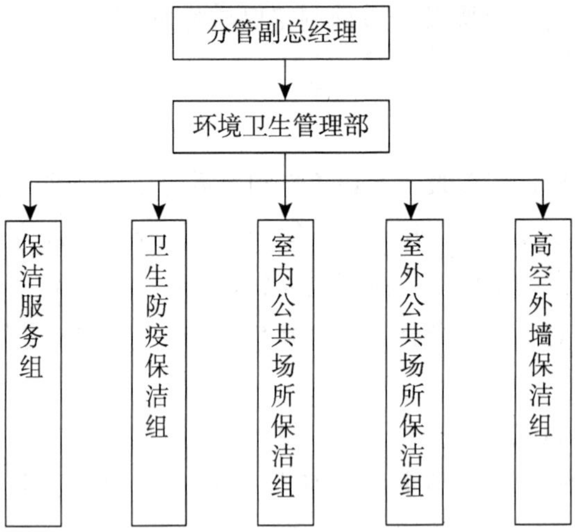

图 3－1　某物业服务企业环境卫生管理部机构设置

（三）物业环境卫生管理职责划分

关于物业环境卫生管理的部门职责在本书项目一已讲述，下面介绍物业环境卫生管理人员及其岗位职责。

物业环境卫生管理人员，一般由部门经理、技术人员、班组长、仓库库管员和保洁员等人员组成，他们的岗位职责分别如下。

1. 部门经理的职责

（1）按照物业服务企业的管理方针、目标和任务，制订环境卫生的保洁计划和费用预算，组织安排各项环境卫生保洁具体工作。

（2）经常在物业区域内巡查，尽量做到每次都检查各区域、各项保洁任务的完成情况，并根据不同情况及时给出相应的处理意见。如果发现不足之处，要及时组织人员返工；如果发现卫生死角，要及时调配人员予以清除。

（3）积极对外接洽各种保洁服务业务，做好对外提供保洁服务的创收工作。

（4）定期向业主汇报有关情况，听取有关意见和建议，积极改进工作，并接受物业所在地环境卫生行政管理部门的业务指导和监督。

（5）协助人事部门进行员工的招聘和培训工作。

（6）完成部门主管领导交办的其他任务。

2. 技术人员的职责

（1）配合部门经理的工作，拟订实施物业环境卫生保洁计划的方案。

（2）指导使用专用的保洁设施与机械设备。

（3）随时检查保洁设施和机械设备。

（4）协助检查、监督保洁区域和保洁任务的完成情况。

（5）完成部门经理交办的其他工作。

3. 班组长的职责

（1）按照部门经理或当日主管的指示，具体落实保洁任务的人员安排。

（2）检查本班组员工出勤情况和工作情况，做好考核评估工作。

（3）检查或巡查所管辖范围的保洁成效，发现问题马上纠正。

（4）编制本班组各保洁卫生用品和物料的使用计划。

（5）检查督促本班组员工使用、保养保洁器具和机械设备，以减少耗损、控制成本。

（6）观察和掌握本班组员工的工作情绪，批评、纠正、指导及评估员工的工作态度和工作质量。

（7）做好工作情况和保洁器具使用情况的报告。

（8）完成部门经理交办的其他工作。

4. 仓库库管员的职责

（1）负责环卫物资供应保管、出入库等工作。

（2）按时到达工作岗位，到岗后巡视仓库，检查是否有可疑迹象，发现情况及时上报。

（3）认真做好仓库的安全、整洁工作，经常打扫仓库，合理堆放货物，及时检查是否存在火灾等隐患。

（4）负责保洁工具用品的收、发工作。收货时，必须严格按质、按量验收，并正确填写入库单。发货时，一定严格审核领用手续是否齐全，对于手续欠缺者，一律拒发。

（5）领取工具或用品，必须由领班列出清单，经保洁主管审批签字后方能发货。

（6）物品入库或出库要及时登记收、发账目，结出余额，以便随时查核，做到入账及时、当日单据当日清理。

（7）做好月底盘点工作，及时结出月末库存数据并报送保洁主管。

（8）严禁私自借用工具及用品。

（9）做好每月物料库存采购计划，提前呈报主管。

5. 保洁员的职责

（1）遵守劳动纪律，遵守物业服务企业制定的管理细则，统一着装上岗，树立良好形象。

（2）听从班组长安排，按规定标准保质保量地完成个人应当完成的任务。

（3）严格按照保洁工作程序，确保安全及保洁成果的持续性。

（4）完成部门领导交办的其他工作。

二、物业环境卫生管理范围及重要性

（一）物业环境卫生管理范围

1. 公共场所保洁管理

（1）室内公共场所保洁和保养。主要是指围绕办公楼、宾馆、商场、居民住宅楼等楼宇开展的物业保洁，包括楼内大堂、楼道、大厅等地方的卫生清扫、地面保洁、地毯清洗，门、玻璃、墙裙、立柱等物品的擦拭，卫生间的清扫与保洁。

（2）室外公共场所的清扫和维护。室外公共场所主要有道路、花坛、绿地、停车场地、建筑小品、公共健身器材等，重点应做好地面清扫、绿地维护、建筑小品的维护和保洁等。

（3）楼宇外墙保洁和保养。主要是指楼宇的外墙保洁和墙面的保养，以及雨篷等楼宇的附属设施维护。

2. 生活垃圾管理

（1）生活垃圾的收集和清运。根据物业管辖范围内居住人员情况和管辖区域物业的用途确定垃圾产生量，并以此来确定收集设施的规模，合理布设垃圾收集设施的位置，包括垃圾桶、垃圾袋、垃圾箱等；制订日常的清运计划和时间安排。

（2）装修建筑垃圾的收集和清运。城市居住面积大幅度提高，相应带来的装修建筑垃圾问题日益凸显。建筑垃圾产生量大，品种相对稳定，不宜降解。装修建筑垃圾如果混杂在普通生活垃圾中，会降低生活垃圾的热值和增加生活垃圾的数量，使生活垃圾难以被焚烧处置，并且会占用卫生填埋场地，增加生活垃圾处理的难度。因此，装修产生的建筑垃圾应单独收集和清运，并可采取综合利用的办法进行处置。

（3）垃圾收集设施的维护和保养。近年来，垃圾收集设施品种和规格不断增加，垃圾场中转设施更加完善，各种形状、规格的垃圾箱、果皮箱逐渐取代了传统的大型铁皮垃圾箱，应根据垃圾收集设施的特点经常性地对其进行维护和保养。

3. 公共场所卫生防疫管理

（1）公共场所传染病防治。公共场所包括旅店、文化娱乐场所、公共浴池、图书馆、博物馆、医院候诊室、公交汽车、火车等。就目前的物业管理范围而言，重点涉及住宅小区、宾馆、商场、办公楼等公共场所的消毒问题。

（2）公共场所杀虫、灭鼠。公共场所有许多病媒昆虫、动物等，它们容易在人群居住地区传播疾病，尤其是苍蝇、老鼠、蚊子、臭虫以及蟑螂、蚂蚁等。

（二）物业环境卫生管理的重要性

1. 业主和使用人生活、工作的最基本要求

物业环境卫生管理是人们工作的需要，也是生活的需要，是业主和使用人接触最多的一个方面。整洁的环境，不仅有利于人身体健康，而且会利于人提高工作效率。所以，业主和使用人对环境卫生看得很重，也往往最挑剔，一旦环境卫生搞得不好，就容易引起投诉。物业环境卫生管理应为人们提供一个整洁的工作和生活环境，满足不同人的要求。

2. 体现物业服务企业管理水平高低

一般来说，只有对管理工作做详尽的考察之后，才能衡量物业管理水平的高低。但是，人们往往凭直觉来衡量，而在直觉方面，环境卫生给人的印象最为深刻。对于环境整洁的物业，人们往往给予较高的评价，社会上人们常用“卫生保洁是美容师”“卫生保洁是脸面”来形容保洁工作。

3. 物业区域建筑和设备维护保养的需要

环境卫生管理工作在延长建筑物和设备使用寿命上能够起到重要的作用。外墙瓷砖、花岗石如果不经常清洗保养，表面就会逐渐受到侵蚀；不锈钢扶手如果不及时保养，就会失去光泽；木质地板如果不经常保养、打蜡，就会变得灰暗毛糙；地毯如果不经常清洗，就会很快变得肮脏不堪等。因此，应当从建筑物和设备保养的高度、从经济的角度来认识保洁工作。

4. 社会经济发展的需要

许多人认为，环境卫生管理就是扫帚扫扫、抹布抹抹，实际上，现代的环境卫生管理工作涉及化学、物理、机械、电子等学科的知识。不同的建筑物材料需要使用不同的保洁剂，各种现代化的保洁设备的操作使用，高层外墙保洁的危险性与复杂性等，使现代保洁工作具有相当程度的技术性。

三、环境卫生管理的主要工作内容

（一）制定完善的管理制度

1. 管理制度的制定原则

（1）明确要求。专人负责各区域清扫保洁工作；专人负责处理生活垃圾，日产日清，

定时收集、定时清运，及时分类、定点倾倒；严格监督，保证环境整洁、舒适、优美。

（2）规定标准。严格执行“五不”“六净”“五无”标准——不见积水、不见积土、不见杂物、不漏收堆、不见人畜粪，路面净、路沿净、人行道净、雨水口净、树坑墙根净、果皮箱净，无裸露垃圾、无卫生死角、无明显积尘污渍、无蚊蝇滋生地、无脏乱差。

（3）计划安排。制订清扫保洁工作每日、每周、每月、每季度和每年的计划。

（4）定期检查。物业服务企业将每日、每周、每月、每季度和每年清扫保洁工作的具体内容用记录报表的形式固定下来，以便布置工作，安排进度，定期检查（自查、互查、抽查等）。

2. 管理制度的基本内容

（1）劳动纪律管理规定。根据物业环境卫生保洁部门劳动的特殊性，首先要拟定劳动纪律管理规定。这个规定包括在物业环境保洁劳动中应当遵守的上下班制度、工作纪律、考勤制度、工作责任以及思想品德方面的规定。

（2）工作考核标准和办法。

（3）日常卫生保洁与保洁器具的操作规程。具体包括以下内容：硬质地面处理程序；地毯保洁程序；硬质墙保洁程序；玻璃保洁程序；高空扫尘程序；卫生间保洁程序；公共区域保洁操作程序；固渍处理程序；电脑等办公设备保洁程序；保洁机械保养程序；抹布、拖布使用程序；消、杀、灭处理程序；外墙清洗工作程序；化粪池保洁处理程序等。

（4）奖惩条例。针对物业环境卫生管理工作的特殊要求，拟定具体奖惩条例，主要包括以下内容：嘉奖晋升的条件；一般奖励的条件；纪律处分的规定；对轻微过失、严重过失、违法乱纪的具体界定和不同的处分形式；处分形式可分为口头警告、书面警告、最终警告、除名或开除等。

物业管理小专家

某物业公司劳动纪律

（1）按时上下班，不迟到，不早退。

（2）上班时不得无故离开岗位，有事离岗必须得到领班同意。

（3）不得无故旷工。

（4）有事必须先请假，得到上级批准才能休假。

（5）一切行动听指挥。

（6）承包岗位卫生必须按标准执行。

（7）当班时不准做与工作无关的事（看书看报、打私人电话、做私活等），如有特殊情况必须获得批准。

（8）当班时不得大声喧哗、说笑、追打。

（9）运送物品及机械，用内部货梯，不得乘坐客梯。

(10) 不能私拿公物。有意损坏或丢失卫生工具者，照价赔偿。

(11) 上班时穿着必须整洁，佩戴岗位证，不得穿短裤、拖鞋上岗。

(12) 对住户投诉必须马上处理，不得与住户发生争执。

(13) 做好交接班工作，互帮互助，以礼相待。

(14) 不得浓妆艳抹，不得佩戴耳环、首饰，不得留长发、留长指甲。

(15) 拾金不昧，捡到物品立即上交主管。

(二) 制订卫生保洁计划

物业环境卫生保洁计划，按时间、频率不同，可分为每日、每周、每月的卫生保洁计划。下面以小区管理（含高层楼宇）为例，介绍其卫生保洁计划。

1. 每日卫生保洁计划

每日卫生保洁的项目主要有物业区域的外围路面清扫、绿化带清扫、停车场清扫、垃圾桶桶身擦拭、各楼层公共通道清扫、楼梯及扶手清洁、生活垃圾收集清运、电梯间清扫、卫生间清扫等。

2. 每周卫生保洁计划

每周卫生保洁的项目主要有楼宇天台清洗、各层公共通道地面清洗、墙面除尘、公共部位门窗清洁、风口百叶清洁、不锈钢上油保养、地毯清洗、外围公共设施及地面大清理、消杀蚊蝇等。

3. 每月卫生保洁计划

每月卫生保洁的项目主要有楼宇公共部位的天花板擦拭、顶棚灯饰擦拭、路灯灯罩擦拭、地下室管线清理、大堂地面打蜡、水池清洗等。

4. 商厦环境卫生保洁计划

在物业环境管理中，大型高档商厦的环境卫生管理最为复杂和烦琐，并且要求较高。因此，科学而周密的作业计划能使管理和操作更加高效。

(三) 搞好物业区域的日常卫生保洁工作

日常卫生保洁工作是物业卫生管理的重要任务，主要包括辖区内所有公共场地的保洁；辖区内楼宇、住宅从顶楼到地下室公共区域的保洁；生活垃圾的收集和协助清运；纠正随手乱扔垃圾及乱涂、乱画等不良行为；搞好物业环境的保洁，净化环境。

(四) 做好卫生保洁检查工作

每天由卫生保洁主管及卫生保洁班长对辖区内保洁工作进行巡视检查及督导，并做好检查记录。

(五) 搞好卫生保洁物资管理工作

物业公司要搞好卫生保洁工作，必须备有相应的保洁设备、药剂及必要的环卫设备，同时应该做好这些卫生保洁物资的保养和维修工作。

1. 保洁用车辆

保洁用车辆主要包括清扫车、洒水车、垃圾收集车等。

2. 保洁机械设备

保洁机械设备包括升降工作平台、长梯、抛光机、吸水机、洗地机、吸尘器、伸缩杆、地毯清洗机等。

3. 保洁工具及用品

保洁工具及用品包括涂水器、玻璃水刮、铲刀、保洁抹布、地拖、扫把、工作警示牌、水桶、起蜡及抛光垫、垃圾袋、刷子等。

4. 保洁药剂

保洁药剂包括去污粉、地毯保洁剂、万能保洁剂、起渍水、玻璃保洁剂、洁厕剂、空气清新剂、不锈钢保洁剂、不锈钢油、面蜡、洁具消毒水、杀菌消毒剂、酸性洗剂等。

5. 必要的环卫设施

比如果皮箱、垃圾桶、垃圾周转站等。

（六）人员招聘与定期的培训工作

制订招聘计划，根据需要招聘合适的人员；定期对卫生管理部门所有员工进行各项业务知识及技能的培训。只有不懈地开展培训工作，不断地提高员工的思想素质和业务技能，才能提高保洁服务的质量和标准，确保辖区内优美、洁净。

（七）做好环境卫生宣传工作，提高居民环保意识

物业公司在做好卫生保洁工作的同时，还要做好爱护环境的宣传教育工作，提高人们爱护环境的意识，纠正不良卫生习惯，使人们自觉地参与物业环境管理工作，在双方共同的努力下创造出优美洁净的物业环境。

四、环境卫生保洁管理方案编制与标准

（一）环境卫生保洁管理方案编制

1. 制订详细的保洁工作计划

环卫保洁部的日常保洁工作只有按照一定的计划井然有序的进行，才能时刻保持物业环境的干净与舒适。一般情况下，保洁部应根据物业的具体情况制订每日、每周、每月、每季度直至每年的保洁工作计划。

2. 保洁剂的选择

在制订保洁管理方案时，应选用对人、建材、环境无污染、无损害并且无刺激性气味的保洁剂，并在保洁完成后及时通风，保持空气清新。

3. 保洁技术的选择

保洁技术的选择是编制保洁管理方案的重要内容，实际工作中可根据具体情况进行选择。

4. 制定节能降耗措施

制定相关的节约用水、用电等节能降耗措施，严格执行机器原操作程序等规定。

5. 制定抵制环境污染的措施

针对各种形式的污染、干扰源，在制订保洁管理方案时，应采取相应措施抵制污染。

6. 制定“四害”防治与垃圾处理的措施

“四害”包括蚊子、蟑螂、苍蝇和老鼠，物业需定期对“四害”进行灭杀，可采用物理防治法或生物防治法等。垃圾的处理也是环境卫生保洁管理的重要内容，可采用以下措施：一方面，进行生活垃圾分类（可回收垃圾、厨余垃圾、有害垃圾及其他垃圾），生活垃圾统一收集后运至指定地点进行无害化、资源化、减量化处理，装修垃圾袋装并运放到规定地点统一清运。另一方面，物业公司应向用户宣传生活垃圾分类的重要性，要求用户切实根据要求做好垃圾分类，并将分好类的垃圾丢入指定的容器或者指定的生活垃圾收集点，不得随意乱倒。同时，制定宣传教育措施，提高用户整体素质，如制定环保公约等。

7. 制订检查计划

制订检查计划是环境卫生保洁管理方案中不可缺少的环节。物业应按照具体的保洁标准，定期对保洁工作进行检查。物业环境保洁的通用标准是“五无”“五不”“六净”。

（二）环境卫生保洁管理的标准

1. 卫生保洁达标标准（见表3－1）

表3－1　卫生保洁达标标准

物业管理区域楼宇内卫生标准	①地面无废（杂）物、纸屑、污迹、泥土、痰迹等。 ②墙面踢脚线、消防排烟口、警铃、安全指示灯、壁灯、各种标识牌表面干净，无灰尘、污迹。 ③门（各卫生区域内的门）干净，无灰尘、污迹。 ④玻璃窗（玻璃、窗框、窗帘、窗台）明净、光洁，无积尘、污迹。 ⑤楼梯（所管辖区域内的楼梯、防火梯）无灰尘、杂物。 ⑥扶手、栏杆光洁、无积尘。 ⑦电梯厅墙面、地面、门框、电梯指示牌表面干净，无油迹、灰尘、杂物。 ⑧电梯内（墙、地面、门、天花板）外表干净，无污迹、积尘，无脏（杂）物。 ⑨各种设施外表（如大堂前台、广告牌、信箱、消防栓箱、楼层分布牌等）干净，无积尘、污迹

续表

物业管理区域楼宇外卫生标准	①所管区域地面和道路路面整齐、干净，无垃圾、沙土、油迹等，无积水（指脏水、臭水）、青苔。 ②绿化带、花草盆无垃圾、脏（杂）物，花草叶无枯萎和明显积尘，花草盆无积水和异味，花草修剪整齐，摆放美观。 ③建筑小品、健身器材外表干净，无污迹、积尘，无损伤，表面油漆无脱落，无锈迹

2. 物业管理区域垃圾的存放标准

物业管理区域内各个场所应视情况分别设置垃圾袋、垃圾桶、垃圾箱、垃圾车、烟灰桶、字纸篓、茶叶筐等临时存放垃圾的容器，并注意以下几点：

（1）存放容器要按垃圾种类和性质配备。

（2）存放容器要按垃圾的产生量放置在各个场所。

（3）存放容器要易存放、清倒、搬运、清洗。

（4）重要场所的存放容器应加盖儿，以防异味散发。

（5）存放容器及其周围（地面、墙壁）要保持清洁。

（6）要实行垃圾分类回收，并设立相应的分类回收设施。

3. 垃圾临时存放房的卫生标准

（1）无堆积垃圾。

（2）垃圾做到日产日清。

（3）所有垃圾集中堆放在堆放点，做到合理、卫生，四周无散积垃圾。

（4）垃圾应实行分类存放。

（5）垃圾间保持清洁，无异味，经常喷洒药水，防止发生虫害。

（6）按要求做好垃圾袋装，注意，湿垃圾需要破袋处理。

物业管理小专家

某物业公司环境卫生管理工作具体标准和考核办法。

分类	序号	项目	标准	检查方法
室外部分	1	车道和人行道	无明显泥沙、污垢，每100m路段内烟头、纸屑平均不超过2个，无粒径1cm以上的石子	抽查3处，取平均值
	2	散水坡和排水沟	每天保洁，每小时循环1次	抽查2幢房屋，取平均值

续表

分类	序号	项目	标准	检查方法
室外部分	3	停车场（包括自行车停放处）、岗亭	无杂物、油污，门窗玻璃无灰尘，棚上无垃圾、蜘蛛网	保洁后检查，目视，抽检3处，取平均值
	4	绿化地	无明显大片树叶、纸屑、垃圾袋等杂物，地上无粒径3cm以上的石子，房屋阳台下每$100m^2$烟头或棉签在5个以内，其他地面每$100m^2$在1个以下	目视，每天抽检3处，取平均值
	5	垃圾池和垃圾箱	清运及时，清运率100%，周围无污垢、无积水，清运后及时冲洗，保证无臭味	保洁后检查，每责任区抽检1个，取平均值
	6	垃圾中转站	清运率100%，周围无明显污垢，排水通畅，无污水	目视，保洁后检查
	7	游乐场	地面无垃圾，设施无污渍，坑外无明显沙石	目视，保洁后检查
	8	污（雨）水井和沙井	水流通畅，无外溢，井内无纸屑、烟头，井盖儿上无污垢	目视，每责任区抽检3个，取平均值
	9	宣传栏和雕饰	无污渍，无明显积尘，无乱张贴现象	目视
	10	喷水池	无纸屑等杂物，水无变色或异味	目视检查
	11	标识牌和路灯	无积尘，无乱张贴现象，无污渍	目视
	12	化粪池	进排通畅，无污水外溢	目视
室内部分	1	楼道梯级、自行车房和走廊地面	无纸屑等杂物、污渍，每个单元梯级烟头不超过5个，走廊每100m长度内烟头不超过2个，大理石地面打蜡抛光后有光泽，地毯无明显灰尘、无污渍	目视，每责任区抽检2个单元，走廊每50m内抽查3处，取平均值
	2	墙面、天花板、顶棚、窗、扶手、电子门、消防栓、信报箱、灯开关、灯罩等	无广告，无蜘蛛网，无痰渍，无积尘；大理石、瓷砖墙面无污渍，无明显灰尘	目视，每责任区抽查2处
	3	天台、雨篷等	无杂物、垃圾，无污垢，排水沟畅通	目视，每责任区抽查2处
	4	值班室、办公室	整洁、无杂物，墙面无灰尘、蜘蛛网，地面无污渍，桌椅、沙发、柜子无灰尘	目视，全面检查

续表

分类	序号	项目	标准	检查方法
室内部分	5	公用卫生间	无痰渍、杂物；无严重臭味，地面无积水、无污渍；墙面瓷砖、门、窗无污渍、无明显灰尘；便器无明显污渍；天花板、灯具目视无明显灰尘；玻璃、镜面无灰尘、无污渍	目视，全面检查
	6	楼道灯具	无积尘，透明度好	目视，抽查
	7	水池	无明显沉淀，无虫，池底无明显污垢	目视，全面检查
灭“四害”	1	灭鼠	鼠密度不超过1%，鼠洞每2万平方米不超过1个；楼道、住户家中无明显鼠迹	用100块布粉取值，抽检3处约2万平方米面积，查鼠洞
	2	灭蚊	蚊幼虫存活率在5%以下，仓库或地下室在10%以下，目视无明显蚊虫在飞	抽查10～20处
	3	灭蝇	每1万平方米苍蝇孳生地不超过1处；商店、饮食店和办公室无蝇蛆孳生地	目视抽查
	4	灭蟑螂	室内存活不超过5%，室外污水、雨水井内存活率不超过10%	抽查室内空间，污水、雨水井20处取平均值

任务二　物业环境卫生保洁用品及应急管理

任务导入

保洁剂伤人事件

某公寓公共卫生间下水管道堵塞，保洁员小王往下水管道倒了一些清洁剂，但并没有起到疏通的作用。情急之下，他将半瓶浓度为85%的浓盐酸倒进了下水管道。强烈的化学反应产生了一股有毒的氯气，将其肺部烧伤，送往医院一小时后，小王因呼吸衰竭死亡。“看来这盐酸真是有毒，以后再也不用来冲厕所了！”陪同小王看病的保洁员刘女士在听到这一意外后，摇头说道。她告诉记者，一瓶浓盐酸的价格才不到1元，如果大量购买更便宜，所以现在公司经常给他们发浓盐酸当“洁厕灵”，但并没有对他们进行专门的培训，使用时也没有任何的防护措施，有时候她失手倒多了也会因挥发出的刺鼻气味感到恶心，但她没想到使用不当会有如此严重的后果。记者随后调查了10名保洁员，这10人都表示曾经用盐酸冲厕所。

问题与思考：

1. 保洁剂安全管理有哪些需要注意的事项？

2. 本案例中，保洁公司在保洁剂管理中有哪些管理不到位的地方？

知识探究

一、保洁工具管理

为了更安全、更全面、更有效地实施保洁管理工作，在保洁过程中需要使用先进和合适的保洁工具、手段、技术等。同时，需要正确使用保洁工具，并对其进行保养。

（一）保洁工具的管理制度

（1）地毯机、吸水机等大件工具由管理处统一管理。

（2）各种使用工具在使用前后要检查清楚，发现故障或不安全的地方要向管理处主任或部门经理报告。

（3）保洁人员应对设备的使用性能有所了解，爱护机器设备，学会保养及简单修理。

（4）严禁任何人员借用保洁工具干私活，如有发现，将严肃处理。

（5）工作人员每次借用大件工具时，需事先征得管理处主任及主管人员同意，并办理领用手续。

（6）主管人员、管理处主任、管区经理不得把工具借给非公司内部的人员使用。

（7）地拖桶、地拖、扫把、抹布等保洁用具（品）由工作人员自行管理。

（8）地拖、抹布、地拖桶用完清洗干净后晾干。拖把朝上或悬挂放置，地拖桶倒置。

（9）易耗工具要妥善保管，按指定地点正确存放。

（10）物业公司要对保洁部的保洁工具进行记录管理，填写“保洁工具清单”，记录清楚工具的名称、管理人员及存放地点、数量等。

（二）保洁工具选购应考虑的因素

保洁工具的选购应考虑五个方面的因素：方便性与安全性；使用寿命，是否易于清洁保养；噪声低及方便使用；多用性；价格对比与商家信誉。

（三）普通保洁工具

普通保洁工具是指普通的手工操作用具和不需要电动机驱动的保洁设备，如抹布、扫帚、簸箕、拖布、尘拖、玻璃保洁器等。

1. 抹布

抹布是最普通的保洁用具，选用抹布时尽量要选用柔软并有一定吸水性的棉制毛巾。在使用抹布擦拭时，需根据不同情况采用不同的擦拭方法。

（1）干擦。用于去除细微的灰尘，干擦时用力不能太重。高档漆面、铜面、不锈钢面等不宜经常湿擦，可用干抹布擦拭。操作时，应轻擦以去除微细的灰尘，如果用力干擦反而会产生静电，吸附灰尘。

（2）半干擦。半干擦主要适用于需干擦的表面灰尘较多时。半干擦就是将抹布稍微喷点水，然后按照干擦的方式进行擦拭。

（3）湿擦。在去除建筑材料及家具表面的灰尘、污垢时，广泛采用湿擦的方式。湿抹布可将污垢溶于水，去污除尘效果好。使用时，应经常洗涤用脏了的抹布，保持抹布清洁。另外，要注意抹布不可含水过多。

在去除不溶于水、含有油脂的污垢时，应先用抹布蘸保洁剂擦拭，再用干净的抹布擦一遍。用抹布擦拭时，应先将抹布叠成比手掌稍大的尺寸使用，一面用脏后再换另一面或重新折叠，全部用脏时应洗干净再使用。擦拭一般家具的抹布与擦拭卫生间的抹布等必须严格分开，分别专用。擦拭时应从左向右、先上后下地将被擦物全部均匀地擦遍，不要落下边角，不要漏擦。抹布应经常清洗，保持清洁。

2. 扫帚

扫帚是用于清扫地面较大碎片和杂物的手工工具。根据用途、形状和制作材料不同有多个品种，但归纳起来可以分为两类：大扫帚，又叫长柄扫帚，主要用于清扫室外地面；小扫帚，又叫单手扫帚，主要用于清扫室内地面，如图 3 - 2 所示。

图 3 - 2　扫帚

3. 簸箕

簸箕（见图 3 - 3）是用于收集、撮起集中的垃圾，然后将之倒入垃圾容器的手工工具，可分为单手操作式、三柱式和提合式（保洁箱）。

4. 拖布

拖布也称拖把（见图 3 - 4），是将布条或棉纱安装在手柄上制成的用于室内地面清洗作业的手工工具。拖布的形状有圆头形和扁平形两种。圆头形拖布是将布条或棉纱绑扎在木、竹或塑料柄把上制成的，其头呈圆状；扁平形拖布是在柄把上安装一扁平塑料或金属夹，用来固定布条或棉纱制成的，其头呈扁平状。

图3－3 簸箕

图3－4 拖布

5. 尘拖

尘拖又叫推尘、干式拖布、除尘拖布等（见图3－5）。尘拖由尘拖头和尘拖架构成，是清除室内地面尘土、沙砾的手工工具。尘拖头有棉类和纸类两种；尘拖架用金属制成，有不同长度和宽度之分。尘拖主要用于对各种高档地面如大理石等地面的牵尘，操作简单省力，附着灰尘力强，可保持地面光亮，被广泛应用于大厦的日常保洁。

尘拖基本操作要求：将极少量的牵尘油渗入拖布；沿直线推尘，尘拖头不可离地；尘拖头粘满尘土时，将其放在垃圾桶上用刷子刷净再使用，直到地面完全清洁；尘拖头失去粘尘能力时，要重新用专用处理液处理，然后才可使用；尘拖头用脏后，可用碱水洗净，晾干后重新喷上处理液再使用。

6. 玻璃保洁器

玻璃保洁器（见图3－6）是用来清洁各种高度的门窗玻璃及玻璃隔断的手工工具，由长（短）杆、T形把及配件（橡胶条、拐角插头、短柄刮削器、水枪、注射器、大夹子和刷了等）组成。

（四）电动保洁设备

1. 吸尘器

地面、墙面和其他平整部位吸灰尘、污物的专用设备，是保洁工作中常用的设备之一（见图3－7）。吸尘器启动时能发出强劲的抽吸力，使灰尘顺着气流被吸进机内储尘仓，达到清洁地面的目的。吸尘器品种很多，按抽吸力大小有普通型和强力型，按适用范围有吸地面灰尘、吸地毯灰尘、清洁家具污物等不同类型，按功能多少有单一吸尘器和吸尘吸水两用吸尘器等。

图3－5 尘拖

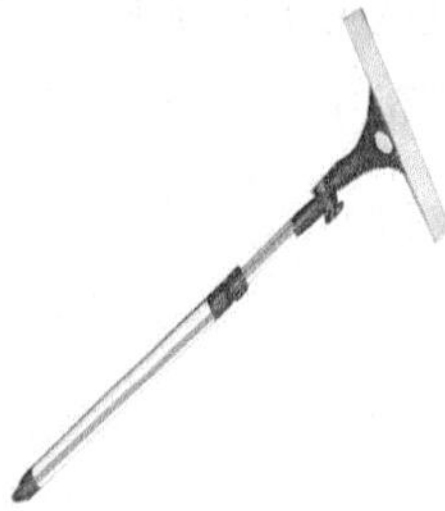

图3－6 玻璃保洁器

2. 吸水机

清除积水的专用设备，主要用于吸取地面积水，对于吸取地毯水分、加快干燥也非常有效，是大楼管理中不可缺少的保洁工具之一。有单用吸水机和吸尘吸水两用机，后者由于功能多，较受用户欢迎，如图3－8所示。

图3－7 吸尘器

图3－8 吸水机

吸水机的操作程序：把软管接驳在机身，插入220V电源；打开机身电源开关；吸地面时用带软胶的吸耙，吸地毯时用铁耙吸水。吸水机满水时，会发出不同的响声。使用完要拔除电源，并将电源线绕好。吸水机内的过滤器要拆开进行保洁。如果机内吸入酸性保洁剂，用后应立即用清水清洗干净，以免生锈。机身的不锈钢壳应用不锈钢油进行保养。

3. 地毯清洗机

主要用于协助清洗地毯，如图3－9所示。其主要部件为两个吸力泵以及污水箱、净水箱、强力喷射水泵、电动机等，采用真空抽吸原理进行工作。地毯清洗机的种类有很多，常用的有两种：一是干泡地毯清洗机；二是喷汽抽吸式地毯清洗机。

4. 抛光机

专门用于地面抛光的机器，有普通速度和高速之分，如图3－10所示。抛光机启动时马达带动底盘作高速旋转，使底盘对地面进行高速软摩擦，达到抛光的目的。抛光机适用于花岗石、大理石等各种平整硬质地面，对于面积大的楼宇尤为必要。

图 3 - 9　地毯清洗机

图 3 - 10　抛光机

5. 洗地机

又叫刷地机，由机身、水箱及地刷和针盘组成，主要用于硬质地面清洗或地面抛光，是大楼保洁不可缺少的保洁设备之一，有单盘式和多盘式两种。洗地机有各种型号，按转速分有 150 ~ 300r/min 等型号，按功率分有 180 ~ 1500W 等型号，如图 3 - 11 所示。

洗地机的操作程序：安装地刷与针盘，并使地刷与针盘按逆时针方向旋转；往水箱内按比例注入清水和保洁剂；插上电源，按下调节开关，将手柄杆调至适合自己的高度；从最靠近电源插座的地方开始操作，防止机器轧过电线。

6. 高压冲洗机

用高压水冲洗物品表面的专用设备，可用于外墙、汽车等由高压泵、电动机、高压管及射水枪组成，其利用电动机加压喷射出高压水流，从而达到清除灰尘、泥浆和其他污垢杂质的目的，如图 3 - 12 所示。

图 3 - 11　洗地机

图 3 - 12　高压冲洗机

7. 扫地车

用于室外地面保洁的设备。由于操作简单，吸尘力强，并配有大容量垃圾尘箱，因此非常适合厂房、仓库、车场和户外空旷地方的地面保洁，如图 3 - 13、图 3 - 14 所示。

图 3 - 13　小型扫地车

图 3 - 14　大型扫地车

8. 自动空气喷香器

将清香剂装入自动空气喷香器后设定好时间，然后将其放置于办公室或卫生间等需要清香的房间，会定时自动喷香，如图 3－15 所示。

9. 吹干机

又称吹风机（见图 3－16），利用电动机转动加速空气流动，使被吹物体尽快干燥，主要用于地毯保洁后吹干或地面打蜡后吹干。吹干机有带加热装置的，也有不带加热装置的。

比较常用的其他工具还有安全梯、刷子、扫把、拖把、布、海绵、喷瓶、胶手套、刀片、长柄手刷、手推车以及“小心地滑”的标识等。

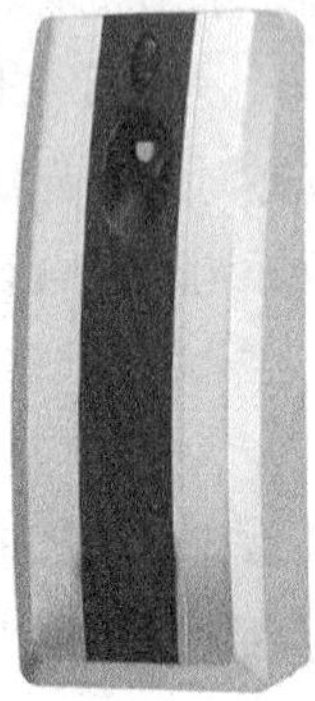

图 3－15 自动空气喷香器

图 3－16 吹干机

二、保洁保养剂管理

（一）常用保洁保养剂

保洁剂的品种日益增多，品牌也很多，按照保洁剂的酸碱性通常将其分为酸性保洁剂、中性保洁剂、碱性保洁剂三种基本类型。保洁剂的化学性质通常用 pH（酸碱度）值来表示。

1. 酸性保洁剂

酸性保洁剂通常为液体，少数呈粉状，主要用于卫生间保洁。酸能中和尿碱、水泥等顽固污垢，并具有一定的杀菌、除臭功效，但有腐蚀性，对使用者肌肤会造成损伤，所以使用前必须将其稀释。使用时要注意不可将浓酸性保洁剂直接倒在器具或地板表面，并要特别注意用量和使用方法。酸性保洁剂不得用于地毯、木器和金属器具保洁。

常用的酸性保洁剂有盐酸、105 石水、强力洁瓷灵、洁瓷灵、洁厕灵、漂白水、除垢剂等品种。

（1）盐酸。盐酸是用于粗糙石材表面初始清洗的清洗剂，对水泥有较强的渗透腐蚀性，不可用于水泥地面或墙身，使用时要谨慎。

（2）105 石水。105 石水是一种进口的石材表面清洗剂，内含溴元素成分，是较理想的石材表面清洗剂。

（3）强力洁瓷灵。强力洁瓷灵是一种极具腐蚀性的保洁剂，能腐蚀水泥渍、水垢等，对物体表面有腐蚀作用，适用于建筑装修后的粗糙石材表面的初始保洁，使用时须极为谨慎。

（4）洁瓷灵。洁瓷灵是一种常用的石材表面除污清洗剂，适用于清洗石材、瓷质表面的污垢，其酸性虽然比强力洁瓷灵弱一点，但也有一定的腐蚀性，使用时要谨慎。

（5）洁厕灵。洁厕灵是洗手间常用的保洁剂，具有除臭、杀菌、去垢的作用。

（6）漂白水。漂白水是使用较广泛的清洗剂，具有漂白作用，带微酸性，不易损坏石质表面。

（7）除垢剂。外观为淡绿色透明液体，适用于浴室、卫生间的陶瓷、搪瓷器皿等的保洁，能迅速、强力地清除水垢锈渍，提高保洁的效率。使用时，一般视污垢程度将其稀释 1 ~5 倍使用。

2. 中性保洁剂

中性保洁剂配方温和，呈中性，不腐蚀和损伤任何物品，对被清洗物能起到保洁和保护作用，其主要功能是除污保洁。中性保洁剂有液状、粉状、膏状之分。常用的中性保洁剂有多功能保洁剂和洗地毯剂。

（1）多功能保洁剂。多功能保洁剂略呈碱性，含多种高性能表面活性剂，除不能洗涤地毯外，其他大多数物品均可使用，如地面、墙面、工作台面、桌面、家具、卫生洁具以及其他由金属、瓷砖、玻璃、塑料和不锈钢制成的硬质表面，具有去除油垢和防霉的功效。原装多为浓缩液，使用前要按使用说明稀释。

（2）洗地毯剂。洗地毯剂专用于洗涤地毯，按含泡沫稳定剂量的不同，可分为高泡型和低泡型两种。高泡型洗地毯剂一旦擦在地毯绒毛上，几乎全都变成泡沫，进入地毯的水分较少，仅对地毯绒毛部分进行清洗。一般的地毯保洁常采用喷吸式地毯清洗法，泡沫太多会妨碍清洗，应选用低泡型洗地毯剂。

3. 碱性保洁剂

碱性保洁剂不仅含有纯碱（碳酸钠），还含有大量的其他化合物。碱性保洁剂有液状、乳状、粉状、膏状之分，常含表面活性剂，对于清除一些油脂类污垢和酸性污垢，效果较好。使用前应稀释，除污后要用清水清洗干净，否则时间长了会损伤被保洁物表面。

常用碱性保洁剂有洗洁精、全能水、玻璃水、氯水、烧碱、除油剂等。

（1）洗洁精。洗洁精是使用最广泛的一种保洁剂。普通洗洁精适用于任何环境下的除污。使用时，要按不同保洁工作的需要加水稀释，在污渍上喷洒适当浓度的洗洁精，稍等片刻后再用湿布或海绵擦净，有一些洗洁精要用清水冲洗。

（2）全能水。全能水较洗洁精去污力强，使用方法与洗洁精相同，不含腐蚀性，主要用于去除较顽固的污渍。

（3）玻璃水。玻璃水专门用来清洗玻璃和瓷片，使用时要按照说明书加水稀释，能去除粘在玻璃表面的污渍。当遇到较难清洁的表面或污渍太厚时，可以少加水，增加浓度，达到清洁效果。玻璃水有大桶装和喷罐装两种，大桶装的玻璃水为普通型，主要功效是去污；喷罐装玻璃水含挥发溶剂、芳香剂等，去污后会留下芳香味，并在玻璃表面留下透明保护膜，有利于下次的清洁工作。

（4）氯水。一种去污性能较强的洗涤剂，适用于洗涤顽固污渍或污垢环境，对蜡有溶解作用，使用时要用水稀释。

（5）烧碱。烧碱属强力去污、去油洗涤剂，适用于洗涤顽固油污或污渍。烧碱有强腐蚀性，使用时要谨慎。

（6）除油剂。除油剂是一种专门清除油污的洗涤剂，使用时要用水稀释。

4. 其他保洁保养剂

（1）祛臭剂。祛臭剂适用于清除厕所、垃圾产生的臭味，含有自然香气。使用时将本品喷至墙角或墙面，可保持厕所数日内无臭味。

（2）空气清香剂。能迅速去除空气中的混浊和难闻气味，使用时将清香剂推入喷雾器喷射使用。本品为易燃品，应存放于阴凉避光处，保藏温度不得超过40℃。

（3）不锈钢光亮剂。不锈钢和镀铬制品的专用保洁剂，使用时，将不锈钢保洁剂涂在制品表面，用布擦至光亮，该用品还有一定防锈功能。

（4）玻璃保洁剂。用于清洁玻璃、镜面、瓷片及电镀物品表面，如门、窗、镜子、电视荧光屏等，能轻松除去尘埃、油渍等污垢，擦拭后表面还能够抗尘埃、抗污垢再积等。使用时将本品稀释20～60倍后均匀涂在玻璃表面，然后用擦窗工具擦拭。玻璃保洁剂应用胶瓶装，避免碰碎、入眼，若不慎进入眼内应立即用清水冲洗。

（5）除油剂。适用于去除各种表面的油垢，对厨房焦油性污垢有奇效。使用时，将本品喷淋或涂于污垢表面，稍后用布揩擦即可。

（6）面蜡。用特制的聚合物及树脂配制而成的表面光亮剂，适用于清洁大理石、塑料地板、木地板、水磨石水泥地面。使用时将本品均匀涂在表面，干燥成膜后表面光滑亮泽，可起到耐磨、防水、耐溶剂的作用，还有一定的防滑性能。本品一般在使用封底蜡以后再使用，应注意避光保存，不宜稀释。

（7）封地蜡。由水溶性高分子树脂及特殊的蜡乳液配制而成。封地蜡作为面蜡的底层涂料，对不平整的地面，如缝隙、针孔等，能够起到填充和平整成膜的作用，对于走道等人流繁多的地面，能提高蜡面的丰度，延长使用寿命，一般情况下，1L可使用于50m^2左右的地面。

（8）喷洁蜡。喷洁蜡由特殊的蜡乳液和光亮剂配制而成，作用是对打过蜡使用过的地面进行一次抛光增亮，并能去除鞋印、擦痕等，经常使用能使地面光亮如新。使用时先对地面进行清扫，然后用喷壶将喷洁蜡喷在地面，一般喷2～3次，然后对地面进行磨刷抛光。

（9）去蜡水。去蜡水中含有特殊的解链剂，能迅速破坏蜡中高分子树脂的力学强度，用于去除封地蜡、面蜡，是大理石等表面周期性打蜡工作中不可缺少的用品。使用时，将本品稀释后涂在蜡面 5～10min 后，即可用擦地机进行去蜡工作。去腊水应用胶瓶装，应放置于干燥阴凉处，使用时戴橡胶手套，若不慎触及皮肤或眼睛应立即用清水冲洗。

（二）保洁剂采购注意事项

（1）确定用途，然后确定购买品种。

（2）确定使用量和使用时限，进而明确购进方式，确定是批量购进合理还是少量购买好。

（3）确定拟购品种的生产厂家有多少，了解厂方有无售后服务。

（4）进行价格、服务等综合指标考核。

（5）选购保洁剂时要看浓度，应尽量选择液体保洁剂，不能以其泡沫的多少来确定质量，而应看其去污效果、对物体的损伤程度和安全性；应要求厂家作示范，并提供良好的售后服务；要选择环保产品，尽量不购买含氟的化学剂。

（三）保洁剂安全管理注意事项

（1）制定相应的规章制度，培训保洁人员掌握使用和放置保洁剂的正确方法，平时注意检查和提醒保洁人员严格按规操作。

（2）要妥善保管，按指定地点正确存放。

（3）执行严格的使用记录制度，填写“保洁剂使用清单”，记录清楚保洁剂的名称、管理人员及存放地点、数量等。

（4）对强酸、强碱的保洁剂应先采取稀释处理，然后尽量装在喷壶内，再分发给保洁人员使用。

（5）平时应多做保养，尽量少做保洁工作。在物体不太脏时，使用适量的保洁剂保洁，不仅省时，还节约保洁剂。

（6）禁止保洁人员在工作区内吸烟，严查严罚以减少危害源。

（7）使用时注意以下几点：

①配备相应的防护用具，如合适的保洁工具、安全防护手套、安全防护眼镜等。

②使用干净的、带有容量刻度的配制容器进行药剂配制，严格禁止不同保洁剂使用同一配制容器进行配制。

③在进行药剂配制时，首先在配制容器内按配制比例装水，然后将药剂缓慢地倒入配制容器，绝对禁止将水直接倒入待稀释的清洁药剂。

④配制后的药剂应以不同的、清楚的产品标签加以区别。

⑤要在通风良好的地方使用。切忌在类似明火处使用保洁剂，如在照明灯或取暖器旁。

三、保洁应急措施

物业公司对意外情况应制定保洁应急措施，可避免其对物业环境卫生产生影响，保证为用户提供始终如一的保洁服务，同时保证用户出入安全，防止意外事故发生。意外情况包括火灾，污水井、雨水井、管道、化粪池严重堵塞，暴风雨天，梅雨天，水管爆裂，户外施工，装修等现象。

（一）特别注意事项

（1）清理火灾场地时，应在消防部门调查了解情况后经同意再进行清理。

（2）台风来临时不要冒险作业，以防发生意外。

（3）梅雨天气作业宜穿胶鞋，穿塑料硬底鞋易滑倒。

（4）暴风、暴雨天气要注意高空坠物。

（5）处理水管爆裂事故时要注意防止触电。

（二）应急措施

1. 火灾后的保洁应急措施

（1）卫生用品储备室应配备各种应急工具，如手电、水桶、保洁用的干毛巾、指示牌、灭火器材等。

（2）救灾结束后，用垃圾车清运火灾遗留残物，打扫地面。

（3）清除地面积水。

（4）检查户外，如有残留杂物一并清运、打扫。

2. 污水外溢的保洁应急措施

（1）维修工迅速赶到现场，进行疏通，防止污水外溢。

（2）保洁员将捞起的污垢、杂物直接装上垃圾车，避免造成二次污染。

（3）疏通后，保洁员迅速打扫地面被污染处，清洗地面，直到目视无污物。

3. 暴风雨天气的保洁应急措施

（1）保洁班长勤巡查、督导各岗位保洁员的工作，加强与其他部门的协调工作。

（2）天台、裙楼平台的明暗沟、地漏由班长派专人检查，特别是在风雨来临前要巡查，如有堵塞及时疏通。

（3）检查雨水、污水井，增加清理次数，确保畅通无阻。

（4）各岗位保洁员配合保安人员关好各楼层的门窗，防止风、雨刮进楼内，淋湿墙面、地面及打碎玻璃。

（5）仓库内备好雨衣、雨靴、铁钩、竹片、手电筒，做到有备无患。

（6）暴风雨后，保洁员及时清扫各责任区内所有地面上的垃圾袋、纸屑、树叶、泥、石子及其他杂物。

（7）发生塌陷或大量泥沙冲至路面、绿地时，保洁员协助管理处检修，及时清运、打扫。

（8）保洁员查看各责任区内污水、雨水排水是否畅通，如发生外溢，及时报告管理处处理。

4. 梅雨天气的保洁应急措施

（1）梅雨季节，大理石、瓷砖地面和墙面很容易出现返潮现象，应注意避免地面积水、墙皮剥落、电器感应开关自动导通等。

（2）在大堂等人员出入频繁的地方放置指示牌，提醒人们小心滑倒。

（3）班长要加强现场检查指导，合理调配人员，加快工作速度，及时清理地面、墙面水迹。

（4）如返潮现象比较严重，应在大堂铺设一条防滑地毯，并用大块的海绵吸干地面、墙面、电梯门上的水。

（5）仓库内配好干拖把、海绵、地毯、毛巾和指示牌。

5. 水管爆裂的保洁应急措施

（1）迅速关闭水管阀门，并通知保安和维修人员前来救助。

（2）迅速扫走电梯厅附近的水，可先将电梯开往上一楼层，然后通知维修人员关掉电梯电源。

（3）在关掉电源后，抢救房间、楼层内的物品，如资料、电脑等。

（4）用垃圾斗将水盛到水桶内倒掉，再将余水扫至地漏，接好电源后再用吸水器吸干地面水分。

（5）打开门窗，用风扇吹干地面。

6. 施工装修的保洁应急措施

（1）供水、供电、煤气管道、通信设施以及物业设施维修等项目施工，会对环境有较大影响，保洁员需配合做好场地周围的保洁工作。

（2）及时清理住户装修时遗弃的杂物并清扫场地。

（3）新入住住户装修期间，各责任区保洁员应加强保洁，对装修垃圾清运后的场地应及时清扫，必要时协助住户或管理处将装修垃圾及时装车并清运走。

任务三　物业日常保洁操作程序

任务导入

某物业管理处环境美化部保洁员小李正在对某学生公寓楼各卫生间进行一次全面彻底的清洁，并在门上悬挂了“工作进行中”的指示牌。9：30 左右，小李做完一楼公共卫生间的清洁，地面上还有少量积水。小李收拾工具并取下大门上悬挂的“工作进行中”的指示牌，准备离去。这时，一位学生过来上卫生间，不一会儿，小李听到“扑通”的声音，忙过来一看，原来学生摔倒在地上，小李立即将其扶起并道歉。小李询问学生有无受伤，在确定无受伤的情况下，小李再次向学生道歉，此学生未追究任何责任。

问题与思考：

1. 公共卫生间的保洁标准是什么？
2. 本案例中，小李在操作程序上主要违反了哪些规定？

知识探究

物业管理的对象主要有住宅小区、商业场所、写字楼、工业企业厂区等，因此，公共场所的卫生保洁也包括这些对象。对于这些场所的保洁管理，除了要将生活垃圾及时清运，还要保持各种设施、各个部位的干净整洁。

一、建筑物地面保洁程序

（一）公共通道保洁程序

（1）公共通道包括汽车道、人行道、消防通道等，一般流动人员比较多，尤其是商业物业，进出人员和车辆都非常多，所以要求平均2500～3000m^2配一名保洁工。

（2）保洁时间一般从早上6：00开始，根据物业的情况可到18：00—21：00结束。

（3）作业程序是每天早晨一上班先将公共通道的地面彻底清扫一次，协助清运公司清倒垃圾，冲洗垃圾房、垃圾桶，扫净地面积水和杂物。之后进行日常保洁，每隔一小时巡回清扫地面杂物、树叶，清除地面污渍等。对地面警语牌、指示牌每天保洁一次（若为不锈钢表面，需在下雨过后立即抹去其表面水珠）。

（4）每隔7天使用水龙头或高压洗地机将地面冲刷一次，并将果皮箱清理、擦净、摆放整齐。

（5）路灯灯罩每隔半月彻底清洁一遍。

保洁标准：公共通道地面无杂物、无垃圾，道路上无泥沙、无杂草、无积水、无树叶。

（二）楼层通道保洁工作程序

（1）楼层通道地面砖一般有釉面砖、玻化地砖及普通地砖等。

（2）清晨收完楼层生活垃圾之后，每日用扫把将地面清扫一遍，再用地拖拖一遍。

（3）每月一次将保洁剂（去污粉或洗洁精）撒在地砖上，浇上少许水后用长柄刷彻底地刷洗一遍。然后用清水拖至干净，并用湿或干毛巾轻抹被污染的墙根部分踢脚线。

（4）在使用保洁剂刷洗楼层地面通道时，应防止腐蚀金属物和电梯不锈钢厅门。

保洁标准：釉面砖目视干净无污渍，可反映通道照明灯轮廓；玻化地砖目视干净无杂物、无污迹、有光泽；普通地面砖目视干净无污迹。

（三）转换层地面的保洁工作程序

（1）转换层地面一般铺有仿石地砖或瓷砖，保洁程序要根据地面砖的不同而有所区别。

（2）早上在规定时间内将转换层地面清扫一遍，并每天进行保洁。将转换层垃圾桶内垃圾定时集中运到地面垃圾房。每星期彻底将地面冲刷一次。地面铺有仿石地砖的按仿石地砖的保洁程序保洁，地面是瓷砖面的按瓷砖面的保洁程序保洁。

（3）地面污染较严重的可使用洗地机加保洁剂清洗，如有顽固污渍，可用钢丝球反复擦洗。

（4）每星期用洗地机加除污粉清洗仿石地砖，局部污染较重的地方洒上稀释的草酸或去污粉，用洗地机彻底刷洗并冲洗干净。

（5）如有重大活动、节假日，应提早一天将地面彻底刷洗一遍，保证地面瓷砖光净亮洁。

（6）在使用草酸时防止沾染和腐蚀金属物或不锈钢制品的护栏，用去污粉洗刷时应避开人员流量大的时间。

保洁标准：目视仿石地砖无杂物，砖面凹进部分无沙土沉淀，砖面无积水、油渍、痰渍。

（四）地板的打蜡抛光工作程序

物业内的地板需要定期进行打蜡抛光，尤其是大堂的大理石地面，要求每月打蜡保养1～2次，而商业物业的大理石地面每月打蜡2～3次，每1～2天抛光一次。打蜡抛光程序：除尘、洗地、起蜡、上蜡封地、抛光、顶层去蜡。

1. 除尘

（1）工具：标识牌、尘推、地拖、刀片等。

（2）保洁剂：尘推油。

（3）预先将尘推油喷洒到地拖上，在阴暗处晾干待用。

（4）清理工作场所，把可移动的物件移动到指定的地点。

（5）用刀片刮掉各种可见的污垢，注意不要刮伤地面。

（6）用准备好的地拖清洁整个地面。

（7）放置多个标识牌。

（8）洗净工具，放回原处。

2. 洗地

（1）工具：标识牌、拖把、吸水机、水桶和榨水器、刀片、全自动洗地机、抹布。

（2）保洁剂：全能保洁剂。

（3）清理工作场所。

（4）清扫地面，用刮刀刮掉可见的坚硬污渍。

（5）穿戴所有必要的劳防用品。

（6）按比例配制保洁液（用冷水）。

（7）将保洁液注入自动洗地机的溶液槽。

（8）放置多个“禁止通行”标识牌。

（9）打开溶液槽阀门，放下红色垫和吸水挡板，擦洗地面，打开吸水阀门。

（10）用保洁剂擦洗地面完毕，再用清水冲洗，直至清水不起泡沫。

（11）洗净所有用具，放至原来的地方。

（12）待地面干透再进行别的处理。

3. 起蜡

（1）工具：簸箕、刀片、地拖、水桶和榨水器、拖把、洗地机、百洁垫、吸水机、抹布。

（2）保洁剂：起蜡水。

（3）清理工作场所。

（4）清扫地面，用刀片刮去口香糖之类的坚硬污垢。

（5）穿戴所有必要的劳防用品。

（6）按规定比例配制起蜡水（用热水）。

（7）放置“禁止通行”“地面上蜡”标识牌。

（8）用拖把蘸起蜡水将地面润湿。

（9）让药水停留 10min，等待起蜡。

（10）用刀片除去墙角或墙边的积蜡。

（11）用擦地机打磨地面，如果地面上有累积的旧蜡，则再用起蜡水进行处理，通过增加作用时间和机械动作来提高起蜡效果（注意：擦地机不能在较平的地面进行打磨）。

（12）用吸水机吸净污水。

（13）用清水冲洗地面，直至清水不起泡沫。

（14）洗净所有用具，放回原处。

（15）保留标识牌直至地面完全干透，并绝对禁止人在地面上行走，要等上蜡封地后才能通行。

4. 上蜡封地

（1）在进行上蜡封地前，必须先进行洗地和起蜡，地面必须干净无尘。

（2）工具：标识牌、水桶、榨水器、蜡拖。

（3）保洁剂：特强封地剂、面蜡。

（4）放置标识牌，表明该处正在上蜡封地。

（5）将塑料膜放在水桶里或换用一个干净的水桶，把面蜡或封地蜡倒入水桶。

（6）充分润湿蜡拖，轻轻榨一下蜡拖头，以蜡拖不滴水为宜。

（7）一般需要 30 ~ 45min，等手摸地面感觉干燥后，再等待 15min 左右。

（8）以上打蜡步骤，需要先上封地蜡再上面蜡。

（9）洗净所有工具，待蜡完全干透移走标识牌。

5. 抛光

（1）在抛光地面前，必须先进行除尘或洗地，地面必须干净无颗粒，否则抛光时杂物会渗入腊膜。

（2）工具：标识牌、喷壶、高速抛光机、白色抛光洁垫、尘推、地拖。

（3）保洁剂：快亮地坪保养蜡。

（4）在抛光机上装好合适的抛光垫。

（5）将喷磨保养蜡以喷雾式洒向地面（不要过多喷洒，否则地面会起雾）。

（6）用高速抛光机慢慢移动，磨光地面（如抛光洁垫磨损，应立即更换）。

（7）用尘推、地拖除去灰尘。

（8）洗净所有工具，放回原处。

（9）保留标识牌直至地面完全干燥。

（10）将所有移动过的物件归回原位，摆放整齐。

6. 顶层去蜡

顶层去蜡的方法与洗地相同，仅是全能保洁剂的稀释比例不同，顶层去蜡时的稀释比例为 1∶40。

标准及注意事项：

（1）打蜡抛光标准：目视地面无杂物，无污渍，可映出照明灯轮廓。

（2）在清洗大理石时注意保洁剂的使用，切勿使用对大理石有腐蚀的保洁药水。

（3）操作机械时按操作规程操作，如墙面有玻璃应小心操作，防止损坏玻璃。

（4）打蜡保养应安排在深夜进行，以免造成住户出入不便。

（五）大理石地面的晶面保洁程序

（1）工具：标识牌、毛巾、水桶、喷壶、钢丝棉、抛光垫、洗地机、加重晶面处理机、吸水机。

（2）保洁剂：一般采用 NCL2501 晶面剂、NCL2502 抛光浆。

（3）准备好所有工具和机器设备，放置标识牌，设置围栏，避免行人行走。

（4）洗地后将 NCL2501 晶面剂装入喷壶备用，再将 NCL2502 抛光浆装入另一喷壶备用。

（5）待清洗过的地面完全干燥，将晶面处理机推入作业面，套上钢丝棉。

（6）将适量 NCL2501 晶面剂喷于地面，启动晶面处理机进行研磨作业。

（7）适时喷入 NCL2501 晶面剂，继续晶面作业。

（8）用干毛巾保洁作业面，将适量 NCL2502 抛光浆喷于地面。

（9）将抛光机套上抛光垫后开始作业。

（10）用抛光机抛光地面，适时喷洒抛光浆，继续抛光作业，直到地面出现晶莹光亮的晶面效果。

（11）用干净的毛巾保洁已作业的地面。

（12）以上作业程序也可用于其他地面。

（六）地毯的保洁工作程序

1. 地毯的保洁频率

（1）地毯养护的最重要之处在于吸尘，每周应用吸尘器彻底吸尘 2 ~ 3 次。

（2）发现地毯上有水溶性污渍、油污及粘有口香糖时，可分别用保洁剂清除水溶性污渍，用除油剂清除油污，用刀片刮除口香糖。

（3）地毯需要定期清洗，大概每 3 个月清洗一次。

2. 地毯除尘

（1）工具：标识牌、吸尘器。

（2）清理工作场所。

（3）放置标识牌。

（4）开启吸尘器吸尘。

3. 地毯清洗

（1）工具：标识牌、地毯清洗机、吹干机（或吸水机）、水桶、量杯、搅拌棒、注水器、毛巾、手刷、喷壶。

（2）保洁剂：地毯粉、强力地毯除渍剂、发泡剂。

（3）放置保洁标识牌。

（4）清理工作场所。

（5）准备好所有工具。

（6）按比例（1∶20）将地毯粉配制成保洁液，同时加入发泡剂。

（7）将保洁剂注入地毯清洗机的保洁液水箱。

（8）高速洗地，并注意运行方向由左至右，运行速度以 10cm/s 为宜。

（9）开启地毯清洗机。

（10）将除渍剂喷于污垢处。

（11）用手刷和毛巾进行清洗。

（12）再用地毯清洗机清洗一次。

（13）放置吹干机并不断改变风向，直至地毯干透，或用吸水机吸干地毯中的水分，同时打开门窗、风扇。

（14）洗净所有工具，并将其放回原来的地方。

4. 地毯的特殊保洁保养

（1）地毯压痕消除。由于家具或其他物件的重压地毯会形成凹痕，消除凹痕的办法：将浸过热水的毛巾拧干，敷在凹下去的部位5～10min，然后移去毛巾，用电吹风和细毛刷边吹边刷该处即可恢复原状。

（2）地毯焦痕消除。焦痕程度不严重时，只要用硬毛刷子将焦痕部分的毛刷掉即可；若是较严重的焦痕，可把压在家具下的地毯毛刷起来后用剪刀剪下，用黏合剂把它黏在烧焦处，用类似书本轻重的平面物品压在上面，待黏合剂干燥后黏上去的毛就牢固了，再用毛刷轻轻梳理几下便可。

（3）地毯复色。地毯用久了颜色就不如新的鲜艳，要让用久了的地毯颜色变得鲜艳起来，可在前一天晚上把食盐撒在地毯上，第二天早上用干净的湿抹布把食盐抹净，地毯即恢复鲜艳。

（4）地毯洗涤。将面粉、精盐和石膏粉按6∶1∶1的比例用水调和至糊状，再加少许白酒，在炉上加温调和，待冷却成干糊状后，撒在地毯脏处，再用毛刷或绒布擦拭，直到干糊变成粉状。地毯变干净，然后用吸尘器除去粉渣。

（5）地毯污渍去除：①对地毯上的动植物油渍，应用毛巾蘸纯度较高的汽油擦拭；②对果汁和啤酒渍，应先用软布蘸洗衣粉溶液擦洗，再用温水加少许食醋溶液擦洗；③对墨渍，可在污处撒细盐末，再用肥皂液刷除，若是陈渍则宜用牛奶浸润片刻，再用毛刷蘸牛奶刷拭。

二、建筑物墙面保洁程序

（一）外墙的保洁条件与方式

雨、酸雾、废气、粉尘、浮游物以及混凝土的可溶性物等会在建筑物外墙表面形成污渍，严重影响外墙的美观。这些污渍如长期附着在建筑物外墙表面，就会对外墙装饰材料造成不同程度的腐蚀，留下难以清除的斑痕，特别是在玻璃表面形成"泪痕"，不仅影响建筑物外墙的美观，而且严重影响室内环境的统一和谐，因此，对建筑物外墙进行经常性的保洁就显得特别重要。

外墙保洁是物业保洁工作的难点，危险性大，易发生人员坠落伤亡事故，所以外墙的保洁必须严格按照规定的程序执行，做好安全措施。

1. 外墙的保洁剂

外墙的保洁一般采用专用全能保洁剂。专用全能保洁剂是特有的浓缩配方，内含表面活性剂，对玻璃幕墙、磁控板、复合铝板幕墙、瓷砖幕墙、花岗石、幕墙等硬表面有极强的去污能力，能彻底清除各种幕墙表面的污渍。专用全能保洁剂不属于强酸、强碱类保洁剂，不会损伤幕墙表面。

2. 外墙的保洁方式

外墙保洁主要有两种方式：吊板方式和擦窗机方式。

（1）吊板方式。用吊绳、吊板将人吊到工作位置进行保洁，一般的大楼都可以用这种方式。这种方式简单、成本低，但危险性比较大，一旦安全措施不到位就可能发生事故。

（2）擦窗机方式。擦窗机又称室外吊篮，一般在大楼建造时安装好，工作人员站在吊篮内，吊篮可以上下左右移动，吊篮内有电话，可以与外界随时进行联系，比较安全，但价格昂贵。

安装擦窗机是高楼外墙保洁的发展方向，一些先进的国家已经发展到用无人操作擦窗机进行外墙保洁工作。

3. 外墙保洁的条件

（1）气候条件。外墙保洁必须在良好的气候条件下进行，大风、下雨、下雪、有雾、能见度低、高温（35℃以上）和低温（0℃以下）等情况都不适合进行外墙保洁。外墙保洁时的风力应小于5级，风力5级以上要停止工作。因此，工作前应测定风力，尤其是高空风力。

（2）人员条件。外墙保洁人员应有良好的身体条件和心理素质，必须经过严格的身体检查和定期复查，年龄应在40岁以下，血压正常，视力良好，无恐高症，如发现有身体不适应立即停止工作。同时，外墙保洁人员还必须经过专门的培训，取得国家劳动部门核发的高空作业证书，并在证书有效期内方可上岗，严格禁止无证上岗。工作人员上岗前不得饮酒，有感冒等身体不适症状时应暂停高空作业。

（3）设备条件。外墙保洁设备必须处于良好的工作状态，擦窗机必须定期检查保养，每次工作前必须对钢丝绳、传动部位和保险装置进行检查，发现故障或原因不明的不正常现象时应停止使用。用吊板工作时，也应对吊绳、吊板等固定用具认真检查，凡用绳有发毛、部分丝股断裂等现象应立即更换新绳。

（二）不同类型外墙的保洁工作程序

1. 玻璃幕墙的保洁工作程序

（1）玻璃门窗、幕墙保洁要达到的标准：玻璃面上无污渍、水渍，保洁后用纸巾擦拭50cm长无灰尘。要达到这个标准，必须有计划地进行保洁，以防止尘埃堆积，保持干净。

（2）工具：安全标识带、涂水器、玻璃刮刀、刀片、毛巾、软质洁垫、保洁水桶、喷壶。

（3）保洁剂：专业全能保洁剂（水桶中按1∶50比例配制保洁剂，喷壶中按1∶10比例配制保洁剂）。

（4）先用刀片刮掉玻璃上的污渍。

（5）用涂水器或毛巾将1∶50配制的保洁剂涂于玻璃表面，然后用适当的力量从玻璃顶端往下垂直洗抹，污渍较重的地方重点抹。

（6）用玻璃刮刀刮去玻璃表面的水分，一洗一刮连续进行，当玻璃接近地面时，可以把玻璃刮刀横向移动，作业时应注意防止玻璃刮刀的金属部分刮花玻璃。

（7）用无绒毛巾抹去玻璃框上的水珠。

（8）如仍有少量污渍，将1∶10配制的保洁剂喷于污渍上，用软质洁垫用力涂擦，或用刀片去除污渍直至干净。

（9）用水管将玻璃表面、窗框和粘接缝等处的灰尘和残留保洁剂冲干净。

（10）用毛巾将窗框、粘接缝上的水渍抹干。

（11）最后用地拖拖干地面上的污水。

（12）高空作业时，应两人作业并系好安全带，戴好安全帽。

2. 磁控板、复合铝板幕墙的保洁工作程序

（1）工具：安全标识带、软质洁垫、玻璃刮刀、保洁水桶、喷壶。

（2）保洁剂：专业全能保洁剂（水桶中按1∶32的比例配制保洁剂，喷壶中按1∶5的比例配制保洁剂）。

（3）将1∶32配制的保洁剂涂于铝板表面，用软质洁垫用力擦洗。

（4）如仍有少量污渍，用1∶5配制的保洁剂喷于污渍，用软质洁垫用力擦洗直至干净。

（5）用水管将板材表面和粘接缝的灰尘和残留保洁剂冲洗干净。

（6）用玻璃刮刀刮净水渍，用毛巾擦净粘接缝水渍。

3. 瓷砖幕墙的保洁工作程序

（1）工具：安全标识带、毛巾、硬质毛刷、刀片、铲刀、保洁水桶、喷壶。

（2）保洁剂：专业全能保洁剂（水桶中按1∶20的比例配制保洁剂，喷壶中按1∶5的比例配制保洁剂）。

（3）将1∶20配制的保洁剂涂于瓷砖表面，用硬质毛刷用力刷干净。

（4）用1∶5配制的保洁剂喷于污渍，用硬质毛刷用力刷洗。

（5）混凝土溶蚀物可用铲刀、刀片铲除，再用保洁剂洗刷干净。

（6）最后用水管冲洗干净瓷砖表面。

4. 花岗石幕墙的保洁工作程序

（1）花岗石幕墙保洁要达到的标准：花岗石幕墙面上无污渍、水渍，保洁后用纸巾擦拭50cm长无灰尘。要达到这个标准，必须有计划地进行保洁，以防止尘埃堆积，保持干净。

（2）工具：安全标识带、涂水器、玻璃刮刀、刀片、毛巾、软质洁垫、保洁水桶、喷壶。

（3）保洁剂：专业全能保洁剂（水桶中按1∶50的比例配制保洁剂，喷壶中按1∶10的比例配制保洁剂）。

（4）先用刀片刮掉玻璃上的污渍。

（5）用涂水器或毛巾将1∶50配制的保洁剂涂于花岗石幕墙表面，然后用适当的力量从花岗石幕墙顶端往下垂直洗抹，污渍较重的地方重点抹。

（6）用玻璃刮刀刮去花岗石幕墙表面的水分，一洗一刮连续进行，当玻璃接近地面时可以把刮刀横向移动。作业时，注意防止玻璃刮刀的金属部分刮花花岗石。

（7）用无绒毛巾抹去花岗石幕墙上的水珠。

（8）如仍有少量污渍，将1∶10配制保洁剂喷于污渍上，用软质洁垫用力涂擦，或用刀片去除污渍直至干净。

（9）用水管将花岗石幕墙表面、窗框和粘接缝的灰尘和残留保洁剂冲干净。

（10）用毛巾将窗框、粘接缝上的水渍抹干。

（11）用地拖拖干地面上的污水。

（12）高空作业时，应两人作业并系好安全带，戴好安全帽。

5. 大理石墙面的保洁工作程序

（1）保洁时间安排：①墙面清抹每周一次，墙面清洗每月一次；②大堂内的大理石墙面，每天用保洁剂彻底清抹一次，每月打蜡抛光一次。

（2）保洁具体程序：

①用铲刀、刀片轻轻刮掉墙面的污垢、脏渍。

②把毛巾浸入放有保洁剂的水盆，拿起拧干后沿着墙壁从上往下来回擦抹。

③将另一条毛巾用清水清洗后拧干，彻底清抹一次墙面，直到干净。

④用干拖把拖干地面。

⑤大理石墙面不能用任何酸性溶剂清洗，否则会造成大理石分解；瓷砖墙面则禁止用碱类、盐酸类除污剂，因为这些除污剂会损坏瓷砖表面的光泽。

⑥大理石墙面打上光蜡时应先用铲刀清除墙面上的污渍与旧蜡，然后用毛巾或其他纤维垫蘸配有起渍水的保洁剂从上到下清抹墙面，保洁之后用清水再彻底清抹一次。

⑦将少量墙蜡涂于保洁布上，再轻微用力涂抹在墙面上；用另一条保洁布用力地来回擦抹，达到抛光的效果。

⑧标准：用纸巾擦拭墙面60cm长纸巾无明显污染。

6. 通道墙面砖的保洁工作程序

（1）装好两桶水，在其中一桶水内放入适量的保洁剂，另一桶备用。

（2）将毛巾浸入放有保洁剂的水里然后稍微拧干，沿墙壁从上往下来回擦抹。在保洁的同时用铲刀清除墙面顽固的污迹、脏渍。

（3）擦抹完墙面之后再过一遍清水，保持墙面光滑洁净。

（4）擦洗完之后，再用地拖拖干净地面上的积水。

（5）标准：目视干净无污迹，保洁后用纸巾擦拭墙面60cm长纸巾无明显污染。

（6）注意事项：瓷面砖保洁时不能使用带腐蚀性的保洁药水。

7. 乳胶漆墙面的保洁工作程序

乳胶漆墙面保洁要达到的标准：目视墙面干净无污渍、无黏附物，无灰尘。必须坚持以下保洁方法。

（1）用鸡毛掸子或干净的拖把轻轻拂去墙面的灰尘。

（2）用干毛巾轻擦墙面的污渍，擦不掉的污渍用细砂纸轻轻擦掉。

（3）用铲刀铲掉墙面上黏附的泥沙、痰渍。

（4）扫净地面灰尘，再用湿拖把拖净地面。

（5）每月保洁一次。

8. 木质墙面的保洁工作程序

（1）工具：标识牌、手刷、毛巾、刀片。

（2）保洁剂：全能保洁剂，按1∶100的比例配制。

（3）用毛巾蘸按1∶100配制的保洁剂擦洗墙面。

（4）必要时用柔软手刷清理墙面的污渍，再用毛巾轻抹一次墙面。

（5）最后用清水洗净轻抹墙面。

（6）对于带有造型的门，注意把各个造型部位清洗干净，如品格栅型的门应注意把各个格子清洗干净。门上的沉积物、灰垢尽量不要用钢丝球擦洗，避免划伤表层，应用软布或湿毛巾反复用力擦洗。

三、公共场所保洁程序

1. 大堂的保洁工作程序

（1）物业大堂保洁的要求：地面无烟头、纸屑等杂物，无污渍，大理石地面、墙面有光泽，公共设施表面用纸巾擦拭无明显灰尘，不锈钢表面光亮无污渍，玻璃门无水迹、手印、污渍，天棚、风口目视无污渍、灰尘。

（2）每天上午上班前及下午分两次重点清理大堂，每小时保洁一次，重点清理地面和电梯轿厢内的垃圾杂物。

（3）用扫把清扫大堂地面垃圾，用长柄刷蘸洗洁精清除地面污渍，最后用拖把拖地面一次。每天循环拖抹、推尘、吸尘。

（4）清扫电梯轿厢后，用湿拖把拖两遍轿厢内地板。

（5）用干毛巾和不锈钢油轻抹大堂内各种不锈钢制品，包括门柱、镶字、电梯厅门、电梯内壁等。

（6）用拧干的湿毛巾擦抹大堂门窗框、防火门、消防栓柜、内墙面等设施。

（7）清理不锈钢垃圾筒，洗净后放回原处。

（8）用湿拖把拖台阶2～3遍，出入口的台阶每周用洗洁精冲刷一次。

（9）用干净毛巾擦拭玻璃门，并每周清刮一次，每周地面补蜡及磨光一次。

（10）每月擦抹灯具、风口、烟感器、消防指示灯一次。

（11）每月对大理石地面打蜡一次，每月用去污粉、长柄手刷彻底刷洗地砖地面和水磨地面一次。

2. 游乐场的保洁工作程序

（1）准备抹布、胶桶、扫把等工具以及保洁剂。

（2）用抹布擦干净秋千、跷跷板上的灰尘。

（3）倒少许清洗剂在污渍处，用抹布擦抹，然后用水清洗干净。

（4）利用扫把将沙坑外的沙扫入坑内，同时清扫游乐场内及周围的纸屑、果皮等垃圾。

（5）滑梯每半月清洗一次，其他设施每周擦抹一次，保洁后保证无灰尘、污渍。

（6）每天将场地打扫3遍，每小时循环保洁一次，目视游乐场周围整洁干净，无果皮、纸屑等垃圾。

（7）发现游乐设施损坏应及时报告。

（8）发现游乐的人特别是小孩未按规定使用游乐设施的，应予以制止、纠正。

3. 游泳池的保洁工作程序

（1）先用水将瓷砖面打湿，撒一些除污粉并用长柄手刷把瓷砖表面的污渍冲刷干净。

（2）用毛巾将池边的灯、椅、台、扶栏上的积水抹干。

（3）游泳池底部用吸尘器在每天开放前吸杂物一次，直到将整个池底吸干净为止，其操作程序如下：

①将水底吸尘器推到泳池场内，准备对游泳池底部进行吸尘，如池水内有树叶等杂物，应先用捞网将杂物捞起。

②检查水底吸尘器电源线是否裸露、破裂，确定完好后将吸尘器排水管放入排水渠，打开电源开关进行吸尘。

③操作吸尘器时动作要稳，要顺着一个方向运作，速度要均匀，以免扬起池底杂质。

④吸尘完毕后应将真空管及电线缠绕整齐，并将工具搬回工具房。

⑤室外泳池应每天吸尘一次，室内泳池可3天吸尘一次。

（4）池水定期净化消毒，每周进行一次，其操作程序如下：

①吸尘后对水质进行测试和加药。

②加药时应根据测试结果确定加药量。

③片剂药物可直接投放，粉剂药物应用药桶兑水稀释后再投放（投放药量和兑水量参照药物说明）。

（5）池水净化消毒药物主要有次氯酸钠、聚合氯化铝、烧碱、硫酸铜。

（6）水质测试，含氯量应保持在0.3～0.5mg/L，pH值保持在6.5～8.5。

（7）池水应每天在开放前更换，水池蓄水后按规定投放消毒药物，保持池内含氯量在0.6mg/L。

（8）使用岸上推动吸尘器时应防止真空管摩擦地面。

（9）游泳场所用药品具有较强的腐蚀性和刺激性，应存放在药品专用保管室内，并根据药品的性质进行标识、隔离、分类存放。

（10）消毒药品投放时应避开正在游泳的客人。

（11）如遇游泳高峰期，消毒次数应视情况增加。

（12）每次测试、加药都应认真做好记录。

（13）每月更换一次泳池内的水，注入新水后加入适量的漂白粉、明矾、硫酸铜，以保持水质清澈。

（14）游泳池更衣室、卫生间在使用期间每天保洁两次，并时刻保持干净。

（15）标准：水面无漂浮物，池内无沉淀、杂物、水质清澈见底。

4. 道路及运动场所保洁工作程序

（1）确保物业的汽车道、人行道、消防通道、羽毛球场、门球场等马路和活动场地的保洁。用长柄竹扫把将道路中间和公共活动场所的果皮、纸屑、泥沙等垃圾扫成堆，用扫把将垃圾扫入垃圾斗，然后倒进垃圾手推车。

（2）对有污渍的路面和场地用水进行清洗。

（3）雨停后，用竹扫把把马路上的积水、泥沙扫干净。

（4）每天打扫3次，每小时循环保洁一次，保持整洁。

（5）活动场地、路面无泥沙，无明显垃圾，无积水、污渍。

5. 绿地的保洁工作程序

（1）保持草地和绿化带的保洁，用扫把仔细清扫草地上的果皮、纸屑、石块等垃圾。

（2）对烟头、棉签、小石子、纸屑等用扫把不能打扫起来的小杂物，用手捡入垃圾斗。

（3）在清扫草地的同时仔细清理绿篱下面的枯枝落叶。

（4）每天早晨、上午、下午各清扫一次以上，每小时循环保洁一次，保持保洁干净。

（5）目视无枯枝落叶，无果皮，无饮料罐，无粒径3cm以上石块等垃圾和杂物，平均100m^2内烟头数量少于1个。

6. 停车场的保洁工作程序

（1）自行车房的保洁：

①保持自行车房的整洁，将车辆摆放整齐，准备扫把、胶桶、抹布等工具。

②用扫把清扫自行车房内的果皮、纸屑、灰尘、垃圾等。

③用干净扫把将房顶上、墙上的蜘蛛网、灰尘清除。

④用湿抹布擦抹棚架、自行车房拉门及窗网。

⑤将自行车棚内的自行车按顺序排列整齐。

⑥对积尘明显的自行车，每周用鸡毛掸打扫灰尘一次；长期停放超出规定时限且又影响市容的车辆，按车辆管理规定处理。

⑦每天打扫两次，目视无果皮、纸屑、蜘蛛网，墙面无灰尘。

⑧棚架每月擦抹一次，拉门、窗每周抹一次，棚须每周清扫一次。

（2）机动车停车场的保洁：

①保持机动车停车场的整洁，准备胶水管、扫把、胶刷、垃圾斗等工具和保洁剂。

②用长柄竹扫把将垃圾扫成若干堆，用垃圾斗将垃圾铲入垃圾车，发现有杂物，一起清运上垃圾车。

③用胶水管接通水源，全面冲洗地面，发现油渍和污渍时，倒少量保洁剂在污渍处，用胶刷擦洗，然后再用水冲洗。

④保洁周围排水口和下水口，保证排水畅通。

⑤目视地面无垃圾、果皮、纸屑，无积水，无污渍和杂物。保洁时应小心细致，垃圾车和工具不要碰坏周围车辆。

⑥每天清扫两次，每周用水冲洗地面一次；每月用保洁液、毛巾擦拭一遍消防栓、消防指示灯、车位挡、防火门等公共设施；每两个月用干毛巾擦拭灯具一次；停车场管线每两个月用鸡毛掸子或扫把清扫灰尘一次。

⑦发现机动车辆漏油，应通知车主并及时用干抹布抹去燃油，然后用洗洁精清理油污，以免发生火灾。

⑧每周冲刷地面一次并打开地下停车场的集水坑和排水沟盖板，彻底疏通、清理一次。

7. 标准层的保洁工作程序

（1）每天早晨将对标准层的生活垃圾收集至地面垃圾周转站，清洗垃圾桶，套上垃圾袋并放回相应的楼层。首先进行电梯厅内地面的保洁，然后用扫把把楼层各通道及后楼梯踏步台阶清扫一遍。

（2）用地拖拖抹通道地面及楼梯台阶，再用保洁毛巾将楼层的公共设备包括通道防火门、消防栓、平开窗、楼道灯罩、开关、排风口、楼梯扶手、楼层墙面、后楼梯管线等擦抹一遍。

（3）每星期用干净的白毛巾擦拭一遍楼层所有灯具。

（4）每月将楼层通道地砖用去污粉清洗一次，每月至少对后楼梯顶面扫尘、除蛛网一次。

8. 公共卫生间的保洁工作程序

公共卫生间保洁后的标准：地面无烟头、污渍、积水、纸屑、果皮，天花板、墙角、灯具目视无灰尘、蜘蛛网，目视墙壁干净，便器洁净无黄渍，室内无异味、臭味。

（1）每天上午、下午上班前分两次重点清理，并不断巡视，保持清洁。

（2）如条件许可，可在保洁时关闭卫生间，暂时不让公众使用，但必须放置告示牌，地滑时放置“小心地滑”警示牌，打开窗户通风。

（3）用水冲洗大小便器，并用夹子夹出小便器内烟头等杂物。

（4）用厕所刷蘸洁厕剂洗刷大小便器，然后用清水冲净。

（5）用湿毛巾和洗洁精擦洗面盆、大理石台面、墙面、门窗。

（6）先将湿毛巾拧干擦镜面、窗玻璃，然后用干毛巾擦净。

（7）清洗垃圾桶和烟灰缸，并将内、外擦干。

（8）用湿拖把拖干净地面，然后用干拖把拖干。

（9）喷适量香水或空气清新剂，小便斗内放樟脑丸或直接用杀菌保洁剂彻底地对卫生间进行保洁。

（10）每两小时保洁一次，主要清理纸篓垃圾、地面垃圾、地面积水和水迹等。

（11）每周擦抹抽气风口一次，消毒清洗一次。

（12）每月用干毛巾擦灯具一次，清扫天花板一次，杀虫一次。

四、公共设施保洁程序

（一）地面公共设施

1. 值班室和岗亭的保洁工作程序

（1）保持值班室和岗亭的保洁，为上岗人员创造一个良好的工作环境。准备抹布、胶桶（装水）、玻璃刮、鸡毛掸子、扫把、拖把等工具，以及洗洁精。

（2）按从上往下、由里到外的顺序进行保洁。

（3）用鸡毛掸子扫去墙上的灰尘和蜘蛛网，再扫去桌椅上的灰尘。

（4）用扫把打扫地面，用湿抹布擦抹值班桌椅，洗干净抹布，再擦抹门、窗及岗亭外墙。

（5）用干净抹布重新擦抹一次桌椅和门、窗、玻璃。

（6）用洗干净的拖把拖抹地面及过道。

（7）值班室如有其他办公设备，应同时保洁。

（8）保洁岗亭后用抹布擦抹道闸。

（9）有污渍时倒少许洗洁精用抹布擦洗。

（10）目视无灰尘、无污渍、无烟头等杂物，门窗玻璃透明、无污渍。

（11）每天保洁一次。

（12）保洁道闸时应注意行驶车辆，防止撞人。

2. 地面喷水池的保洁工作程序

（1）平时保养：

地面保洁工每天用捞筛对喷水池水面的漂浮物进行打捞，每隔 6 ~ 7 天用吸水机清吸一遍池内沉淀物。

（2）定期保洁：

①每 10 ~ 15 天彻底清洗一次，冬季可延长至一个月，打开喷水池排水阀放水，待池水放去 1/3 时保洁工人入池保洁。

②用长柄手刷加适量的保洁剂由上而下刷洗水池瓷砖。

③用毛巾擦抹喷水池内的灯饰、水泵、水管、喷头及电线表层的青苔、污垢。

④排尽池内污水并对池底进行拖抹。

⑤注入新水，投入适量的硫酸铜以净化水质，并清洗水池周围地面的污渍。

（3）标准：

目视水池清澈见底，水面无杂物，池底洗净后无沉淀物，池边无污渍。

（4）注意事项：

①清洗时应断开电源。

②电线、灯饰擦洗时不可用力过大，以免损坏。

③保洁时不要摆动喷头，以免影响喷水观赏效果。

④注意防滑、防跌倒。

3. 水池和水箱的保洁工作程序

（1）地下水池、屋顶水箱、中间水箱每年至少清洗两次，若遇特殊情况可增加清洗次数。

（2）一般情况下清洗程序按规定进行，特殊情况下则应拟定水箱清洗方案，经领导批准后执行。

（3）清洗前一天应贴出通告通知用户停水时间，以便用户做好储水准备。

（4）清洗前应做好所需机电工具、检测器具、保洁工具及消毒药物的准备工作。

（5）水池和水箱的清洗和检修程序：

①关闭水总阀，关闭水箱之间的连通阀门，开启泄水阀，排空水池、水箱的水。

②让泄水阀门处于开启位置，用鼓风机对着水池、水箱内吹风2h以上，使空气流通，吹进新鲜空气，排出水池、水箱中的有毒气体。

③将燃着的蜡烛放入池底，确保其不因缺氧而熄灭，以确保水池、水箱中的空气新鲜。

④安装一盏36W的灯，供水池、水箱内照明使用。

⑤清洗和检修人员进入池内工作。

⑥保洁人员用洗洁精对池壁、池底进行洗刷，不少于3遍，维修人员对水池中管道、阀门、浮球、水位控制电路进行检查维修。

⑦清洗完毕排尽水池中的污水，清除污渍，然后向水池池壁及底部喷洒消毒水。

⑧确认各种设施正常后，注入新水，取水样到市卫生防疫检测站化验取证。

（6）水池和水箱清洗的注意事项：

①使用安全电压灯，导线绝缘良好，并安装漏电开关。

②人员上、下水池应小心，传送工具等物品用绳子传吊。

③未经试验确认水池中有氧气前不得进入水池。

④消毒人员必须佩戴防护眼镜和口罩。

4. 散水坡和排水沟的保洁工作程序

（1）保持排水沟畅通、散水坡洁净。用扫把清扫散水坡上的泥沙、果皮、纸屑等垃圾。

（2）用胶扫把清扫排水沟里的泥沙、纸屑等垃圾，拔除沟里生长的杂草，保证排水沟畅通。

（3）用铲刀、钢丝刷清除散水坡及墙壁上空调滴水形成的污渍及青苔。

（4）先用洗洁精清洗再用清水冲洗，检查一遍，发现不干净的地方用铲刀仔细刮净。

（5）目视干净，无污渍，无青苔，无垃圾和沙石。

（6）空调滴水的地方每星期擦洗一次，散水坡和排水沟每天保洁3次以上。

5. 垃圾池和垃圾箱的保洁工作程序

（1）保持垃圾池、垃圾箱的清洁。用铁铲将池内垃圾铲入手推车，用扫把将剩余垃圾扫干净后，打开水阀用水冲洗池内外一次。

（2）将去污粉或洗衣粉撒在垃圾池内外瓷砖和垃圾池门上，用胶刷刷净污渍。

（3）疏通垃圾池的排水道，保洁周围水泥面。

（4）打开水阀，用水全面冲洗垃圾池内、外，同时用扫把或胶刷刷洗，保证垃圾池周围不积污水。

（5）关闭水阀，收回水管，锁好垃圾池铁门。

（6）清理垃圾桶或果皮箱内垃圾后，将桶、箱搬到有水源的地方，先用水冲洗一遍，然后在污渍处倒少许去污粉擦洗，再用水冲洗干净，搬到原处放好，或者套上黑垃圾袋，放回原处。

（7）垃圾箱上的烟灰缸里存放烟头不能超过3支，要及时清理干净。

（8）目视无污渍、无广告纸，每天清运、清洗两次，垃圾池和垃圾箱每周用去污粉保洁一次。

6. 化粪池的保洁工作程序

（1）用铁钩打开化粪池的盖板，再用长竹竿（8m）搅散化粪池内杂物结块层。

（2）把吸粪车开到工作现场，套好吸粪胶管（5m长，备3条），放入化粪池。

（3）启动吸粪车的开关，吸出粪便直至化粪池内的化粪结块物吸完，防止弄脏工作现场和过往行人的衣物。

（4）盖好化粪池井盖，用清水冲洗工作现场和所有工具。

（5）每6～12个月清理一次，一级池清运率达90%，二级池清运率达75%，三级池的表面全部清运。

（6）清理后，目视机井内无积物浮于上面，出入口畅通，保持污水不溢出地面。

（7）在化粪池井盖打开10～15min内人不能站在池边，禁止在池边点火或吸烟，以防沼气着火烧伤人。

（8）人勿下池工作，防止人员中毒或陷入水中。

(9) 化粪池井盖打开后工作员不能离开现场，保洁完毕后随手盖好井盖，以防行人或小孩掉入池内发生意外。

(10) 注意事项：吸粪时尽量防止弄脏工作现场和过往行人的衣物；在用竹竿搅散结块层时防止跌进化粪池。

（二）建筑附属公共设施

1. 玻璃窗的保洁工作程序

(1) 门上镶有玻璃的同玻璃窗的保洁程序相同。

(2) 工具：毛巾或涂水器、玻璃刮刀、钢丝刷、螺丝刀、水桶。

(3) 保洁剂：全能保洁剂或玻璃保洁剂。

(4) 把垫布垫在窗台内，以保护墙裙。

(5) 用湿毛巾清洗玻璃和玻璃框表面的附着物、灰尘、污垢和顽固的沉积物，有的顽固沉积物需用钢丝刷先擦洗一遍（不能用钢丝刷子擦玻璃表面，易划伤玻璃，应带水擦洗。磨砂玻璃、贴有窗花纸的玻璃，不能用钢丝刷擦洗，易划伤磨砂玻璃表面和窗花纸）。

(6) 将玻璃及窗框保洁一次后，将保洁剂按规定比例（1∶100）稀释，并涂于玻璃表面。

(7) 左手握一条毛巾，右手握玻璃刮刀刮净表面（用玻璃刮先从上到下，用力匀速拉到底，接着用左手的毛巾擦干玻璃残留物，最后达到光亮透明的效果）。

(8) 用湿毛巾清洗下方的沟槽，较窄的沟槽用湿毛巾包住螺丝刀来回拖擦干净。

(9) 最后用湿毛巾擦洗窗台完毕。

(10) 安全措施：①玻璃能取下来的尽量取下来擦，以便于操作。取下玻璃时，请将手握玻璃的部分用毛巾垫上。②取下来的玻璃，下方应放置在垫布上，以防滑倒，上方垫上抹布靠墙，以防损伤墙面。靠墙放置的玻璃应与地面呈80°角，过于垂直或倾斜易滑倒。取下来的玻璃，在清洗干净后还原时，应注意正反面和先后顺序，避免浪费时间和精力。

2. 护栏的保洁工作程序

- 不锈钢护栏的保洁

(1) 工具：毛巾、小毛刷、水桶。

(2) 保洁剂：酸性防锈保洁剂。

(3) 配合业主移动护栏上的障碍物（花盆、衣物等）。

(4) 用小毛刷将护栏灰尘清除一遍。

(5) 用含有酸性防锈保洁剂的湿毛巾擦防护栏的钢条，顺着钢条来回擦洗；对极短的钢条，需要握住钢条旋转擦洗。

(6) 用干净的毛巾擦洗，直至做到无污渍、无灰垢。

- 护栏的除锈和上漆

(1) 工具：钢丝刷、毛刷、小铲刀。

（2）保洁剂：防锈漆、油漆、香蕉水、烧碱。

（3）配合业主移动护栏上的障碍物（花盆、衣物等）。

（4）先用小毛刷将护栏灰尘清除一遍。

（5）用钢丝刷除去护栏上的锈斑。

（6）再用小毛刷将防锈漆涂于护栏上，如防锈漆污染了护栏以外的地方，用香蕉水或烧碱浸泡，稍后用小铲刀清除。

（7）等防锈漆彻底干后，再用小毛刷将油漆涂于护栏。

（8）安全措施：上防护栏时，应系好安全带；脚踩在防护栏上时，不能单踩在一根钢条上，而应踩在两根钢条上；最好一只脚踩在窗台上，另一只脚踩在护栏上，以减轻对防护栏的压力。

3. 灯具的保洁工作程序

（1）灯具保洁的目标：保洁后的灯具无灰尘，灯具内无蚊虫，灯盖儿、灯罩明亮、清洁。

（2）关闭电源，一手托起灯罩，一手拿螺丝刀，拧松灯罩的固定螺丝，取下灯罩。如果要保洁高空的灯具，则要架好梯子，人站在梯子上作业，但要注意安全，防止摔伤。

（3）取下灯罩后，用湿抹布擦抹掉灯罩内外污渍和虫子，再用干抹布抹干水分。

（4）将灯罩装上，并用螺丝刀拧紧螺丝，但不要用力过大，防止损坏灯罩。

（5）保洁灯管时应先关闭电源，打开盖板，取下灯管，用抹布分别擦抹灯管及盖板，然后重新装好。

4. 换气扇的保洁工作程序

（1）工具：毛巾、水桶、刷子。

（2）保洁剂：强力化油剂。

（3）按比例配制保洁剂。

（4）取下换气扇叶上的盖子，放到配制好的保洁剂中。

（5）用毛巾将叶片和盖子清洗干净，如为顽固污渍，可用刷子清洗。

（6）洗干净之后用毛巾将叶片和盖子擦干，再将其装好还原。

5. 挡雨篷的保洁工作程序

（1）保洁范围：物业内的所有挡雨篷、防护罩等。

（2）每天用扫把清扫篷面上的杂物。

（3）每星期用去污粉和长柄手刷将篷面彻底清刷、冲洗干净。

（4）防护罩表面每星期用水冲洗一次，并用保洁布擦干。

（5）防护罩不锈钢部分用起渍水保洁后应上不锈钢油加以保护，防止生锈腐蚀墙面。

（6）标准：雨篷面上无灰尘和垃圾杂物，不锈钢表面无锈迹。

6. 字、牌、画及不锈钢表面的保洁工作程序

（1）字、牌、画的保洁工作程序：

①每天用拧干的毛巾轻抹字、牌、画上的灰尘。

②每周用半湿抹布对艺术字进行光亮处理和保养。

③不锈钢的字、牌、制品、设施应每周用干燥、洁净的毛巾先擦一遍，再用干燥洁净的毛巾蘸上不锈钢油顺着纹路轻抹一次。有广告纸时，需先撕下广告纸。宣传牌每周保洁一次，室内标识牌每天保洁一次。

④铜的字、牌、制品、设施应每周用干燥洁净的毛巾除尘后再用干净的毛巾蘸少量铜亮剂沿同一方向快速用力擦至光亮。

⑤每次下雨之后立即用干的保洁布将室外的宣传牌、警示牌擦洗一遍。

⑥每月用保洁水将所有牌面彻底清洗一遍，并上保护油。

⑦有机玻璃面的字画及PVC胶板字、牌，每隔两日用拧干的毛巾蘸对水洗洁精（水与洗洁精的比例为7∶1）轻擦，再用拧干的毛巾擦抹，直到不留污渍。

⑧用玻璃装裱的字画，每周用鸡毛掸进行除尘。

⑨用玻璃装裱的字画，应每周先喷少量玻璃水到玻璃上，再用干净的半湿毛巾轻擦，最后用预先准备的柔软的干毛巾擦干水迹。要注意防止玻璃水喷洒过多沿镜框渗透到内部沾污字画。

（2）雕塑装饰物和宣传栏的保洁工作程序：

①雕塑装饰物的保洁应准备长柄胶扫把、抹布、保洁剂、梯子等工具，用扫把打扫装饰物上的灰尘，人站在梯子上，用湿抹布从上往下擦抹一遍，如有污渍就将保洁剂涂在污渍处，用抹布擦抹，然后用水清洗。不锈钢装饰物按不锈钢的保洁方法操作。

②对于宣传栏的保洁，应用抹布将宣传栏里外周边全面擦抹一遍，玻璃则用玻璃刮刀保洁。

③雕塑装饰物每月保洁一次，保洁后检查无污渍、无积尘。

④注意事项：工作时梯子放平稳，人勿爬上装饰物，防止人员摔伤；保洁宣传栏玻璃时，小心不要划伤手；使用保洁工具时，不要损伤被保洁物。

（3）不锈钢表面的保洁工作程序：

①不锈钢制品一般有奖牌、标识牌、宣传栏、雕塑、门厅前不锈钢柱、不锈钢护栏、招牌、电梯轿厢门等。

②保持奖牌、标识牌、宣传栏、雕塑及其他不锈钢制品表面的清洁，使其不受氧化。先用对有中性保洁剂的溶液擦抹不锈钢表面，然后用无绒毛巾抹净不锈钢表面的水珠。

③蘸少许不锈钢油于毛巾上，对不锈钢表面进行擦抹，或用喷头将其直接喷在不锈钢表面。

④用无绒干毛巾擦抹。

⑤目视不锈钢表面无污渍，无灰尘，表面光亮，可映出人影。

⑥上不锈钢油不宜太多。

⑦大面积的不锈钢设施需要保洁时，可用手动喷雾枪将保洁剂喷于不锈钢表面，然后用无绒毛巾擦拭干净。蘸少许不锈钢油于毛巾上，对不锈钢表面由上而下擦抹。镜面不锈钢表面禁止使用不锈钢油。

⑧标准：亚光不锈钢表面无污渍、油渍、无灰尘；镜面不锈钢表面光亮，无油渍，3m 内能清晰映出人物形体。

⑨注意事项：在电梯轿厢内操作时应防止将不锈钢油沾污到乘客身上。上油时不宜太多，以免油污沿着不锈钢表面下淋到地面，造成污染。在保洁时不应使用硬性物体，防止损坏不锈钢表面。

7. 电梯轿门地坎滑槽的保洁工作程序

（1）准备一个比滑槽规格稍小的铝槽条、小型油漆刷、装杂物的垃圾袋。在电梯工人的帮助下把电梯控制在手动状态，让其不能自动上下。

（2）清扫时将铝槽条放入滑槽一端，再用油漆刷从另一端把滑槽内部的杂物清扫到铝槽条内，然后将铝槽条内的杂物倒入垃圾袋，最后清理现场。

（3）清扫完之后，使用少许起渍水清洗滑槽，然后用保洁毛巾擦抹干净。

（4）清扫滑槽应每月进行两次，尽量在电梯运行不繁忙时进行。

（5）标准：滑槽内无杂物、无灰尘。

8. 后楼梯台阶的保洁工作程序

（1）早晨收完生活垃圾之后，用扫帚从顶层逐层清扫到底层。

（2）清扫完之后用拖布拖抹各层楼梯面。

（3）后楼梯放垃圾桶的台阶、平台应每天用保洁剂拖洗干净。

（4）每星期用保洁剂彻底保洁一次后楼梯台阶。

（5）每月对消防梯内的蚊、蝇、蟑螂灭杀两遍。

（6）标准：目视无积尘、污渍、油迹、蚊虫。

（三）地下室公共设施的保洁工作程序

1. 消防栓等的保洁工作程序

（1）保洁范围：地下室内的消火栓、排风口、防火门、反光镜。

（2）物业使用后用刷子将消防栓箱体内、外彻底清扫一次，并贴上封条。

（3）保洁期间每天用保洁布对消火栓表面擦抹一次；排风口、防火门、反光镜每天用保洁布擦抹一遍。

（4）标准：目视表面无灰尘；防火门用纸巾擦拭门上冒头 30cm、门板面 60cm 之后纸巾不被明显污染。

2. 地下室管线的保洁工作程序

（1）保洁范围：小区、大厦的地下室自行车库、汽车库内的所有管线。

（2）作业程序：先用干净的胶扫把把水管上的灰尘清除，然后将拖布浸水稍拧干后在水管上有顺序地拖抹，最后将毛巾浸入清水并彻底清抹一次。

（3）每周小清一次，每月大清一次，并时刻保持水管干净。

（4）标准：保持管线上无杂物、无明显积尘。

3. 地下室水沟的保洁工作程序

（1）地下室自行车库、汽车库内的水沟、下水道的保洁。

（2）每天在清扫地下室地面的同时打开沟盖并清扫水沟内杂物。如发现水沟内有沉淀物应及时清扫干净，并将水沟内的积水一并扫入地下室污水井抽走。

（3）每隔 10 天在冲洗地下室地面的同时将水沟一起冲洗，保持水沟内无沉淀物。水沟上的铁盖保持无污渍粘于表面，如有发现及时清理干净。

（4）标准：水沟内无杂物，沉淀物无异味产生。

4. 地下室污水井的保洁工作程序

(1) 将所需的工具带到工作现场，包括铁铲、箩筐、绳子。

（2）用铁钩把污水井的井盖全部打开，启动污水泵的开关，把井内的积水全部抽掉，待污水泵自动停止后方可入井作业。用铁铲将井底的沉淀物铲入箩筐并运到垃圾周转站，直至污水井内的沉淀物被铲完为止。

（3）清理完后用水将污水井周围冲洗干净。

（4）标准：井内无沉淀，污水不能溢出地面，每半年清理一次。

项目小结

物业环境卫生管理是针对物业管理区域而言的，其管理的主要目的就是维护和保持整个物业管理区域干净、整洁、卫生，为业主和使用人提供一个优雅、舒适的工作和生活环境。物业环境卫生管理范围包括公共场所保洁管理、生活垃圾管理、公共场所卫生防疫管理等。环境卫生管理的主要工作内容包括制定和完善管理制度和环境卫生管理工作计划，搞好物业区域的日常卫生保洁工作及保洁检查、卫生物资管理工作，以及人员招聘与定期的培训、卫生宣传工作等。为了更安全、全面、有效地实施保洁管理工作，根据对象不同，运用正确的保洁操作程序，使用先进、合适的保洁工具，运用先进、合适的手段、保洁技术等，以保持各种设施、各个部位的干净整洁。物业环境卫生管理是业主和使用人生活、工作的最基本要求，体现了物业服务企业管理水平的高低，是物业区域建筑和设备维护保养以及社会经济发展的需要。

走进物业公司

实训项目 1：编制环境卫生保洁管理方案

［实训目的］掌握环境卫生保洁管理的编制内容。

［实训内容］①参观学校的物业管理公司，了解保洁情况；②根据学校物业管理现状编制学校环境卫生保洁管理方案；③每组编制一份，每组 5 人。

［**实训考核**］环境卫生保洁管理方案。

实训项目 2：编制地板的打蜡抛光工作程序

［**实训目的**］掌握地板的打蜡抛光工作程序。

［**实训内容**］①参观大楼地板的打蜡抛光工作；②编制地板的打蜡抛光工作程序；③每组编制一份，每组 5 人。

［**实训考核**］地板的打蜡抛光工作程序。

实训项目 3：参观物业公司

［**实训目的**］识别保洁常用物品。

［**实训内容**］①认识常用保洁剂；②认识常用保洁工具。

［**实训考核**］现场识别保洁常用物品。

考考物业管理员

一、不定项选择题

1. 物业公司环境卫生管理工作可以采取（　　）三种模式进行。

A. 委托式　　B. 选择式　　C. 结合式　　D. 自主式

2. 按照保洁剂的（　　），通常将其分为酸性保洁剂、中性保洁剂、碱性保洁剂三种基本类型。

A. 物理性质　　B. 形态　　C. 使用方法　　D. 酸碱性

3. 地板的打蜡抛光工作程序第一步是（　　）。

A. 洗地　　B. 起蜡　　C. 除尘　　D. 上蜡封地　　E 抛光

4. 外墙保洁必须在良好的气候条件下进行，风力（　　）以上停止工作。

A. 3 级　　B. 4 级　　C. 5 级　　D. 6 级

5. 洗洁精属于（　　）。

A. 酸性保洁剂　　B. 中性保洁剂　　C. 碱性保洁剂　　D. 其他保洁剂

二、名词解释

1. 环境卫生

2. 环境卫生管理

3. 物业环境卫生管理

三、简答题

1. 物业环境卫生管理范围有哪些？

2. 如何对保洁剂进行安全管理？

3. 保洁工具的选购应考虑哪些因素？

项目四　物业垃圾与防疫管理

动脑筋

某小区里，几位居民抱着纸箱、拎着装有瓶瓶罐罐的大袋子排在一辆电动三轮回收车后，回收员正忙着给大家称重、扫码、返积分。自从北京市提倡“两桶一袋”的分类方式后，小区就给每户居民都发了一个容量40kg的大袋子，专门用来收集可回收物。居民家中的可回收物攒到一定数量之后，可以关注“爱分类”微信公众号，将可回收物送至回收点，也可以使用预约上门功能，回收员会直接上门收取，称重之后的可回收物可以换取“环保金”，每1kg可换取0.8元的环保金，环保金不光能用于社区内的超市、便利店、理发店购物消费，还能在京东购物。你认为这种垃圾处理方式有什么好处？

任务导读

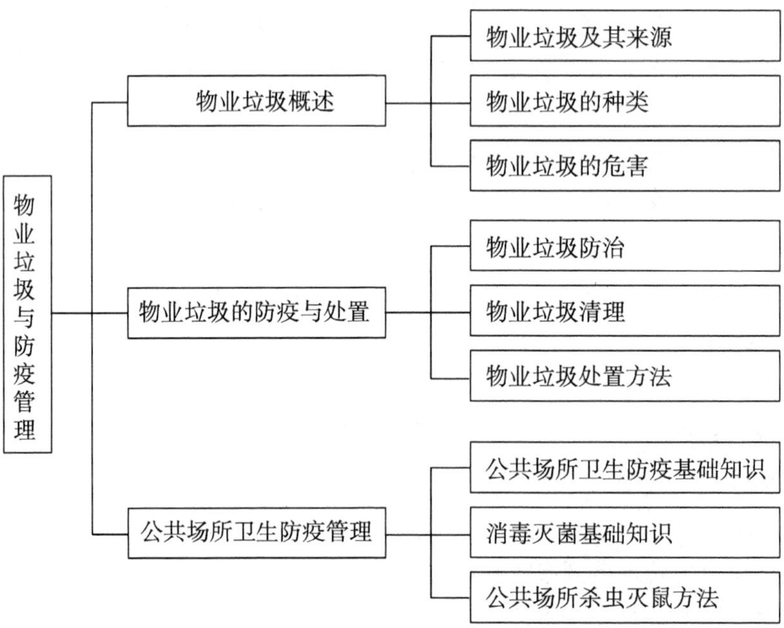

本章学习目标

知识目标：1. 掌握物业垃圾的基本概念、危害，了解公共场所卫生防疫的基本知识。
2. 了解物业垃圾的处置方法。

能力目标：熟悉物业垃圾分类、防治及公共场所杀虫灭鼠的方法。

任务一　物业垃圾概述

任务导入

日本东京都北区突现放射性垃圾

据日媒报道，2015 年 5 月 6 日，相关部门在日本东京都北区回收的不可燃垃圾中发现一个金属箱，并检测出其辐射量为每小时 4.15 微西弗，严重超标。报道称，负责资源再生的工作人员将不可燃垃圾回收后随即检测出这一高放射性物质。该金属箱疑似为保健器皿镭氡制造器，所携带的辐射量是区内平时辐射量的 50 倍。

问题与思考：

1. 什么叫不可燃垃圾？按照物业垃圾回收目的划分，放射性垃圾属于哪类？
2. 物业垃圾有何危害？

知识探究

物业垃圾与废气、废水一样，都是业主和使用人生产和生活的代谢产物。随着社会经济的发展和人民生活水平的提高，各种垃圾的排放量猛增。日益增长的垃圾给环境带来很大危害，成为影响环境污染的主要因素之一。

一、物业垃圾及其来源

（一）相关概念

1. 垃圾

垃圾也称废物，指人类在生产、加工、流通、消费、生活等过程中提取有用成分之后丢弃的固体、半固体（泥状物）和液体废弃物。

2. 物业垃圾

物业垃圾指物业业主、使用人和受益人不再利用并丢弃的人工制品和天然物品。“垃圾”是一个相对概念，是有一定时空条件的。往往在一种过程中产生的垃圾，可以成为另一种过程的资源，所以垃圾也有“放在错误地点的资源”之称。随着时间的推移和技术的进步，人类所产生的垃圾将越来越多地被转化为新的资源。因此，从这个意义上讲，垃圾不是废物，是资源，这就是垃圾的二重性。

（二）物业垃圾的来源

物业垃圾主要来源于人类的生产和消费活动。人们在资源开发和产品制造过程中必然有废物产生，并且任何产品经过消费和使用，最终都会变成垃圾。

在城市中物业垃圾的来源可包括工农业、家庭、商店、学校、机关团体等生产、生活活动中的各种废弃物。

二、物业垃圾的种类

垃圾的分类方法有很多种，可以根据其性质、形态和来源等进行分类。比如按其化学性质可分为有机垃圾和无机垃圾；按其形态可分为固体（块状、粒状、粉状、泥状）垃圾和液体垃圾；按其危害程度可分为有害垃圾和一般垃圾。本书按以下几个方面对物业垃圾进行分类。

（一）按来源分类

1. 工业垃圾

工业垃圾包括固体废渣和有害污染物两大类。

（1）固体废渣，指工业生产、加工过程中产生的废弃物。具体来说包括工业原料废料和工业燃料废料；建筑业的废弃物，如砂石、灰土、砖瓦等废料形成的建筑垃圾；建筑装修、装饰过程中丢弃的废旧材料等。

（2）有害污染物，指对人们的健康或环境造成现实和潜在危害的工业废弃物。主要有核工业、化学工业、制革工业、食品加工业、医疗单位等生产过程中排放的有放射性、腐蚀性、易燃性、传染性的物质，它们具有更大的危害性。这种垃圾在迅速增多，由此给人造成的损害也越来越严重。

2. 生活垃圾

生活垃圾包括居民丢弃的大件家庭物品、厨房废料、废塑料、废纸张、茶叶、碎玻璃、金属制品、炉渣、粉煤灰等。在城市，由于人口不断增加，生活垃圾正以每年10%的速度增加，已经构成一大公害。生活垃圾中的一些物品本身并不造成污染，但由于它属于废弃物，会因垃圾过多无法处理而与其他垃圾混在一起发生腐烂，进而造成污染。纸张垃圾就是其中一种。

3. 街面垃圾

街面垃圾包括自然物，如落叶、灰尘等，公众丢弃的纸屑、果皮、烟头，或吐出的痰、口香糖和其他残渣，以及城市建设过程中残留在街面上的砂土、污水等物品。街面垃圾是造成物业和城市环境脏、乱、差的重要因素。

4. 农产品废物

农产品废物是指农业生产、农产品加工过程中的废弃物品。比如农作物秸秆、蔬菜、果壳、水果、烟草、农药、塑料薄膜、畜禽粪便等，它会对农村和城市周边环境造成污染。

（二）按回收目的分类

1. 资源型垃圾

资源型垃圾主要是指酒类、饮料类、调味品类的瓶、罐、盒等以及报纸、宣传品、纸箱、旧衣物、被褥、鞋帽等。这些垃圾可以通过回收分类处理后转化为可利用的资源，称为资源型垃圾。

2. 可燃型垃圾

可燃型垃圾指回收后可以通过燃烧处理的垃圾，并且此类垃圾燃烧对人体和环境不会产生危害，特别是能够避免二次污染物的产生。比如菜根烂叶、变质水果、纸类、木块、食用废油等。

3. 不可燃型垃圾

不可燃型垃圾指回收后不能采用燃烧的方式处理的垃圾。这种垃圾如果采用燃烧的方式处理可能会有损人体健康，导致环境进一步污染或产生新的二次污染物。另外，应该引起重视的是，有些垃圾本身无毒无害，但是经过燃烧后就可能产生有毒有害物质，有些可能在燃烧时还会产生危险。不可燃型垃圾主要包括玻璃、金属、塑料、皮革、小型电器等。

4. 有毒型垃圾

有毒型垃圾是指具有毒性的废弃物，如干电池、日光灯管、消毒物品、温度计、放射性残渣等，必须用特殊、正确的方法对其进行安全处理。

5. 大型垃圾

大型垃圾主要是指废弃的家具、自行车、摩托车、电视机、电冰箱、洗衣机、消毒柜、微波炉、洗碗机、空气清新器、空调等。

（三）按性质分类

1. 有机垃圾

（1）食品类：包括家庭厨房、单位食堂、餐厅、饭店、菜市场、水果商店等产生的含水率高、易腐烂的食品和果皮垃圾，这部分垃圾热值低，易生物降解。

（2）纸类：主要包括家庭、办公场所、流通领域等产生的纸类废弃物，这部分垃圾属易燃有机物，热值高。

（3）塑料类：主要指塑料、皮革、橡胶等废弃物，这部分垃圾也属于易燃有机物，热值高，但难以生物降解。

（4）织物类：主要指纺织类废弃物，属易燃有机物，热值较高。

（5）木竹类：包括各种木材废品、树木及落叶等，与纸类同属纤维类有机物，易燃且热值较高。

2. 无机垃圾

（1）灰土：主要包括煤灰和街道清扫土，这部分垃圾的含量多少主要取决于城市的燃料结构。

（2）砖瓦：主要指各种砖头、瓦块、碎石等。

（3）玻璃：主要指各种玻璃器皿。

（4）金属：主要指各种饮料的金属包装壳及其他零碎的金属。

三、物业垃圾的危害

（一）侵占土地

垃圾如果不及时加以处理和利用，就需占地堆放。垃圾累积量的增加，使其占地大量增加。《北京市生态环境局关于发布北京市 2020 年固体废物污染环境防治信息的通告》显示，2020 年北京市生活垃圾清运量为 797.52 万吨。

垃圾在自然界能够停留的时间也很长：烟头、羊毛织物为 1～5 年；刷油漆的木板为 13 年；尼龙织物为 30～40 年；皮革为 50 年；易拉罐为 80～100 年；塑料为 100～200 年；玻璃为 1000 年。为此，我们既要少制造垃圾，也要注重垃圾的分类，将垃圾回收利用，变废为宝。

（二）污染环境

1. 污染土地

垃圾长期露天堆放，其中的有害成分经过风化、雨淋、地表径流侵蚀很容易渗入土壤，不仅会使土壤中的微生物死亡，使之成为无腐解能力的死土，而且这些有害成分在土中过量积累还会使土壤盐碱化、毒化。工业固体废物中的有害物质渗入土壤，积累过量导致土壤破坏、损毁、无法耕种的事例有很多。如果直接用垃圾、粪便或来自医院、肉联厂、生物制品厂的废渣作为肥料施到农田，其中的病原菌、寄生虫等就会使土壤污染，被病原菌污染后的土壤可通过下面两条途径使人致病：

（1）人与污染后的土壤直接接触，或生吃该土壤上种植的蔬菜、瓜果。

（2）污染土壤中的病原体和其他有害物质，随天然降水径流和渗流进入水体，再传入人体。垃圾、粪便长期弃置郊外，作为堆肥使用，使土壤碱性增加，重金属富集。

2. 污染水体

垃圾一般通过下列几种途径进入水体使其污染：

（1）垃圾随天然降水流入江、河、湖、海，污染地表水。

（2）垃圾中的有害物质随水渗入土壤，进入地下水，使地下水污染。

（3）较小的颗粒、粉尘随风散扬，落入地面水，使其污染。

（4）将固体废物直接排入江、河、湖、海，使之造成更大的污染。

由于许多企业的工业废渣堆放无地可征，因此我国有不少企业直接把废渣排入水体。有的企业在排污口外形成的灰滩已延伸到河流航道中央，长江上游的一些企业排出的灰渣在河道中大量淤积，将对河流中游的大型水利工程造成潜在的危害。固体废物直接排放进河流、湖泊或海洋，又会造成更大的水体污染，不仅减少水体面积，而且妨碍水生生物的生存和水资源的利用。

3. 污染大气

垃圾一般通过如下途径污染大气：一些有机固体垃圾在适宜的温度和湿度下被微生物分解，能释放出有害气体；以细粒状存在的垃圾，在大风吹动下会随风飘散，扩散到很远的地方；垃圾运输过程中会产生有害气体和粉尘；固体废物本身或在处理（如焚烧）时会散发毒气和气味等。典型的例子是煤矸石的自燃，曾在各地煤矿多次发生，散发出大量SO_2、CO_2和NH_3等气体，造成严重的大气污染。

4. 影响环境卫生

这些年来，随着我国城市化进程的加快、城市规模的扩大、城市人口的不断增加，以及相当数量的流动人口，城市生活垃圾产生量逐年上升。城市的生活垃圾、粪便等由于清运不及时，严重影响了人们居住环境的卫生状况，对人们的健康构成潜在的威胁。

（三）引发垃圾爆炸事故

有机废弃物在分解过程中会释放出大量甲烷，甲烷有爆炸的危险，在没有通风设备和控制设备较老的堆积站里易引起地下火灾。随着城市垃圾中有机质含量的提高和垃圾由露天分散堆放变为集中堆存，只采用简单覆盖的方式易造成产生甲烷气体的厌氧环境，使垃圾自燃、自爆现象不断发生，容易造成很大损失。

（四）危害人体健康

垃圾堆放场是各种疾病的“温床”，病毒、细菌、蠕虫、支原体和蚊蝇、蟑螂等疾病传播媒体在其中滋生，啮齿类动物（如老鼠）在其中大肆繁殖，很容易传播疾病，对人们的健康构成严重的威胁。另外，放射性垃圾对人体造成危害的事故时有发生。

物业管理小专家

白色污染

什么是白色污染？从20世纪60年代开始，塑料进入广泛使用阶段，由于塑料具有很多优点，如它取材容易、价格低廉、加工方便、质地轻巧，因此塑料一问世便深受世界各地的欢迎，它迅速渗透到社会生活的方方面面，被制成碗、杯、袋、盆、桶、管等。塑料被列为20世纪最伟大的发明之一，它的普及被誉为“白色革命”。随着塑料产量不断增大，成本越来越低，我们用过的大量农用薄膜、包装塑料袋和一次性塑料餐具在使用后被抛弃在环境中，给景观和环境带来很大破坏，由于塑料包装物大多呈白色，因此它们造成的环境污染被称为“白色污染”。

任务二　物业垃圾的防治与处置

任务导入

国家发改委：非居民厨余垃圾处理计量收费

为贯彻落实习近平生态文明思想和习近平总书记关于生活垃圾分类和制止餐饮浪费行为的重要指示精神，充分发挥价格机制激励约束作用，促进厨余垃圾源头减量，近日，国家发展改革委、住房城乡建设部联合印发《关于推进非居民厨余垃圾处理计量收费的指导意见》（以下简称《指导意见》），指导地方推进非居民厨余垃圾处理计量收费工作。

厨余垃圾无序收运处理易影响市容、污染水质、传播疾病，还造成食品安全隐患，危害人体健康。全面建立健全厨余垃圾收运处理体系及收费机制，有利于引导厨余垃圾源头垃圾减量化，制止餐饮浪费，促进粮食节约，也有利于保护环境，实现厨余垃圾应收尽收、无害化处理和资源化利用，推动形成绿色发展生产方式和生活方式。

资料来源：中国物业管理协会，http：//www. ecpmi. org. cn/ZwxMember/RCenter/RCenterNewsInfo. aspx？ClassID = 503010&NewsID = 12378。

问题与思考：

1. 垃圾分类管理有何意义？
2. 什么叫垃圾减量化？

知识探究

一、物业垃圾防治

城市垃圾处理已成为城市管理的重要内容之一，而垃圾处理水平则成为反映一个城市文明程度以及管理者环保意识的标志。物业垃圾的防治，在于给物业业主、使用人和受益人提供一个适合工作、学习、生活的物业环境，它总体表现为一种物业面貌，即我们通常所说的卫生小区、保洁物业、文明小区等。在物业垃圾的防治过程中，我们应该按照自然生态系统的规律办事，着重做好以下几个方面的工作。

（一）物业垃圾减量化

垃圾来源于人类生产和消费过程。在生产不可能做到完全无废料化的情况下，垃圾就不可能完全断源。生产过程中的垃圾减量主要是指加强生产技术的改进和革新，尽量减少废料的产生，最终实现无废料生产——绿色生产。生活垃圾的减量，主要是提倡勤俭节约、能用则用、补旧翻新的生活习惯，减少因互相攀比而频频丢弃的恶习，使垃圾量大大减少，实现垃圾减量化。

（二）物业垃圾清扫经常化

对物业区域内的公共地面进行经常性清扫，是确保物业区域内地面整洁、物业容貌良好的重要手段。物业区域内的卫生保洁程度，是人们关注物业环境的重要着眼点。地面保洁的工作有很多，包括清扫尘土、纸屑、果皮、烟头、落叶、痰渍等。

（三）物业垃圾资源化

在垃圾产生量增加的同时，垃圾成分也在发生变化，尤其是垃圾中可回收成分的增加，以及垃圾处理技术的不断提高，使得垃圾处理资源化越来越受到人们的重视。资源化技术在研究、开发和实践中不断改进、提高和完善，它将逐渐成为解决城市生活垃圾问题的一条重要途径，垃圾资源化模式如图 4－1 所示。

物业垃圾的资源化过程，主要包括回收、处理和利用三个基本环节。

1. 垃圾的回收

回收是垃圾资源化的基础，包括垃圾分类、垃圾收集两方面。

（1）垃圾分类。垃圾分类是按一定规定或标准将垃圾分类储存、分类投放和分类搬运，从而将其转变成公共资源的一系列活动的总称。分类的目的是提高垃圾的资源价值和经济价值，力争物尽其用。垃圾分类是垃圾资源化的关键，在这方面主要是要提高人们的自觉意识，加强垃圾分类指导，加大废物回收和交换的力度。垃圾分类有许多标准，根据各地的垃圾分类新规，目前比较通用的是分为四类。

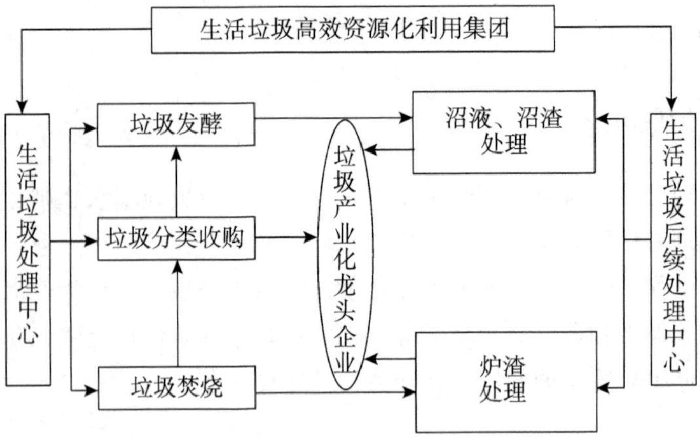

图4－1　垃圾资源化模式

①厨余垃圾。包括家庭中产生的菜帮菜叶、瓜果皮核、剩菜剩饭、废弃食物等易腐性垃圾；从事餐饮经营活动的企业和机关、部队、学校、企业事业等单位集体食堂在食品加工、饮食服务、单位供餐等活动中产生的食物残渣、食品加工废料和废弃食用油脂；农贸市场、农产品批发市场产生的蔬菜瓜果垃圾、腐肉、碎骨、水产品、畜禽内脏等。其中，废弃食用油脂是指不可再食用的动植物油脂和油水混合物。

②可回收物。包括在日常生活中或者为日常生活提供服务的活动中产生的，已经失去原有全部或者部分使用价值，回收后经过再加工可以成为生产原料或者经过整理可以再利用的物品，主要有废纸类、塑料类、玻璃类、金属类、电子废弃物类、织物类等。

③有害垃圾。包括生活垃圾中的有毒有害物质，主要有废电池（镉镍电池、氧化汞电池、铅蓄电池等）、废荧光灯管（日光灯管、节能灯等）、废温度计、废血压计、废药品及其包装物，废油漆、溶剂及其包装物，废杀虫剂、消毒剂及其包装物，废胶片及废相纸等。

④其他垃圾。包括除厨余垃圾、可回收物、有害垃圾之外的生活垃圾，以及难以辨识类别的生活垃圾。

（2）垃圾收集。垃圾收集有两个环节。首先，对于没有分类的垃圾要搞好分拣工作。分拣做好了，资源的利用率就能提高。据测算，每17万吨垃圾约可分拣出1500吨废纸，相当于得到可生产1200吨纸张的6000m^3木材。其次，要按用途的不同对垃圾进行处理和堆放，为资源再生和其他处理方式做好准备。

2. 垃圾的处理

生活垃圾在物业管理区域经集中收集和堆放，都要运送到城市卫生管理部门管理的生活垃圾处置场进行处置。目前对于生活垃圾的处置有焚烧、卫生填埋、堆肥、热解等方法，但具体采用哪种方法，一般是根据每个城市生活垃圾的组成和城市的实际情况等多种因素来确定。

3. 垃圾的利用

生产建筑中的尾矿渣、煤渣、灰渣、废石等可以用来制砖、制水泥、铺路等；厨余垃圾、粪便可以经过微生物生化处理，形成腐殖土壤，作为肥料施于农田；工业废渣中可以提炼出多种金属和化工产品；有机垃圾、植物秸秆、人畜粪便、污泥等可以用来制取沼气。

（四）物业垃圾袋装化

根据现行城市环境卫生的有关规定，以煤气（包括液化气）为燃料的地区，必须实行垃圾袋装化。在物业管理实践中，多数物业公司将装修垃圾（建筑垃圾）也纳入袋装化收运的范围，装修垃圾也必须袋装（蛇皮袋）并运放到规定地点。垃圾袋装化是学习、借鉴的国外先进管理经验的垃圾处理方式，可大大改善人们生产、生活环境质量。实行生活垃圾袋装化，有以下几个方面的好处：

（1）有利于改变人们乱倒、乱扔垃圾的陋习，培养良好的卫生习惯。

（2）有利于消除垃圾裸露现象，减少空气污染，净化、美化环境。

（3）有利于降低蚊蝇虫的数量和密度，减少滋生地。

（4）有利于避免垃圾运输过程中的散落现象。

（5）有利于减少拾荒现象及辖区（楼）内的保安的工作量。

（6）有利于垃圾集中分类和处理。

（7）有利于人们减少疾病和保持身心愉快。

物业公司应向物业业主和使用人大力宣传生活垃圾袋装化的优越性，提倡居民将日常生活垃圾装入相应的塑料袋丢入指定的容器或指定的收集点，不得随意乱扔、乱倒垃圾。存放各种生活垃圾的塑料袋应完整无损，袋口应扎紧不洒漏。

二、物业垃圾清理

生活垃圾从收集、中转、运输至最终处理，组成了一个完整的生活垃圾处理系统，该系统中的前三个环节即收集、中转、运输被称为生活垃圾的收运系统，涉及的技术环节有垃圾收集或分类收集、收集站建设、转运站建设、收集车辆、中转车辆等。此外，有时需要对生活垃圾进行最终处理前的预处理，如分选，对大件垃圾进行破碎处理，对被分选的可回收物进行打包处理等。

（一）垃圾清扫

垃圾清扫包括机械清扫和人工清扫。

1. 机械清扫

用扫路机、洒水车等清除路面杂物和尘土，具有清扫速度快、质量好、能改善作业条件等优点，主要用于城市主要干道和宽阔的广场等。

2. 人工清扫

用扫把、簸箕、铁锹等简易工具清除地面尘土、杂物等，具有操作灵活、方便、适用范围广、能有效地保证清扫质量等优点，可以广泛地用于清扫路面、人行道、人行过街天桥、地下通道、广场、步梯、树穴、边沟和收水井等。物业环境卫生管理中主要采用人工清扫方式。

（1）人工清扫工具。路面、广场等清扫面较宽广的区域一般采用大扫帚清扫，清扫面较狭窄的地段宜采用小扫帚清扫。清扫时，垃圾的收集和运输一般采用簸箕、铁锹和人力车。

使用大扫帚时，扫帚杆的长短应根据清扫面的宽窄而定，清扫面较宽则扫帚杆宜长，清扫面较窄则扫帚杆宜短。扫帚杆的粗细应适宜，表面光滑不伤手。

使用小扫帚和簸箕时，宜加装齐胸高的扫帚杆，以避免弯腰次数过多，使人疲劳。

（2）人工清扫程序。一般是从清扫地段一端（边）开始，由中部将尘土、杂物扫向边沿，清扫幅度约2m，再沿边缘将垃圾分堆集中，然后用簸箕或铁锹将垃圾装入人力车运至垃圾中转站（点）。

（3）人工清扫要点。从事清扫作业时应正确使用个人防护用品，如工作服、帽、鞋、手套、口罩等；应注意过往车辆和行人，保证本人及他人的安全；每天清扫次数应根据道路等级、所处地段等具体情况确定，可每天清扫两次（工作定额规定）。第一次清扫应在每天清晨7：30前结束。清扫作业应符合质量要求，特别是道路隔离设施底部、树穴、步梯等细部应清扫干净。

（二）垃圾收集

垃圾收集是指通过不同的收集方式将垃圾收集到垃圾容器中，以免污染环境，包括定点收集、定时收集和上门收集。目前，物业垃圾一般采用定点收集，但对于房屋二次装修时产生的建筑垃圾，为了避免其同其他生活垃圾混到一起，也可采用上门收集或定时收集的方式。根据容器的不同，垃圾收集方式可分为以下几种。

1. 垃圾桶收集

在垃圾收集地点设置垃圾桶（见图4－2）来收集垃圾，是目前在物业管理区域内应用较广泛的一种生活垃圾收集方式。

根据《城市环境卫生设施规划标准》（GB/T 50337—2018），生活垃圾收集点的服务半径不宜超过70m，宜满足居民投放生活垃圾不穿越城市道路的要求。生活垃圾收集点宜采用密闭方式，可放置垃圾容器或建造垃圾容器间，建造垃圾容器间时，建筑面积不宜小于10m^2。在住宅小区，居民应按照厨余垃圾、可回收物、有害垃圾、其他垃圾的分类，分别将垃圾投入具有相应标识的收集容器。各地区根据生活垃圾分类标准，将垃圾箱分类放置，分为厨余垃圾、可回收物、有害垃圾、其他垃圾。住宅小区应在公共区域成组设置厨余垃圾、其他垃圾两类收集容器，并至少在一处生活垃圾投放点设置可回收物、有害垃圾收集容器。在住宅小区，一般应在每个楼梯口设置一个垃圾桶，大小可根据使用人口及垃圾日排出量计算。多层建筑可根据户数的多少并考虑到特殊情况下垃圾的囤积配备垃圾桶，一般可按每栋楼 3 ~ 6 个配备。

图 4－2　垃圾桶

收集垃圾的垃圾桶要保持完整、无缺损，外观清洁，定点设置，摆放整齐，并做好保洁工作。住户应将垃圾倒入桶内，不得乱扔乱倒，并应盖好桶盖。特殊垃圾、工业与建筑垃圾不得装入生活垃圾桶，必须分别收集。垃圾桶内的垃圾应每日清除，无堆积现象发生。

2. 废物箱收集

在街道和公共场所设置垃圾收集容器（见图 4－3），室内的废物箱一般还附有痰盂。

图 4－3　废物箱

楼宇内的出入口、梯道、走廊、过道两旁均应设置废物箱。街道的两旁和街口应设置废物箱，设置的间隔一般为：商业大街设置间隔为 25 ~ 50m；交通干道设置间隔为 50 ~ 80m；一般道路设置间隔为 80 ~ 100m。广场和室外活动场地可在出入口、通道旁设置废物箱。

3. 垃圾管道收集

垃圾管道收集主要用于多层和高层建筑，但由于垃圾管道存在占用建筑面积、易堵塞、管道内易滋生蚊虫等问题，在居住区卫生管理中不推荐使用该方法。

（三）居住区垃圾中转站的管理

垃圾中转站是城市文明和经济发展到一定阶段的产物。它是人们生产生活中产生的废弃物暂时的堆积地。它的出现使文明的城市更加美丽，不再有堆积如山的垃圾堆，不再有难闻的气味。垃圾中转站对垃圾进行合理的分类和处理，把能够回收的废物再次利用，这样既减少了废物，又能变废为宝。

垃圾中转站管理注意事项：

（1）居住区生活垃圾收集和清运工作应由物业管理公司的专有部门（管理站）负责，实行分片区包干、集中管理、协同作战。

（2）管理站在实施辖区生活垃圾收集和清运工作的同时，必须指定专人负责，专人保洁、收集和清运，必须有检查、有记录。生活垃圾必须做到日产日清，始终保持小区垃圾中转站内的卫生、干净、保洁，无任何污染。

（3）居住区内的生活垃圾必须实行袋装化，必须指定清倒地点，并密封加盖，必须配备足够的垃圾桶/箱，并进行经常性的垃圾清理和桶/箱保洁工作，保障环境清洁。

（4）居住区垃圾中转站内不得堆放任何建筑垃圾，对居住区业主的二次装修必须严格管理，避免建筑垃圾与其他生活垃圾混合堆放导致清运工作不能顺利进行的情况。

（5）居住区内生活垃圾的整体清运工作必须指定合格的分包商负责，规定专人、专车，并规定清运地点、清运次数和清运时间。

（6）管理站指定专人负责居住区垃圾中转站内的保洁卫生工作，并协助分包商进行日常垃圾清运工作。在做好日常清运和保洁的同时，还要对垃圾中转站内进行经常性的施药杀虫工作；在炎热的夏季要增加施药分量和消杀频次，以杜绝各种病虫害对小区环境的污染和对小区居民身体健康的影响。

（7）每月应对居住区垃圾中转站的日常清运和保洁工作实行严格考核，对该专项工作完成情况做出评价，评价结果应与保洁人员的月份奖金或工资直接挂钩，实行“奖勤罚懒，奖优罚劣”。

物业管理小专家

某物业垃圾中转站管理制度

1. 目的

监督清洁承包商的清洁工作，确保小区环境整洁。

2. 适用范围

物业辖区内的垃圾中转站。

3. 职责

（1）客服组主任负责大区垃圾中转站巡查的组织、管理工作；

（2）客服组物业助理负责依照本规定实施大区垃圾中转站的巡查工作；

（3）客服组负责检查监督清洁承包商的卫生清洁工作。

4. 程序要点

（1）物业助理以清洁质量标准为依据，检查中转站区域的卫生状况，对清洁质量作出评估，并将结果记录于清洁检查评估表内；

（2）客服组主任定期会同清洁公司主管巡查中转站区域的卫生状况，巡查结果记录于公共区域卫生清洁抽查表内，双方签字确认；

（3）客服组在检查清洁卫生的过程中，凡发现不符合清洁质量标准的，应迅速通知清洁公司处理并进行复检；

（4）月末，客服组主任根据定期清洁检查评估表进行统计，评定当月清洁公司的清洁质量，将统计结果记录于清洁质量月总结表；

（5）客服组将清洁质量月总结表交给清洁公司，反馈存在的问题并上报公司领导。

5. 生活垃圾的回收与要求

（1）指定专人做好垃圾袋装化工作，楼梯间清洁人员在清洁楼梯间时，少量的垃圾可倒入门口的垃圾箱，量大的垃圾应直接运送到垃圾中转站，每天9—10时和20—22时开始清运工作，将垃圾用垃圾车运至垃圾中转站清倒，做到合理、卫生、四周无散放垃圾；

（2）垃圾中转站的垃圾必须日产日清，清运期间要清扫落在地面上的垃圾并将其装回垃圾压缩车，其间如垃圾较多、影响垃圾存放，保洁公司应及时清运；

（3）垃圾运送人员负责用洗洁精冲洗垃圾中转站内的地面和墙面，清理垃圾中转站两天不少于一次；

（4）每两天应对垃圾中转站进行不少于一次的消毒工作（用喷雾器喷药水对垃圾中转站周围3m内进行消杀），防止虫害；

（5）现场负责人每周必须检查中转站不少于3次；

（6）专人负责登记核实垃圾的装车桶数并作详细记录。

6. 垃圾清洁的标准

（1）目视垃圾站内无杂物、污水、污垢；

（2）垃圾站内无臭味；

（3）垃圾车外无垃圾黏附物，垃圾车停用时摆放整齐。

三、物业垃圾处置方法

目前，垃圾的处理方式主要包括焚烧、卫生填埋等。垃圾处理方式的选择与经济发展水平、人口密度、土地、周边条件、垃圾成分、环保意识等有关。日本、新加坡、瑞士等人口密度高的国家多以焚烧为主，比例达75%～85%，而人口密度较低的美国、德国、英国等则以卫生填埋为主，比例为60%～85%。

物业管理小专家

根据《2020中国生态环境状况公报》，截至2020年年底，全国城市生活垃圾无害化处理能力89.77万吨/日，无害化处理率99.32%。农村生活垃圾收运处理的行政村比例超过90%。全国排查出的2.4万个非正规垃圾堆放点已整治完成99.95%。

资料来源：《2020中国生态环境状况公报》。

1. 焚烧

该法将混合垃圾直接焚烧，利用热能发电。其优点是减量化程度高、处理周期短、占地面积小、选址灵活等，可以回收垃圾中的大部分能量（1.5亿吨垃圾约相当于3000万吨标煤，约为全国标煤年产量的2%），而且国外也有比较成熟的经验；缺点是对热值低、水分高、成分复杂的生活垃圾适应性不好，二次污染严重，投资大，成本高。焚烧适合人口密度较大、经济较发达、生活垃圾热值高的城市区域。据《中国统计年鉴（2020）》数据，至2019年年底，全国共建有389座垃圾焚烧场，焚烧能力45.6499万吨/日，全年填埋总量为12174.2万吨，约50%的城市生活垃圾采用焚烧处理。

2. 卫生填埋

根据《生活垃圾卫生填埋处理技术规范》（GB 50869—2013），卫生填埋是填埋场采取防渗、雨污分流、压实、覆盖等工程措施，并对渗沥液、填埋气体及臭味等进行控制的生活垃圾处理方法。该法将混合垃圾直接填埋，有的还可利用自生沼气发电。卫生填埋具有技术成熟、操作简单、处理量大、投资和运行费用低、适用于所有类型垃圾等诸多优点，但也具有明显的缺点，即减容、减量化效果较差，资源化水平低，占用大量的土地资源，场址选择困难等，且垃圾渗沥液会污染地下水及土壤，臭味会污染大气，垃圾发酵产生的甲烷气体既是火灾及爆炸隐患，排放到大气中又会产生温室效应。

卫生填埋必须满足两个方面的要求，一方面是填埋场的硬件设施符合技术要求，另一方面具备完善的填埋场现场运行管理技术，包括劳动卫生保护、设备内部管理和维护技术等。垃圾卫生填埋涉及转运、推铺、压实、覆盖、复垦、渗沥液处理、沼气处理、防渗、恶臭防治等过程，包括设备和技术两方面。据《中国统计年鉴（2020）》数据，至2019年年底，全国共建有652座垃圾填埋场，填埋能力36.7013万吨/日，全年填埋总量为10948万吨。约46%的城市生活垃圾采用填埋处理，填埋技术在我国稳居主导地位，处于数量相对稳定的发展阶段。

3. 生物发酵（堆肥）

该法是将混合垃圾进行静态发酵产生堆肥。这种方法适于乡村农家肥生产而非城市垃圾产业化处理。其优点是高温堆肥既可以杀灭垃圾中的病菌，又可提供有机肥；缺点是此处理方式只适用于易腐且有机质含量较高的垃圾，存在产品质量与市场问题，占地面积较大且臭气较重，产品可能污染土壤，特别是一些重金属在土壤中富集将随食物链进入人体等。由于城市生活垃圾成分复杂，发酵产生的堆肥质量差、肥效低、市场小、售价低、成本高，国内建设的一些垃圾堆肥厂近年先后关闭。堆肥投资也比较大，每1吨垃圾需投入25万~36万元；运行费用也比较高，每1吨运行成本约50元，且堆肥的生产周期长，循环周期超过22天。

4. 热解法

热解法是利用混合垃圾中有机物的热不稳定性，在无氧或缺氧条件下对之进行加热蒸馏，使有机物产生热裂解，经冷凝后形成各种新的气体（甲烷、一氧化碳、二氧化碳、氢气）、液体（有机酸、焦油、芳烃）和固体（碳黑、炉渣），从中提取燃油、油脂和燃气的垃圾处理方法。其中，燃气可用来发电。

5. 分选回收

城市生活垃圾分选回收技术较为可靠，资源化效果较好，分选出的资源化物质可以直接回收利用，该技术是许多发达国家基于垃圾分类收集的首选处理技术。该技术选址较为容易，但有一定的噪声、臭气污染。城市生活垃圾分选回收技术环境可能存在分选效率低、经济效益不好的隐患，且分选后的垃圾有较多残渣。

6. 综合处理

城市生活垃圾综合处理技术是在克服单一处理方法缺点的基础上，采用卫生填埋、堆肥、焚烧、分选回收等其中的两种或多种方法相结合的方式处理城市生活垃圾，从而避免和降低因处理不当对环境造成的二次污染和资源的浪费，同时达到充分利用资源和无害化处理城市生活垃圾的目的的垃圾处理方式。此外，该种处理方式还能彻底处理城市生活垃圾，基本无二次污染。

资源的回收利用，正符合国家可持续发展的战略。事实上，城市生活垃圾综合处理技术是以社会、经济和环境协调发展为目标，并优化运用多种管理、技术手段构筑的城市生活垃圾处理系统工程。综合处理技术内部各单元按照先后顺序主要包括前处理、中间处理、后处理和最终处置四道工序。事实上，组成这四道工序的主要单元处理技术包括卫生填埋、堆肥、焚烧、回收利用四类。

综合来看，生活垃圾的处理应当因地制宜，采取资源化的综合处理技术。长期以来，我国城市生活垃圾一直采用焚烧和卫生填埋方法进行处理。虽然卫生填埋可以造地，垃圾稳定后也可以利用，但这种方式资源利用率较低。垃圾焚烧最主要的作用是减量化，其资源利用率也不高。国外许多国家已颁布法律，取消城市生活垃圾的单一卫生填埋处理，对城市生活垃圾实行焚烧与综合处理。首先绝大部分垃圾通过分选，回收其中的含铝和含铁制品、纸张、塑料等，易腐有机物进行发酵制沼气和有机肥，对不能回收和发酵的废物则进行焚烧。综合处理厂并不一定进行回收废物后的处理，而是把回收废物送至有关企业进行再处理。因此，综合处理厂、废物再加工厂、焚烧厂各有分工。综合处理厂进行垃圾分选与分类，有时也进行有机废物的发酵制沼气和有机肥，废物再加工厂进行某一种或几种废物的处理与再生，焚烧厂则焚烧那些不能发酵和回收利用的废物。

任务三 公共场所卫生防疫管理

任务导入

关于进一步做好疫情防控期间物业管理工作的通知（节选）

目前，全省疫情防控取得重要阶段性成效，也到了关键的节点，随着复产复工，外地人员返吉，疫情防控工作难度进一步加大，各地物业管理部门和物业服务企业一定要增强底线思维、坚定必胜信心，毫不松懈地坚持疫情防控工作，继续发扬不怕困难、持续作战的苦干实干精神，补短板，堵漏洞，持之以恒做好物业服务区域内疫情防控工作，共同构筑社区疫情防控“安全线”。

一是继续做好住宅小区疫情防控。各地物业管理部门要督促物业服务企业主动承担社会责任，按照当地党委政府对疫情防控工作的统一部署，在街道社区党组织领导下，积极履职尽责，参照省房地产业协会制定的《吉林省物业管理区域新型冠状病毒感染的肺炎疫情防控工作（指引）》，扎实做好住宅小区内的物业服务和疫情防控工作。物业服务企业要配合相关部门和社区进一步把外防输入抓实抓细，做好重点地区和省份来长人员监测跟踪和信息报送；把内防扩散抓实抓细，坚决防止人员聚集，做好日常巡查，及时劝阻和制止聚众打牌、不戴口罩、占用消防通道等行为，劝阻无效的，要及时向相关部门报告。

二是加强公共场所物业服务疫情防控。各地物业管理部门要结合落实分区分级精准防控要求和复产复工情况，督促相关物业服务企业突出重点环节、重点方向、重点部位，参照中国物业管理协会制定的《物业管理区域新型冠状病毒感染的肺炎疫情防控工作（指引）》，加强对实施专业化物业服务的写字楼、养老机构、医院、商场、地铁等公共场所疫情防控工作。物业服务企业要强化物业服务区域的环境卫生整治和清洁消毒，认真检查卫生防疫器材设备并及时更新补充，保证垃圾日产日清；在岗工作人员要佩戴口罩、加强防护，严格执行进入人员信息登记和体温检测，发现异常立即采取措施并及时报告。

三是做好物业工作人员的安全保护。各地物业管理部门要督促指导物业服务等企业，加强企业员工自我防护，提升自主防范意识和能力；严格执行戴口罩上岗，做到勤洗手勤消毒，注重员工用餐安全；引导企业员工严格落实当地疫情管控政策，主动接受各类防疫检测检查，异地返程后自觉落实居家隔离观察措施。

四是积极开展宣传引导。各地物业管理部门要充分发挥基层单位、行业协会、物业服务企业党组织和党员干部战斗堡垒和先锋模范作用，引导党员干部冲锋在前，争当表率，坚定站在疫情防控第一线。要注重发现在疫情防控阻击战中的先进人物和先进事迹，及时向我厅报送相关工作情况和重要信息，激励党员干部投身一线，担当作为，坚决打赢疫情防控人民战争。

资料来源：吉林省住房和城乡建设厅《关于进一步做好疫情防控期间物业管理工作的通知》，2020 年 3 月 1 日。

问题与思考：

1. 面对新冠肺炎疫情，物业如何做好住宅小区疫情防控？
2. 影响传染病疫情发展的主要因素有哪些？

知识探究

一、公共场所卫生防疫基础知识

公共场所的卫生管理工作除了创造一个洁净的卫生环境外，还有预防和控制传染病的发生和流行。物业管理区域一般都是人群比较密集的区域，如商场、宾馆、办公楼等，对这些场所进行简单的消毒、灭菌和杀虫，是物业公司的工作之一，因此，作为物业环境管理人员和一般从业人员，有必要了解一般的传染病基础知识，以便选用正确的消毒方法和合适的消毒药物，达到消毒的目的，最大限度地减少各种传染病的发生，确保物业管理区域内业主和使用人的身体健康。

1. 传染病的定义

传染病是由各种病原体所引起的具有传染性的疾病。实质上，传染病是整个传染过程的一种表现形式，即临床表现形式。传染又称感染，是生物的寄生现象，是病原体对机体的寄生过程，也是病原体与机体相互作用的过程。传染过程可有不同表现形式：隐性感染、病原携带、轻型病例、典型病例、死亡。但是只有有临床症状的传染，人们才认为是传染病。

2. 传染病的病原体

病原体就是引起疾病的一种肉眼看不到的物质。传染病的病原体种类繁多，包括病毒、细菌、衣原体、螺旋体、真菌和寄生虫等。各种传染病的病原体侵入人体后首先存活或初步繁殖的地点，被称为病原体的侵入门户。然后，病原体转移到能够生存繁殖的人体部位，称为病原体的定位。病原体随机体代谢等方式被排到体外后，再转移到另一个个体进行侵入，称为传染。如果在群体中发生群体传染，这种现象就称为传染病的流行。

3. 公共场所传染病的流行过程

传染病要在公共场所中流行必须有病原体存在，传染源、传播途径和易感人群三个环节缺一不可。

传染源指受病原体感染的机体，可以是人，也可以是生活在人周围的动物。

传播途径是指传染源排到体外的病原体借助外界物体（传播因素）经不同的途径再传给新的机体，如呼吸道传播（借助空气、飞沫、尘埃等）、消化道传播（借助水、苍蝇、食物等)、日常生活接触传播（借助手、用具、玩具等)、吸血节肢动物传播（蚊子、跳蚤等）等。

常见的经呼吸道传播的传染病有麻疹、流行性腮腺炎、流行性感冒、流行性脑脊髓膜炎、肺结核等；常见的经消化道传播的传染病有病毒性肝炎、伤寒、痢疾、霍乱等。常见的经接触传播的传染病有皮肤病、性病等。

4. 影响传染病流行过程的因素

传染源、传播途径、易感人群这三个环节，如能相互连接、协同作用，传染病就会流行，否则传染病就不会流行或终止流行。因此，要防止传染病的流行，可以从这三个环节入手：医治传染源、切断传播途径、提高易感人群免疫力。要控制公共场所传染病的传播，切断传播途径是最有效的方法。

二、消毒灭菌基础知识

（一）消毒及消毒剂

1. 消毒

消毒指杀灭或清除传播媒介上的病原微生物及其他有害微生物，使其达到无害化。

对“消毒”一词含义的理解，有两点需要强调：一是消毒是针对病原微生物和其他有害微生物的，并不要求杀灭或清除所有微生物；二是消毒是相对的而不是绝对的，它只是要求将病原微生物或其他有害微生物的数量减少到无害化的程度，并不要求把病原微生物或其他有害微生物全部杀灭。

按照消毒的目的，可以将消毒分为以下六类：疫源地消毒、疫点消毒、疫区消毒、随时消毒、终末消毒、预防性消毒。

2. 消毒剂

消毒剂是指能杀灭外环境中有感染性的或有害的微生物的化学因子，即用于杀灭微生物的可达消毒要求的药物，如过氧乙酸、臭氧、乙醇等。

（二）灭菌及灭菌剂

1. 灭菌

灭菌指杀灭或去除外环境中媒介物携带的一切微生物（包括致病性微生物和非致病性微生物）的过程。

灭菌是个绝对的概念，灭菌后的物品必须是完全无菌的。消毒不一定能达到灭菌的要求，而灭菌一定能达到消毒的要求。然而，事实上要达到完全无菌是很困难的，因此规定灭菌过程必须使物品携带微生物的存活概率减少到 10^{-6}，即微生物杀灭率达到 99.9999%。

2. 灭菌剂

灭菌剂指能杀灭外环境中一切微生物（包括细菌繁殖体、芽孢、真菌、病毒等）的化学物质。医学上常用的灭菌剂有环氧乙烷、甲醛、过氧乙酸等。所有灭菌剂均为优良的消毒剂。

（三）常用的消毒灭菌方法

常用的消毒灭菌方法大致可分为三类：物理方法、化学方法和生物方法。

1. 物理方法

利用物理因子作用于病原微生物，将之杀灭或消除的方法称为物理消毒灭菌法。其中，只能从物体上清除或减少病原体，不能起杀灭病原体作用的物理消毒法，又称机械消毒法。常用的物理方法有以下几种：

（1）清洗消毒。清洗属于通过机械方法除菌，虽然不能杀死病原体，但可显著减少病原体的数量。比如人体皮肤上的细菌，经淋浴和洗手可去除90%，用水和肥皂用力清洗可去除97%。

（2）通风消毒。通风虽不能杀灭病原体，但在短时间内可明显减少空气中细菌、病毒的数量，对预防呼吸道传染病的效果很好，比其他物理、化学消毒方法更为有效，而且无药物残留，对人体健康无影响。

（3）过滤灭菌。过滤灭菌法是用过滤方法除去活的或死的微生物的方法，是一种机械除菌方法，使用的工具叫除菌过滤器，主要用于对热不稳定的药物溶液、气体、水的灭菌。

（4）干热灭菌，主要有焚烧、烧灼和干烤（含红外线辐射灭菌）。

（5）湿热灭菌，是在饱和蒸汽、沸水或流通蒸汽中进行灭菌的方法。因为蒸汽潜热大，穿透力强，容易使蛋白质变性或凝固，所以湿热灭菌法效率比干热灭菌法高。

（6）紫外线灭菌，指用紫外线照射杀灭微生物的方法。一般用于灭菌的紫外线波长是200～300nm，灭菌力最强的波长是253.7nm。紫外线作用于核酸蛋白促使其变性，同时空气受紫外线照射后会产生微量臭氧，从而起到共同杀菌的作用。

（7）辐射灭菌，是以放射性同位素放射的γ射线杀菌的方法。射线可使有机化合物的分子直接发生电离，产生破坏正常代谢的自由基，导致微生物体内的大分子化合物分解。辐射灭菌的特点是不升高灭菌产品的温度，穿透性强，适合于不耐热药物的灭菌，医疗器械、高分子材料、包装材料等的灭菌。

2. 化学方法

利用化学药物杀灭病原微生物的方法，称为化学消毒灭菌法。用于消毒的化学药物叫作化学消毒剂，以植物制成的消毒药物则称为植物消毒剂。

3. 生物方法

利用一些生物来杀灭或去除病原微生物的方法叫作生物消毒灭菌法，如污水净化可利用缺氧条件下厌氧微生物的生长来阻碍需氧微生物的存活。

三、公共场所杀虫灭鼠方法

在物业环境卫生管理中消毒工作至关重要，但病媒动物所致危害也不可忽视。公共场所中最常见的病媒动物是苍蝇、蚊子、蟑螂、老鼠、蚂蚁等。

（一）苍蝇

1. 危害

苍蝇因携带多种病原微生物并广泛传播而危害人类，苍蝇的体表多毛，足部爪垫能分泌黏液，喜欢在人或畜的粪尿、痰、呕吐物以及尸体等处爬行觅食，极易附着大量的病原体，如霍乱弧菌、伤寒杆菌、痢疾杆菌、肝炎杆菌、脊髓灰质炎病毒、甲肝病毒、乙肝病毒，以及蛔虫卵等；又常在人体、食物、餐具上停留，停落时有搓足和刷身的习性，附着在它身上的病原体很快就会污染食物和餐具。苍蝇吃东西时，先吐出嗉囊液，将食物溶解才能吸入，而且边吃、边吐、边排泄，这样也就把原来吃进消化液中的病原体一起吐了出来，污染了它吃过的食物，人再去吃这些食物和使用被它污染的餐具就会得病。霍乱、痢疾的流行和细菌性食物中毒与苍蝇直接相关。

2. 防治

（1）控制和清除滋生条件。公共场所的苍蝇滋生物主要是粪便和废弃食物等，所以垃圾必须日产日清；食堂的厨余垃圾要用专门容器密闭存放，且要当日清运，不得积存；厕所应改造为水冲式，旱厕必须加盖儿，并有专人经常保洁；应通过各种形式进行宣传，使群众形成良好的卫生保洁习惯，不随地乱扔果皮、果核及其他废弃食物。

（2）消灭成蝇：

①器械捕杀。一是扑打，在春季或晚秋季节，气温较低，苍蝇活动迟缓，对卫生条件较好的室内或不适宜使用药物灭蝇的场所，均可用蝇拍扑打成蝇。二是诱蝇笼捕杀，以腐败的食物（如鱼、豆饼、臭豆腐）为诱饵捕杀，这种方法适用于室外苍蝇多的场所。注意，用过的诱饵要深埋，防止滋生蝇蛆。三是粘蝇纸捕杀，将粘蝇纸悬挂于苍蝇较多的室内，吸引和捕杀苍蝇。注意，用过的粘蝇纸要烧掉。

②室内速杀灭蝇。可用各种市售商品喷洒剂、气雾剂，用量参考说明书。

③毒饵诱杀。灭蝇毒饵是将胃毒作用强的杀虫剂掺入蝇类喜食的诱饵中制成的。常用的药物有“敌百虫”等，使用毒饵诱杀时要注意预防儿童误食中毒。

（二）蚊子

蚊子属昆虫纲，双翅目，蚊科。我国已经发现的蚊子种类300余种，公共场所的蚊子主要有按蚊、库蚊等。蚊子的幼虫滋生在水里，繁殖快、数量大、分布广、种类杂。

1. 危害

蚊子主要的危害是传播疾病。据研究，蚊子可传播的疾病达 80 种之多。我国能传播疾病的蚊子大致可分为三类：第一类叫按蚊，俗名疟蚊，主要传播疟疾。据不完全统计，1929 年，全世界因患疟疾而死的约 200 万人。第二类叫库蚊，主要传播丝虫病和流行性乙型脑炎。第三类叫伊蚊，身上有黑白斑纹，又叫黑斑蚊，主要传播流行性乙型脑炎和登革热。由蚊虫传播的疾病统称为“蚊媒传染病”。我国流行的“蚊媒传染病”有以下四类。

（1）疟疾：由疟原虫（包括四种，即间日疟原虫、恶性疟原虫、三日疟原虫和卵形疟原虫）引起的一种寄生虫病，主要传播媒介为中华按蚊、嗜人按蚊、微小按蚊及大劣按蚊等。

（2）淋巴丝虫病：由多种丝虫（包括班氏丝虫、马来丝虫和帝汶丝虫）所引起的一群疾病的总称，淡色库蚊和致倦库蚊是班氏丝虫病的主要媒介，中华按蚊和嗜人按蚊是马来丝虫病的主要媒介。

（3）流行性乙型脑炎（简称“乙脑”）：由乙型脑炎病毒引起的疾病，是一种自然疫源性疾病，它的传播循环包括猪、某些鸟类以及可能还有马在内的其他宿主。病毒从鸟传播给猪，从猪传播给其他宿主。乙脑的主要传播媒介是三带喙库蚊。

（4）登革热：由登革热病毒所致的蚊媒传染病，主要传播媒介为埃及伊蚊、白纹伊蚊。

2. 防治

要防治蚊子，必须结合蚊子的生态习性，选择并正确实施适当的防治方法，同时必须发动群众，实行以环境整治为主的综合防治措施。其中，改造环境是根本性措施。

（1）环境整治。清除物业小区各种积水，清除蚊虫滋生地；疏通阴井、明沟、排水沟，特别是天棚、地下停车场、居民室内外的盆景、浇水壶、饮料瓶、泡菜缸等内的积水；及时疏通沟渠，防止积水，加快水流速度，防止蚊子滋生；填平坑洼，尽量减少蚊子的滋生地；不用的盆、罐、缸、锅等要倒置，防止积水；树洞、石穴、竹节等必须封堵，防止雨后积水生蚊。

（2）化学药物灭蚊。这是当前灭蚊最快捷、有效的手段。用化学药物灭蚊，要根据防治对象的特点，如蚊种、虫态、吸血和栖息习性等，选用适当的种类和剂型，选择有利的施药时机并辅以正确的施药方法，这样才能取得理想的防治效果。

①杀灭蚊子幼虫（蚊虫）。常用杀虫剂：有机磷类，如双硫磷、敌百虫、马拉硫磷；昆虫生长调节剂类，如敌灭灵（灭幼脲 1 号）、苏脲 1 号、灭幼宝等；生物杀虫剂类，如苏云金杆菌 H－14、球形芽孢杆菌等。

②室内灭成蚊。室内灭成蚊主要有以下几种方式：滞留喷洒，将适用于滞留喷洒的药物剂型按所需比例配制成药液，用喷雾器均匀喷洒在室内墙壁和天花板等处，蚊子停落其表面，接触足够药量后中毒死亡，常用拟除虫菊酯类药物及有机磷药类；空间喷雾，将杀

虫剂药液通过喷雾器均匀喷洒于空间，直接作用于蚊体上，可达到迅速灭蚊的效果，在密闭空间应用效果更佳；熏杀，常见的有各种盘香、电热蚊香、纸烟剂等。

（三）蟑螂

蟑螂种类繁多，全世界有6000余种，我国已发现200余种，其中大部分生活在野外，只有少数几种栖居于室内。

1. 危害

蟑螂通过到处取食、爬行传播疾病。它食性杂，垃圾、排泄物、食品什么都吃；侵害面广，厕所、厨房、餐厅哪里都去。蟑螂全身都是细菌，且边吃、边爬、边排泄，把细菌传播得到处都是。

经北京市疾病预防控制中心检测，位列“新四害”之首的蟑螂携带的细菌数量已经超过40种，其中包括鼠疫杆菌、痢疾杆菌、大肠杆菌、脊髓灰质炎病毒和黄曲霉菌等能够严重致癌的病菌。除传播肝炎、肺炎、结核病、肠道病、胃炎等病症的细菌并造成人类食物中毒外，蟑螂还可携带蛔虫、十二指肠钩口线虫、牛肉绦虫、蛲虫、鞭虫等多种蠕虫卵。它们还可以作为念珠棘头虫、短膜壳绦虫、多瘤筒线虫等多种线虫的中间寄主。它体表和消化道内携带的病原体共有以下四类：

（1）细菌类，主要是痢疾杆菌、沙门氏菌、绿脓杆菌、伤寒和副伤寒杆菌、霍乱弧菌、结核杆菌、麻风杆菌和炭疽杆菌等。

（2）原虫和寄生蠕虫类，如阿米巴包囊、蛔虫卵、鞭虫卵、绦虫卵、钩虫卵等。

（3）病毒类，有文献认为蟑螂能携带柯萨奇病毒、脊髓灰质炎病毒，有人怀疑它就是病毒性肝炎的主要媒介。

（4）真菌类，如黄曲霉菌等。

2. 防治措施

（1）环境治理。采取各种有效措施，尽可能阻止蟑螂从外界侵入室内；消除蟑螂滋生的室内环境条件。

（2）化学防治。目前防治蟑螂的主要手段是采用化学杀虫剂，但要注意药物剂型的合理搭配与施药方法的正确应用。化学防治方法有毒饵、胶饵、粉剂、喷洒剂和熏蒸技术。

①毒饵、胶饵。投放毒饵应采取量少、点多和面广的方法，在每个点放的毒饵少一些，以增加蟑螂取食机会。毒饵应布放在蟑螂栖息和活动的场所，尽量放在隐蔽处，以减少人为干扰。投饵时还要注意收藏好食物，以提高毒饵的诱杀效果。

②粉剂：粉剂性能稳定，持效期长，具有良好的击倒作用、较好的飘逸性能。

③喷洒剂：蟑螂密度较高时，必须用滞留喷洒剂进行处理。

④熏蒸技术：熏蒸法灭蟑是一种对人安全、效率高、效果好的施药方法，能在短时间内迅速将蟑螂密度降低，是一种极有应用前景的灭蟑新技术。

（四）老鼠

1. 危害

老鼠是很多疾病的宿主或媒介，已知老鼠对人类传播的疾病有鼠疫、流行性出血热、钩端螺旋体、斑疹伤寒、蜱传回归热等。老鼠传播疾病有以下三个途径：

（1）鼠体外寄生虫作媒介，通过叮咬人体吸血将病原体传染给人；

（2）体内带致病微生物的老鼠，通过活动或粪便污染食物或水源，造成人类食用后发病；

（3）老鼠直接咬人，病原体通过外伤侵入引起人体感染。

2. 防治措施

（1）治理环境。采取各种措施破坏鼠类的适应环境，抑制其繁殖和生长，使其死亡率提高。可结合生产进行深翻、灌溉和造林，以恶化其生存条件。此法与其他方法配合才可奏效。

（2）生物灭鼠。保护鼠类的天敌，如猫头鹰、黄鼠狼、獾、猫及多数以鼠为主食的蛇，以控制害鼠数量。

（3）器械灭鼠。有些公共场所不宜使用鼠药时，可采用器械捕杀方法灭鼠。器械灭鼠法主要是使用鼠夹、鼠笼捕杀，捕鼠时器械要放在鼠道上、鼠洞口和鼠类经常出没觅食饮水的地方。鼠夹的放置要与鼠道和墙基成直角，诱饵板靠近鼠道，这样可以捕杀来自两个方向的老鼠，此法不适用于大面积捕杀或害鼠密度高的情况。

（4）化学药物灭鼠。此法效果好、收效快，适应范围广，适合大面积灭鼠，但要注意选用高效、低毒、低残留、无污染和第二次中毒危险性小，不使害鼠产生生理耐药性的灭鼠剂。毒饵灭鼠是目前最广泛应用的灭鼠方法，效果好，使用方便，成本低。毒饵由诱饵、灭鼠剂和附加剂配制而成。

（5）熏蒸灭鼠。熏蒸灭鼠是将某些药物在常温下气化或通过化学反应产生有毒气体，使鼠类吸入致死的方法。本法适用于船舶、火车、仓库等密闭场所，兼有杀虫作用，常用的熏蒸剂有磷化铝等。

物业管理小专家

鼠疫

鼠疫是鼠疫杆菌借鼠蚤传播的烈性传染病，系广泛流行于野生啮齿动物间的一种自然疫源性疾病，临床上表现为发热、严重毒血症、淋巴结肿大、肺炎、出血倾向等。鼠疫在世界历史上曾有多次大流行，死者以千万计，我国在中华人民共和国成立前也曾多次发生鼠疫，鼠疫病死率极高。

（五）蚂蚁

1. 危害

（1）窃取和污染食物，损坏木材，对人类造成直接损失。

（2）蚂蚁传播疾病引起的间接损失。蚂蚁在室内四处觅食，大举入侵厨房、储藏间等处，消耗和污染食物，毁坏物品。密度高时，蚂蚁还会严重影响人们的工作和休息。

（3）当蚂蚁受刺激时，还会直接叮咬或攻击人。

（4）蚂蚁在四处爬行时还可将各种细菌、病毒等病原体带到食物上，传播疾病。

2. 防治措施

（1）治理环境。搞好环境卫生，消灭蚂蚁滋生地，对各类公共场所的墙壁、窗台、家具、地板等处缝隙或洞穴进封堵。食堂、餐厅和旅店客房、仓库的食品要妥善保藏，不可乱扔乱放，以免引诱蚂蚁入室。清扫地面，防止食物残渣、垃圾滞留，注意消灭蚂蚁滋生地，也可用开水浇烫蚂蚁穴洞。

（2）药物灭治法。药物包括粉剂和液剂两类。粉剂药有低容量溴氰菊酯、灭蚁灵等，液剂药有敌百虫、二氯苯醚菊酯等。

药剂灭治首先要抓住施药的有利时机，选择好施药点，施药要深、散、匀，将药物均匀而广泛地喷施在危害物的最里层。粉剂灭治主要是利用白蚁互相喂舐的习性，当少量白蚁沾染药剂后，会逐渐将药剂传播到整个群体，从而达到大量灭治的目的；液剂无传递性，使用时必须接近地面的木构件全面施药。

（3）挖巢法。白蚁的灭治还可以利用白蚁在严冬季节基本集中在巢内的特点，采用挖巢法消灭。该法的优点是简便，不需要药物，缺点是会损坏建筑构件，而且残留的白蚁会发展成新的群体。

（4）诱杀法。灭治白蚁也可以采用诱杀法，就是选择白蚁爱吃的食物，如玉米秆、甘蔗等为诱饵，可用一只或几只白蚁来引诱其他白蚁，当白蚁聚集到很多时，用药物或其他方法（如开水浸烫、高温或高频微波）进行歼灭。一般使用的诱集工具有诱集坑、诱集箱、诱集桩。

物业管理小专家

白蚁的三种入侵方式

白蚁被形象地称为“无牙老虎”。成都地区已经发现白蚁种类多达3科13种，主要为鼻白蚁科的黑胸散白蚁。据悉，白蚁危害具有隐蔽性强、危害范围广和危害特别严重的特点，白蚁主要通过“飞、爬、带”三种方式入侵房屋建筑，“飞”是指白蚁在纷飞后繁殖和集结，房屋周围或内部的白蚁长翅成虫大量飞出，雌雄配对后，若落在房屋建筑物内或外部适宜的条件下生存繁衍下来，数年后就能发展成新的白蚁群体危害。“爬”是指白蚁穿过土壤或地下爬进房屋。“带”是指人们在从事房屋装修和环境绿化等相关活动时无意间将白蚁带入居室。

（六）采用药剂杀虫灭鼠的安全事项

（1）灭治人员上岗前要预先进行相关知识和操作技能培训，使每一位操作人员都了解药物的作用、毒理及药害性质，熟悉操作规程，掌握中毒和损伤的预防和急救方法，并要做好各种防护措施。

（2）配制药剂过程中需要开启药瓶密封塞时必须使用工具，严禁用裸露手指开启；配制药剂时必须面对下风向；喷洒药液时必须注意行进方向的地形地物，谨慎细微地安全作业；喷洒药剂时必须侧向面对下风向，由下风向往上风向进行作业。

（3）灭治人员一般要求身体健康，体弱多病者、患有皮肤病和其他疾病尚未恢复健康者、皮肤外伤未愈合者不准参与配制药物和喷洒作业。日喷洒药液连续作业时间不得超过6h，连续4次后必须停休1天。

（4）在灭治过程中，不得吸烟、饮水、进食；不得用被药液污染的手擦嘴、眼睛和脸；作业结束后应脱去防护用品，漱口，擦洗手、脸和裸露皮肤，每个喷洒周期结束后工作服等须清洗后方可继续使用；操作人员要勤洗澡、勤换衣、勤剪指甲，注意个人卫生。

（5）作业时发现头痛、恶心、头昏、呕吐等症状，必须立即离开现场，脱去被污染的衣服，漱口，擦洗手、脸和裸露皮肤，并及时送医诊治。

（6）作业结束后要立即清洗器械，清洗工作不得在天然水域内进行，清洗器械后的污水要有安全的处置方法，药物空瓶要回收统一处理，在回收前将药液倒尽，用清水洗涤，洗液倒入配药桶再利用。

项目小结

物业垃圾与废气、废水一样，都是业主和使用人生产和生活的代谢产物。物业垃圾主要来源于人类的生产和消费活动。垃圾的分类方法有很多种，按物业垃圾来源可分为工业垃圾、生活垃圾、街面垃圾、农产品废物垃圾；按回收目的可分为资源型垃圾、可燃型垃圾、不可燃型垃圾、有毒型垃圾和大型垃圾五类；按其性质可分为有机垃圾和无机垃圾。物业垃圾会侵占土地、污染环境、引发垃圾爆炸事故、危害人体健康等。因此，城市垃圾处理已成为城市管理的重要内容之一，而垃圾处理水平则成为反映一个城市文明程度以及管理者环境意识的标志。物业垃圾的防治，要着重做好物业垃圾减量化、清扫经常化、垃圾资源化、垃圾袋装化等几个方面的工作。物业生活垃圾从收集、中转、运输至最终处理组成一个完整的生活垃圾处理系统，该系统中的前三个环节即收集、中转、运输被称为生活垃圾的收运系统，涉及的技术环节有垃圾收集技术或分类收集技术、收集站建设、转运站建设、收集车辆、中转车辆等。物业垃圾处置方法有焚烧法、卫生填埋法、生物发酵法、热解法、分选回收法及综合处理法等。

公共场所的卫生管理除了要创造一个洁净的卫生环境，还有一项重要工作是预防和控制公共场所中传染病的发生和流行，选用正确的消毒方法和合适的消毒药物，达到消毒的目的，最大限度地减少各种传染病的发生，确保物业管理区域内业主和使用人的身体健康。

走进物业公司

实训项目：某物业小区灭蟑螂行动

近期据业主反映，小区蟑螂较多，影响了大家的正常生活秩序，为改善物业的卫生状况，给业主提供卫生、舒适的生活环境，体现全面服务的精神，物业中心自筹资金统一购进一批灭蟑螂药（还可配合灭蚊蝇、蚂蚁等），并决定于本月 24 日（周日）起对小区实施集中灭蟑螂行动，希望各位业主积极配合，届时在家中留人，做好相关准备。

[实训目的] 练习编制灭蟑螂方案（包括时间、方法、注意事项等）。

[实训内容] 每组 5 人，编制一份灭蟑螂方案。

[实训考核] 每组交一份方案。

考考物业管理员

一、判断题

1. 影响流行病传播的三个环节是传染环境、传播途径和易感人群。（　　）
2. 由病毒、细菌、衣原体、立克次氏体等引起的病害称为传染性病害。（　　）
3. 通风能够杀灭病原体。（　　）
4. 要控制公共场所传染病的传播，切断传染源是最有效的方法。（　　）
5. 紫外线消毒属于物理消毒。（　　）

二、不定项选择题

1. 下面哪些属于有机垃圾？（　　）

A. 果皮　B. 灰土　C. 玻璃　D. 报纸

2. 垃圾根据其化学性质可分为（　　）和（　　）。

A. 有机废物　B. 固体废物　C. 无机废物　D. 液体废物

3. 可回收垃圾包括（　　）。

A. 纸类　B. 金属　C. 电池　D. 玻璃

4. 常见呼吸道传染病有（　　）。

A. 麻疹　B. 流行性感冒　C. 伤寒　D. 霍乱

5. 常见消化道传染病有（　　）。

A. 伤寒　　B. 肺结核　　C. 痢疾　　D. 霍乱

6. 收集、中转、运输至最终处理组成一个完整的生活垃圾处理系统，该系统中的（　　）被称为生活垃圾的收运系统。

A. 收集　　B. 处理　　C. 中转　　D. 运输

三、简答题

1. 物业垃圾有哪些危害？
2. 如何治理物业垃圾？
3. 焚烧法有哪些优缺点？
4. 卫生填埋法有哪些优缺点？
5. 简述物业垃圾的主要处理方法。
6. 简述消毒与灭菌的区别和联系。

项目五　物业环境绿化管理

动脑筋

在一家物业公司中，绿化管理人员要给绿地内种植的树木、花卉和草坪等浇水、打药、修剪、补植、施肥，夏季要遮阴防暑，冬季则要防寒保暖，物业管理人员应该具备哪些素养，才能照顾和管理好管辖区域的植物呢？

任务导读

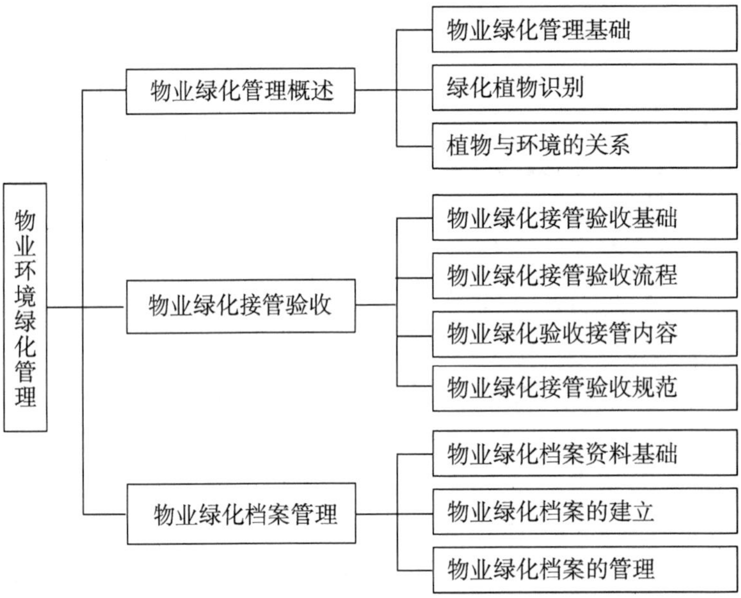

本章学习目标

知识目标：1. 掌握物业绿化管理内容、意义。

2. 熟悉常见花卉、草坪、树木的分类。

3. 了解绿化的相关知识。

能力目标：1. 了解物业绿化接管验收程序。

2. 掌握物业绿化档案管理方法。

任务一　物业绿化管理概述

任务导入

草坪与菜地

刘大爷跟随儿子居住在某小区，儿子上班后，无聊的刘大爷把门前一块被人践踏的草坪松土后种上了白菜和蒜苗。小区的物业公司屡次派人劝说刘大爷铲除蔬菜都被其拒绝，最后通过多方工作，刘大爷终于铲掉蔬菜，物业公司也安排员工迅速恢复了草坪。

问题与思考：

为什么小区草坪不能被改成菜地？

知识探究

物业绿化管理是通过对绿化植物及园林小品等进行养护管理、保洁、更新、修建等工作，建设高品位、高质量的绿化空间环境，创造一个舒适、美观、休闲的有益于身心健康、令人充满活力的人居生态景观。良好的物业绿化环境不仅可以美化城市，还可以改善业主们的生活质量，扩大业主们的人际交往，并能让人们走进自然，亲近自然，更好地了解自然。因此，物业绿化管理工作是一项重要的长期工作。

一、物业绿化管理基础

（一）定义

物业绿化管理指对物业内外及其附属设施的园林绿化植物及园林建筑、园林小品等进行养护管理、保洁、更新、修建，并对园林植物等采取淋水、施肥、修剪、中耕、除草及病虫害防治、防风、防寒等养护措施，达到改善、美化环境，保持环境生态系统良性循环的效果，并使业主的物业得到保持和升值的活动。

“三分种，七分管”体现了在物业绿化管理中养护和管理的重要性。养护与管理是一项经常性的工作，绿化工程施工验收交接后，养护管理尤其重要。为了使物业绿化区域的各种绿化植物成活率高，长势良好，给物业环境塑造良好的景观形象，就要根据这些植物的生物学特性、生长发育规律和当地的具体生态条件制定一套良好的适合实际的养护管理措施。相反，只栽不管，不仅得不到应有的绿化美化功效，反而容易大煞风景，比没有绿化植物还要难看。

（二）物业绿化管理的范围

花木管理：繁殖、栽培、淋水、中耕除草、修剪、施肥、病虫害防治、防寒、防风、防涝、绿化保洁。

园林建筑、小品、园路的管理：维护、修复、翻新。

园林绿化改造：花坛改造、花木更新、草坪翻新、大树移植、景点增减。

花艺设计及场所布置：办公室、酒店、茶楼、会所、商业场地。

观赏鱼喂养：古典园林中的水池、锦鲤、金鱼。

其他：私家花园、园林机械维修。

（三）物业绿化的意义

物业绿化为人们创造了富有生活情趣的环境，是环境质量好坏的重要标志。随着人们物质、文化生活水平的提高，人们对工作和居住环境的要求也越来越高，因此，物业绿化有着重要的意义和作用。

1. 物业绿化带来良好的环境效益

物业绿化以植物为主，从而在净化空气、减少尘埃、吸收噪声，以及保护物业环境方面有着良好的作用，同时有利于改善小气候、遮阳降温、防止日晒、调节气温、降低风速，而在炎夏静风时，绿化形成的温差可以促进空气交换，还可以调节温度、调节湿度、净化空气、净化水体、净化土壤、杀死病菌、降低噪声、保持水土。

2. 物业绿化增强社会效益

婀娜多姿的花草树木，丰富多彩的植物布置，以及少量的建筑小品、水体等的点缀，利用植物分割空间、增加层次，能够美化居住区的面貌，使得居住区建筑群更显生动活泼。同时，物业绿化环境也可为社区文化活动提供场所以及防灾避难等。

3. 物业绿化影响物业公司的经济效益

良好的物业绿化环境会吸引更多业主，绿化环境不佳则可能导致业主抛售物业，另换新的位置。另外，物业绿化环境管理到位，业主也愿意缴纳物业管理费，否则会影响物业管理费的收取。

4. 良好的物业绿化景观能够体现物业公司的形象

美丽多姿的花草树木，色彩多样的植物配置，大大增强了环境的观赏性，给人们留下美好的进入小区的第一印象，这也是一个物业公司展示自身形象的窗口，人们也会因此对物业公司留下管理措施到位、管理效果优良的印象。

由此可见，物业绿化对城市人工生态系统的平衡、城市面貌的美化，以及对人们良好心理状态的保持都很有意义。随着人们审美需求的不断提升，物业环境景观开始呈现出多元化的发展趋势，提倡简约明快的景观设计风格。环境景观还更加关注居民生活的舒适性，不仅要为人所赏，还应为人所用。在物业管理中，绿化管理与安全管理、设备管理具有相同重要的地位和作用，需要管理人员精心安排和合理运用管辖范围内的绿化植物，为业主提供一个舒适的生活工作环境。

二、绿化植物识别

（一）按花卉的生物学特性分类

1. 草本花卉

茎部木质成分少、茎多汁，柔软脆弱。

（1）一年生花卉：在当年内完成其生活史，通常为春播，夏秋开花结果，生产上又称其为春播花卉。比如千日红、福禄考、半枝莲、凤仙花、万寿菊等。

（2）二年生花卉：跨年度完成生活史的花卉，通常秋播，当年仅停留于营养生长，接受冬季低温过程中的春化作用，次年春、夏季可开花结实、死亡，故又称其为秋播花卉。比如金盏菊、雏菊、紫罗兰、三色堇等。

（3）多年生草本花卉：通常多次开花结实，寿命均在两年以上，依地下部分的形态可分为以下两种。

①宿根花卉：根部宿存过冬，翌春继续萌发生长，根部形态正常，不发生变态。比如菊花、萱草、芍药、玉簪、四季秋海棠、荷包牡丹、香石竹等。

②球根花卉：地下部具有肥大而富含营养的变态茎或变态根，主要有以下几种。

• 球茎类：地下茎短缩肥大，为数层膜质外皮包裹，球茎下部形成环状痕迹即短缩的节，顶部有肥大顶芽，抽芽形成地上部，春或秋以肥大的球茎或子球繁殖。比如唐菖蒲、小苍兰、番红花等。

• 鳞茎类：地下茎短缩或呈盘状。比如水仙、百合、风信子、郁金香、朱顶红等。

• 根茎类：外形似根的地下茎，多肉质肥大，有分枝，有明显节和很短节间，每节有侧芽，位于节上退化的鳞片叶叶腋处。比如美人蕉、姜花、铃兰等。

• 块茎类：短而肥大的不规则块根状地下茎节，节上有芽眼，可抽枝发叶，通常用块茎繁殖。比如马蹄莲、大岩桐、彩叶芋、仙客来等。

• 块根类：根膨大成块根，块根顶端有发芽点，由此萌发新梢。比如大丽花、花毛茛等。

（4）水生花卉：终年生长在水中，多为多年生具根茎和宿根的草本花卉。根据它们在水中生长的姿态，可分为以下四种。

① 挺水型：茎、叶、花挺立于水面以上，根系扎于泥中。比如荷花、水菖蒲等。

② 浮水型：茎、叶、花漂浮于水面，根系扎于泥中。比如睡莲、王莲等。

③ 沉水型：植株茎、叶均沉于水中，根系扎于泥中。比如金鱼藻、鱼草、苦草等。

④ 漂浮型：根系不入土，全株漂浮移动于水面。

（5）仙人掌及多浆多肉植物类：茎叶具有多种变态，有发达的储水组织，呈肥厚状，肉质而多浆，部分种类叶退化成针刺状，刺座着生于变态茎。刺座、仔球、茎节、花朵体态奇特，花色艳丽，颇具趣味性。常见的有仙人掌、仙人球、令箭荷花、蟹爪兰、昙花、石莲花、玉树等。

（6）草坪及地被植物。

①草坪：园林中覆盖地面的低矮禾草类，多为多年生草本。比如禾本科、莎草科、豆科等，具体包括结缕草、黑麦草、野牛草、狗牙根、早熟禾、剪股颖、地毯草、羊茅等。

②地被植物：低矮的植物群体总称，可覆盖地面，宿根草本为主，包括观叶类、小灌木及藤木。

2. 花木类（木本花卉）

茎干坚硬，茎干大部分组织木质化，寿命较长，通称“花木类”。依据高度、分枝不同可分为以下四类。

（1）花灌木：无明显主干，自地面分枝丛生的花灌木，分为落叶、常绿两种，是木本花卉中最多的一类，有木槿、月季、榆叶梅、茉莉、栀子、蜡梅、夹竹桃、丁香、黄刺玫等。可进一步分出亚灌木或半灌木（介于草、藤之间），寿命较短，茎半木质化，有天竺葵、香石竹、富贵竹等。

（2）小乔木：高度、分枝位置、主干明显程度均介于灌、乔木之间的木本，数量仅次于花灌木。落叶类包括金缕梅、紫荆、花石榴等。常绿类包括含笑、火棘、枸骨、山茶等。

（3）乔木：植株高大，主干明显，分枝位置较高的木本花卉。比如梅花、碧桃、白玉兰、二乔玉兰、银杏等均为落叶乔木花卉，广玉兰、白兰等为常绿乔木花卉。

（4）藤木类：茎不能直立的木本植物。茎呈螺旋状缠绕在其他物体上，借吸盘、气生根等特殊攀缘器官向上，或茎、节部生出不定根茎匍匐于地面。比如紫藤、洋常春藤、凌霄、金银花等。

（二）按花卉园林用途分类

1. 花坛花卉

可以用于布置花坛的一、二年生露地花卉。比如春天开花的有三色堇、石竹等；夏天的花坛常栽种凤仙花、雏菊、鸡冠花等；秋天常选用一串红、万寿菊、九月菊等；冬天花坛内可适当布置些羽衣甘蓝等。

2. 盆栽花卉

以盆栽形式装饰室内及庭院的花卉。比如金边瑞香、富贵籽、扶桑、文竹、一品红、金橘等。

3. 室内花卉

较耐阴，适宜室内摆放的一类花卉。一般的观叶类植物都可作为室内观赏花卉。比如发财树、巴西木、绿巨人、绿萝、五彩玉米等。

4. 切花花卉

从植物体上剪切下来的花朵、花枝、果枝、叶片以及干枯枝条等的总称，常用于制作花束、花篮、花圈、新娘捧花及其他插花作品。切花花卉可分为以下几类。

（1）宿根类：如非洲菊、满天星、鹤望兰等。

（2）球根类：如百合、郁金香、马蹄莲、香雪兰等。

（3）木本类：如桃花、梅花、牡丹等。

5. 荫棚花卉

在园林设计中，在亭台树荫下生长的花卉。麦冬草、红花草以及蕨类植物，皆可作为荫棚花卉。

（三）按观赏特性（器官）分类

1. 花类

以花作为主要观赏器官，如菊花、月季、剑兰、鸡冠花等。

2. 观叶类

以叶作为主要观赏器官，如龟背竹、花叶芋、孔雀竹芋、龙血树、万年青、巴西铁树、文竹等。

3. 观茎类

茎体态奇特，颇具观赏性、趣味性，如佛肚竹、光棍树、虎刺梅等。

4. 观果类

果型、果色、大小等较为奇特，如富贵籽、金橘、石榴、五色椒等。

5. 芳香类

花具有香气，如米兰、含笑花、茉莉、栀子花、白兰花、桂花、虎舌红等。

（四）按树木生长类型分类

1. 乔木类

乔木是指树身高大的树木，由根部发出独立的主干，主干直立且通常高达 6m 以上，树干和树冠有明显区分。

乔木按高度可分为伟乔（31m 以上）、大乔（21 ~ 30m）、中乔（11 ~ 20m）、小乔（6 ~ 10m）四级。与低矮的灌木相对应，我们通常见到的高大树木都是乔木，如木棉、松树、玉兰、白桦等。

乔木按冬季或旱季落叶与否，又分为落叶乔木和常绿乔木。

常绿树木不是不落叶，而是每年都有新的叶片长出，在新叶长出的时候也有部分旧叶脱落。

2. 灌木类

指那些树体矮小（在 6m 以下）、没有明显的主干、呈丛生状态的树木，一般可分为观花、观果、观枝干等几类。

3. 藤木类

能攀附他物而向上生长的蔓性植物，多借助于吸盘（如爬山虎等）、吸附根（如凌霄等）、卷须（如葡萄等）、蔓条（如蔷薇等）及干茎本身之缠绕性而攀附他物（如紫藤等）。

4. 匍匐类

干、枝均匍地生长，如铺地柏等。

（五）按树木在园林绿化中的用途分类

1. 风景树（孤赏树）

通常作为庭院和局部的中心景物，可以赏其树型或姿态，也有赏其花、果、叶色等的。

世界五大公园树种：雪松、金钱松、南洋杉、日本金松、巨杉。

- 雪松：又称香柏，是松科雪松属植物的统称。
- 金钱松：又名金松、水树，是落叶大乔木，属松科，树干通直，高可达40m，胸径可达1.5m。
- 南洋杉：常绿乔木，高可达60～70m，喜温暖和阳光，既能忍受40℃的高温，也能耐受－5℃的低温。
- 日本金松：常绿针叶树，树冠呈圆锥形，树皮红褐色，叶正面深绿色，背面淡黄色。
- 巨杉：陆生植物中体型最大的常绿针叶乔木。

2. 庭荫树

栽种在庭院或公园以取其绿荫为主要目的的树种，一般多为叶大荫浓的落叶乔木，在冬季人们需要阳光时落叶。例如，梧桐、七叶树、槐树、栾树、朴树、榉树、榕树、樟树等。

3. 行道树

种在道路两旁给车辆和行人遮阴并构成街景的树种。落叶或常绿乔木均可作行道树，但必须具有抗逆性强、耐修剪、主干直、分枝点高等特点。例如，悬铃木、槐树、椴树、七叶树、元宝枫、樟树、银桦等。

世界五大行道树种：银杏、鹅掌楸、欧洲椴、悬铃木、七叶树。其中，悬铃木被称为“行道树之王”。

- 银杏：又称白果树、公孙树，落叶大乔木，高可达40m，胸径可达4m。银杏最早出现于3.5亿年前的石炭纪，科学家称它为“活化石”“植物界的熊猫”。银杏生长较慢，寿命可达千余岁。
- 鹅掌楸：又名马褂木，落叶大乔木，株高可达60m，胸径可达3m。鹅掌楸树形端正雄伟，花大而美丽，叶呈鹅掌形，为世界珍贵树种之一。17 世纪从北美引种到英国，其黄色花朵形似杯状的郁金香，故欧洲人称为“郁金香树”，是城市中极佳的行道树，对有害气体的抗性较强，也是工矿区绿化的优良树种之一。

• 欧洲椴：又名捷克椴，是捷克的国树，是北部欧洲常见的温带植物种类。欧洲椴属于乔木，茎皮富含纤维，适应性强，抗污染，目前在世界各地广泛栽培，常用作行道树。

• 悬铃木：落叶乔木，高可达 35m，树冠广阔，树皮为灰绿色，树干高大，枝叶茂盛，生长迅速，易成活，耐修剪，所以广泛栽植作行道树。该树种对二氧化硫、氯气等有毒气体有较强的净化作用。20 世纪初，悬铃木大量引入我国，主要由法国人种植在上海的法租界内，故又称“法国梧桐”。

• 七叶树：别名马栗树，落叶乔木，其根系发达，耐干旱瘠薄，较耐寒，树干耸直，树冠开阔，叶大而形美，遮阴效果好，初夏时繁花满树，是世界著名的观赏树种。

4. 花灌木

通常指有美丽、芳香的花朵或色彩艳丽的果实的灌木和小乔木。这类树木种类繁多，观赏效果显著，在园林绿地中广泛种植。花灌木可起到高大乔木和地面之间的过渡作用，从而丰富边缘线。例如，梅花、桃花、榆叶梅、连翘、丁香、月季等。

5. 藤本类

具有细长茎蔓的木质藤本植物。它们可以攀缘或垂挂在各种支架上，有些可以直接吸附于垂直的墙壁，它们不占或很少占用土地面积，应用形式灵活多样，是各种棚架、凉廊、栅栏、围篱、墙面、拱门、灯柱、山石、枯树等的绿化好材料。在提高绿化质量，丰富园林景色，美化建筑立面等方面有独到之处。例如，紫藤、凌霄、络石、爬山虎、常春藤、葡萄、金银花等。

6. 绿篱树种

绿篱是成行密植，通常需要修剪整齐的一种园林植物，主要起着划定范围和防范作用，也可用来分隔空间和阻挡视线，或作雕塑、喷泉等的背景。用作绿篱的树种，一般都是耐修剪、多分枝和生长较慢的常绿树种，比如黄杨、女贞、珊瑚树等，也有以观赏其花果为主而不加修整的自然式绿篱，常用树种有小檗、贴梗海棠、黄刺玫、珍珠梅、枸橘、木槿等。

7. 地被植物

用于对裸露地面进行绿化覆盖的低矮灌木或藤木，比如铺地柏、箬竹、金银花、爬山虎、常春藤等。

8. 岩石植物

在岩石园中种植的低矮植物，如南天竹、六月雪、竹类等。

9. 盆栽及盆景

盆栽及盆景是将植物种植在盆中用来观赏的。盆景要求植株古朴、叶小、生长缓慢、易造型。比如榔榆、银杏、梅、日本五针松、棕竹等。

10. 果木

园林结合生产树种，需要配置合适。在园林中的果木，管理粗放，游人可以进去活动，是开放式的，又有观赏价值。比如枇杷、海棠、核桃、柿子等。

11. 林木

园林结合生产的树种，一般在风景区，游人少至的偏僻处，可种松树、栎树等。

12. 室内装饰植物

需选择耐阴植物。棕榈科植物中除椰子、刺葵都耐阴。

13. 屋顶花园植物

一般选择根系浅的植物，植物根系长度通常为 30～40cm；体量要轻。比如金银花、竹类、散尾葵等。

三、植物与环境的关系

物业环境中的植物与其他事物一样，不能脱离环境而单独存在。一方面，环境中的温度、水分、光照、土壤、空气等因子对植物的生长和发育有着重要的生态作用；另一方面，植物对变化的环境也会产生各种不同的反应和多种多样的适应性。在进行物业绿化或植物造景时，应充分考虑环境中各生态因子相互作用的基本规律。

生态因子对园林植物的影响是综合的，也就是说，植物是生活在综合的环境因子之中的，缺乏任一因子，植物均不能正常生长。环境中的各生态因子又是相互联系、相互制约的，环境中任何一个单因子的变化必将引起其他因子不同程度的变化，例如，光照强度的变化常会直接引起气温和空气相对湿度的变化，从而引起土壤温度和湿度的变化。在整个生态环境中，虽然各生态因子都是植物生长发育所必需的，但对某一种植物甚至植物的某一个生长发育阶段来说，往往有 1～2 个因子起着决定性的作用，这种起决定作用的因子就被称为“主导因子”。如热带兰花大多是热带雨林植物，其主导因子是高温高湿，仙人掌是热带草原植物，其主导因子是高温干燥，这两种植物离开高温都会死亡。又如高山杜鹃，在引种到低海拔平地时，空气湿度是其能否存活的主导因子。

不同生长环境中生长着不同的植物种类，例如，棕榈科植物的绝大部分种类都需要生长在温度较高的热带和亚热带南部地区，如椰子、油棕、皇后葵、假槟榔、鱼尾葵、散尾葵、袖珍椰子、槟榔等；落叶松、云杉、冷杉、桦木等则需要生长在寒冷的北方或高海拔处；桃、梅、木棉、三角梅、印度橡胶榕、小叶榕、大叶榕等需要生长在阳光充足之处；铁杉、金粟兰、紫金牛、六月雪、野扇花等喜欢阴凉的环境；杜鹃、山茶、栀子花、黄桷兰、含笑花等喜欢酸性土壤；柽柳、真柏、锦鸡儿则能生长在盐碱土壤中；沙枣、龙血树、光棍树在干旱的荒漠上能顽强生长；荷花、睡莲、萍蓬草、石菖蒲等生长在湖泊、池塘中。

如果环境中的生态因子发生变化，那么植物的生长发育也会发生变化。环境中的生态因子不是固定不变的，而是处于周期性变化之中的。一方面，不同的环境能影响植物的外部形态和内部结构，如长日照能使唐菖蒲由营养生长转向生殖生长；另一方面，环境还会影响植物体内有机物质的变化，很多药用植物从野生引种栽培后变化较大，如欧乌头的根在寒冷的气候下变得无毒；杜仲阳面的叶片含胶量为60%左右，而阴面的叶片含胶量仅为3% ~4%等。

一般认为，在气候温和、湿润的地区，野生植物和栽培植物各部分的物质形成以淀粉、碳水化合物为主，而在气温较高和土壤比较干燥、光照充足的地区，植物中蛋白质的含量较高。

下面主要介绍主要生态因子对园林植物的生态作用及景观效果的影响。

（一）温度

温度是影响园林植物的重要因子之一，它不仅影响着植物的地理分布，还制约着植物生长发育的速度。具体来说有以下几个方面。

1. 温度对园林植物生长的影响

温度的变化直接影响着植物的光合作用、呼吸作用、蒸腾作用等生理作用。每种植物的生长都有最低、最适、最高温度，称为温度的三基点。一般来说，植物生长的温度范围为4℃ ~36℃。

但是，不同植物及植物的不同生长阶段对温度的要求差异较大。

（1）热带植物：槟榔、椰子等在18℃以上才能开始生长。

（2）亚热带植物：香樟、小叶榕、印度橡胶榕、竹类等在15℃左右开始生长。

（3）暖温带植物：桃花、紫叶李、梅花等在10℃甚至不到10℃时就开始生长。

（4）温带树种：紫杉、云杉、白桦在5℃时就开始生长。

一般植物在0 ~35℃的温度范围内随温度上升，生长速度加快，随温度降低，生长速度减缓，但是，当温度超过植物所能忍耐的最低和最高温度极限时，植物的部分器官将受害甚至全株死亡。

在实际生活中，低温对植物生长的影响较为突出，它会使植物遭受寒害或冻害。

（1）寒害：气温在0℃以上时植物遭受的伤害。

（2）冻害：气温低于0℃时植物遭受的伤害。

冻害的危害程度视极端低温值、低温持续的天数、降温速度而异，也与植物的抗性大小有关。在相同的低温条件下，降温速度越快，植物受伤害越严重，低温持续的时间越长，植物受伤害的程度越大。土壤低温对园林植物的危害也较大。

2. 温度对园林植物开花的影响

温度对园林植物开花的影响首先表现在花芽分化方面。此外，温度对花色也有一定的影响，其原因是花青素和色素的形成与积累受温度的控制，温度适宜时，花色艳丽，反之则暗淡。

3. 温度与植物景观

在园林植物配置与造景时，应尽量提倡应用乡土树种，控制南树北移、北树南移，或经栽培试验可行后再用。比如，椰子在海南岛南部生长旺盛，果实累累，到了北部则果实变小，产量显著降低，在广州不仅不结果，甚至还会发生冻害；又如凤凰木原产于热带非洲，在当地生长十分旺盛，花先于叶开放，引至海南岛南部后，花期明显缩短，有花叶同放现象，引至广州后，大多变成先长叶后开花，花的数量明显减少，甚至只有叶片而不开花，大大影响了景观效果。

在园林实践中，由于不同园林植物对温度的适应能力不同，因此应注意落叶与常绿树种的搭配，以及四季开花植物的搭配，做到四季有景、季季有花，以体现温度变化与植物景观的关系。

（二）光照

光照对园林植物的影响主要表现在光照强度、光照长度和光质三个方面。

1. 根据不同光照强度要求划分的植物生态类型

根据植物对光照强度的要求不同，一般将植物分成阳性植物、阴性植物和介于这二者之间的耐阴植物。

（1）阳性植物：要求有较强光照，不耐阴，在全光照条件下生长良好，否则枝条纤细，叶片黄瘦，花小而淡，开花不良，在自然植物群落中，大多为上层乔木。比如木棉、橡皮树、银杏、紫薇、木麻黄、椰子、杨柳、棕榈及多数一、二年生草本植物。

（2）阴性植物：大多原产于热带雨林或高山阴坡及林下，一般需光度为全日照的5% ~20%，不能忍耐过强光照。在自然植物群落中常处于中、下层，或生长在潮湿背阴处，如红豆杉、肉桂、珠兰、中华常春藤、三七、人参、黄连、吉祥草、阔叶麦冬、蕨类、一叶兰、兰花、文竹等。

（3）耐阴植物；一般在充足光照条件下生长最好，但亦有不同程度的耐阴能力，需光度在阳性和阴性植物之间，大多数植物属于此类，如罗汉松、竹柏、栾树、君迁子、桔梗、白芨、棣棠、珍珠梅、杜鹃、山茶、八仙花、七叶树、五角枫等。

2. 园林植物耐阴性在植物配置与造景中的应用

在植物配置与造景时，对温度、水分、土壤因子都可以通过适地适树以及加强管理、换土等措施来满足和控制，而植物的耐阴性，只有通过对各种树种及草本植物耐阴程度的了解，才能在顺应自然的基础上科学地配植，组成既美观又稳定的人工植物群落。根据经验来判断植物的耐阴性，是目前植物造景的主要方式，但是其结果极不准确。

这里介绍以下几种植物的种植要点。

（1）杜鹃在进行配置与造景时，宜植于林缘、孤立树的树冠正投影边缘或上层乔木枝下高较高、枝叶稀疏、密度不大的地方。

（2）山茶花配植于白玉兰树下则花、叶均茂，早春红、白花朵相继而开。

（3）广玉兰树下不适宜配植山茶花。

（4）垂丝海棠配植于桂花丛中、香樟树下及建筑物北面均开花茂盛。

另外，在园林实践中，也有通过调节光照来控制花期以满足造景需要的，例如，一品红为短日照植物，正常花期在12月中、下旬，为了使其在“十一”开花，一般在8月上旬就开始进行遮光处理，每天见光8～10小时，用其在国庆布置花坛、美化街道以及在各种场合造景。

（三）水分

水分是植物体的重要组成成分，无论是植物对营养物质的吸收和运输还是植物体内进行的一系列生化反应，都必须在水分的参与下才能进行，水分也是影响植物形态结构、生长发育等的重要生态因子。

1. 空气湿度与植物景观

空气湿度对植物生长起着很大的作用。在自然界，在云雾缭绕、高海拔的山上，有着千姿百态的观赏植物，它们或长在岩壁上、石缝中，或附生于其他植物，这类植物没有坚实的土壤基础，它们的生存得益于较高的空气湿度。比如，在高温高湿的热带雨林中，高大的乔木上通常附生有大型的蕨类，如鸟巢蕨、崖姜蕨、书带蕨等，它们呈悬挂下垂姿态，人们抬头远望，犹如空中花园。

2. 水分与植物景观

不同的植物由于长期生活在不同水分环境中，形成了在水分需求上的不同生态习性和适应性。这里主要介绍水生、湿生和旱生植物景观。

（1）水生植物景观。水生植物生活在水中，有的沉水，有的浮水，有的挺出水面，因此，形成的水面景观各有不同。常见的水生植物如表5－1所示。

表5－1　常见的水生植物

植物名	科别	特性	适应水深（m）
菱	菱科	一年生浮叶水生草本	3.0～5.0
莲	睡莲科	多年生水生草本	0.5～1.5
睡莲	睡莲科	多年生水生草本	0.25～0.35
萍蓬草	睡莲科	多年生浮水草本	浅水
凤眼莲	雨久花科	多年生水生草本	0.3～1.0
慈姑	泽泻科	宿根水生草本	0.10～0.15
水芋	天南星科	多年生草本	0.15以下
蒲草	香蒲科	多年生宿根草本	0.3～1.0

续表

植物名	科别	特性	适应水深（m）
水葱	莎草科	多年生挺水草本	沼泽或浅水
莼菜	睡莲科	多年生宿根草本	0.3～1.0
水芹	伞形科	多年生沼泽草本	0.3～1.0

（2）湿生植物景观。在自然界中，这类植物的根常没于浅水或潮湿的土壤，要求空气湿度较高，在干燥的环境中常生长不良，在植物造景中可用的这类植物有落羽杉、池杉、水松、垂柳、旱柳、枫杨、乌桕、白蜡、三角枫、柽柳、夹竹桃、榕树、马蹄莲、水杉、海芋、龟背竹、广东万年青等。

（3）旱生植物景观。旱生植物多原产于热带干旱或荒漠、沙漠地区，具有较强的抗旱能力。我国常见的抗旱树种有仙人掌类、小叶杨、小叶锦鸡儿、雪松、杨树、榆树、胡颓子、侧柏、桧柏、黄连木、合欢、君迁子、紫穗槐、紫藤、皂荚等，这些植物是旱生景观造景的良好树种。

（四）空气

空气对园林植物的影响是多方面的。空气中的二氧化碳和氧都是植物光合作用的主要原料和物质条件，这两种气体直接影响着植物的健康生长与开花状况。

在园林实践中，对植物景观影响较大的是一些有害气体，它们直接威胁着园林植物的生长发育。因此，在园林植物配置与造景时，要因地制宜，选择对有害气体具有抗性的园林植物。各种有害气体对植物的危害症状如表 5－2 所示。

表 5－2　各种有害气体对植物的危害症状

气体名称	危害症状
二氧化硫	叶脉间、叶缘间出现点状或块状伤斑，产生失绿漂白或褪色变黄的条纹，叶脉一般保持绿色
氯化氢	叶片先端和边缘呈环带斑枯，逐渐向内发展，严重时叶片枯萎脱落
氯气	破坏叶绿素，叶片产生褪色伤斑，严重时全叶漂白脱落，伤斑与健康组织之间无明显界限
光化学烟雾	破坏叶绿素，叶片背面变成银白色、棕色、古铜色或玻璃状，严重时整片叶变色

（五）土壤

土壤是园林植物生长的基质，一般栽培园林植物所用土壤应具备良好的团粒结构，疏松、肥沃，排水和保水性能良好，并具备丰富的腐殖质和适宜的酸碱度。

1. 土壤物理性质对植物的影响

土壤物理性质主要是指土壤的机械组成。理想的土壤应是“疏松、有机质丰富，保水、保肥力强，有团粒结构的土壤”。城市土壤具有极大的特殊性，包括以下几点，所有这些因素都是植物生长的不利因素。

（1）城市内由于人流量大，人踩车压，增加了土壤密度，降低了土壤的透水和保水能力。

（2）土壤被踩紧实后，土壤内孔隙度降低，土壤通气不良，抑制了植物根系的伸长生长。

（3）城市内一些地面用水泥、沥青、铺砖等铺装，封闭性大，留出的树池很小，也造成土壤透气性差、硬度大。

（4）大部分裸露地面夏季吸热较强，提高了土壤温度。

2. 土壤不同酸碱度对园林植物的影响

自然界中土壤酸碱度是受气候、母岩及土壤中的无机和有机成分、地形地势、地下水和植物等因子所影响的。

据我国土壤酸碱性情况，可把土壤酸碱度分为5级：pH＜5.0为强酸性；pH5.0～6.5为酸性；pH6.5～7.5为中性；pH7.5～8.5为碱性；pH＞8.5为强碱性。

根据园林植物对土壤酸碱度的要求，可以将其分为三类。

（1）酸性土植物。在酸性土壤上生长较好，一般pH＜6.5，这些植物在碱性土或钙质土上不能生长或生长不良，它们多分布在高温多雨地区，如杜鹃、山茶、白兰、含笑、珠兰、茉莉、八仙花、肉桂、棕榈、印度橡胶榕、栀子花、油茶等。

（2）中性土植物。在中性土壤上生长最佳的种类，绝大多数园林植物属于此类。

（3）碱性土植物。在碱性的或轻或重土壤上生长最好的种类，也包括少部分能忍耐一定盐碱的园林植物，称为耐碱土植物，如仙人掌、玫瑰、柽柳、白蜡、木槿、紫穗槐、木麻黄等。

土壤中含有游离的碳酸钙，称为钙质土，有些植物在钙质土上生长良好，称为“钙质土植物（喜钙植物）”，如南天竹、柏木、臭椿等。

（六）营养元素

1. 植物生长必需的营养元素

植物的生长发育，必须从土壤和空气中获取大量的矿物质营养元素。植物必需的多种营养元素中，大量元素有碳（C）、氢（H）、氧（O）、氮（N）、磷（P）、硫（S）、钾（K）、镁（Mg）、钙（Ca）、硅（Si），微量元素有铁（Fe）、锰（Mn）、锌（Zn）、铜（Cu）、硼（B）、钼（Mo）、氯（Cl）、钠（Na）、镍（Ni）。为了使植物得到这些营养元素，人们常用施基肥、追肥和根外追肥等方法。

碳、氢、氧可以从空气和土壤中获得。而物业绿化环境中的花木对氮、磷、钾的需求量要比土壤的供应量大，必须通过人工施肥补充。不同植物对这三者的需求量是不同的。比如球根花卉需钾较多，氮、磷、钾配合的比例为1∶1∶2，观花果植物要求的氮、磷、钾配合比例为2∶3∶1，观叶花卉适宜的氮、磷、钾配合比例是3∶1∶1。肥料是植物养分的来源，合理施肥可以促进植物的生长与发育。

2. 植物的营养贫乏症

在有些地方，由于土壤或水质因素，植物吸收不到足够的营养而出现营养贫乏症。比如缺铁、镁，叶片出现黄化症；缺锌，叶片明显变小，发生小叶症；缺硼，嫩叶失绿，落花落果；缺钙，顶芽受损伤，并引起根尖坏死等。根据植物外部表现诊断为营养贫乏症，及时补充所缺的营养元素就能减少损失。

物业管理小专家

生物相关性

某些植物之间如同水火不相容一样不能共同生存，一种植物的存在会导致其他植物的生长受限甚至死亡，或者两者都受到抑制。当然，也有部分植物种植在一起会互相促进生长。因此，在进行植物配置与造景时，要区别哪些植物可以“和平共处”，哪些植物“水火不容”。下面介绍一些植物相克或相生的例子。

1. 相克

（1）黑胡桃不能与松树、苹果、马铃薯、番茄、紫花苜蓿及各种草本植物栽植在一起，却能与覆盆子共生。

（2）苹果树行间种马铃薯、芹菜、胡麻、燕麦、苜蓿等植物，苹果树的生长会受到抑制，因为马铃薯的分泌物能降低苹果树根部和枝条的含氧量，使其发育受阻；但在苹果园种南瓜可使南瓜增产。

（3）刺槐、丁香、薄荷、月桂等能分泌大量的芳香物质，对某些邻近植物的生长有抑制作用。

（4）榆树与栎树、白桦不能间种。

（5）松树与云杉不能间种。

（6）银桦幼苗根部如与壮龄树接触，则幼苗会死亡。

（7）风信子、稠李会抑制某些植物的生长。

（8）丁香与铃兰、水仙与铃兰、丁香与紫罗兰不能混种。

（9）甘蓝与芹菜不能混种。

（10）如果把果树种在各种花卉旁边，花卉就会凋谢。

（11）桃树与茶树不能间种，否则茶树枝叶会枯萎，桃树周围亦不能种植杉树，否则杉树不能成材。

（12）松树不能与接骨木生长在一起。

2. 相生

（1）黑接骨木对云杉根系的分布扩展有利。

（2）皂荚、白蜡树与七里香在一起可促进种间结合。

（3）黑杆红瑞木与白蜡树在一起有促进作用。

（4）葡萄园种紫罗兰，结出的葡萄香味更浓。

（5）核桃与山楂间种可以互相促进生长，山楂的产量会提高。

（6）牡丹与芍药间种，能明显促进牡丹生长。

任务二 物业绿化接管验收

任务导入

为什么不采纳建议

某物业公司即将承接一个小区的物业管理工作，该公司经理与小李参加小区绿化工程的竣工验收会议，在验收现场小李发现小区的草坪上有虫子啃食过的痕迹，种植的树木中有部分长势不佳，叶子萎黄，枝条萎蔫，小李建议经理暂时不要接管此小区的物业工作，等施工单位灭虫和重新种植生机旺盛的树木后再接管，经理却没有采纳他的建议。

问题与思考：

小李的建议为什么没有得到经理的采纳?

知识探究

为了规范物业绿化管理工作，确保绿化质量，加强物业绿化管理，物业服务企业在接管绿地前要积极参与验收工作，包括绿化工程的施工材料及中间工序的验收、工程竣工验收等环节，进而避免隐患、规避风险。

一、物业绿化接管验收基础

1. 物业绿化接管验收的定义

物业服务企业在接受委托进行物业绿化管理时，对新建物业绿地或原有物业绿地按行业接管验收标准进行综合检验的过程。接管验收是在竣工验收合格的基础上，以绿地主体安全和满足使用功能为主要内容的验收。

2. 物业绿化接管验收的重点

对物业绿地使用功能的验收和对物业绿化资料的接收。

3. 物业绿化接管验收的条件

首要条件是竣工验收合格，包括以下几点：

（1）建设工程全部施工完毕，并已经竣工验收合格；

（2）建筑小品、喷灌、供电、给水排水、卫生、道路等设备和设施能正常使用；

（3）绿化工程应按图纸、文件要求达到设备齐全、功能可靠、手续完备。

4. 物业绿化接管验收前的准备工作

抽调业务骨干组成物业绿化接管小组，其中：

（1）抽调档案管理文员负责物业的产权、工程、设备资料的验收移交工作；

（2）抽调工程部人员负责绿化环境、公共设施和机电设备的验收移交工作；

（3）与开发商联系好交接事项、交接日期、进度、验收标准等；

（4）派出先头技术人员前往工地现场摸底，制订好接管验收计划；

（5）提前参与竣工验收和机电设备最终安装、调试工作，做到心里有数；

（6）准备好接管验收记录表格。

5. 物业绿化接管验收应提交的资料

（1）产权资料：①项目批准文件；②用地批准文件；③拆迁资料。

（2）技术资料：①竣工图——包括总平面、绿化、建筑小品、设备、附属工程有隐蔽管线的全套图纸；②地质勘察报告；③工程合同及开、竣工报告；④工程预决算；⑤图纸会审记录；⑥工程设计变更通知及技术核定单位（包括质量事故处理记录）；⑦隐蔽工程验收签证；⑧沉降观测记录；⑨竣工验收证明书；⑩钢材、水泥等主要材料的质量保证书。

6. 物业接管验收的程序

（1）建设单位书面提请接管单位接管验收并提交相应的资料；

（2）接管单位按照接管验收标准对建设单位提交的申请和相关资料进行审核，对具备条件的，应在15日内签发验收通知并约定验收时间；

（3）接管单位会同建设单位按照接管验收的主要内容及标准进行验收；

（4）验收过程中发现的问题，按质量问题的处理办法处理；

（5）经检验符合要求的，接管单位应在7日内签发验收合格凭证，并应及时签发接管文件。

二、物业绿化接管验收流程

物业公司绿化接管验收流程包括物业绿化环境中实物部分的验收和资料部分移交，二者缺一不可。

1. 实物部分验收（见图5－1）

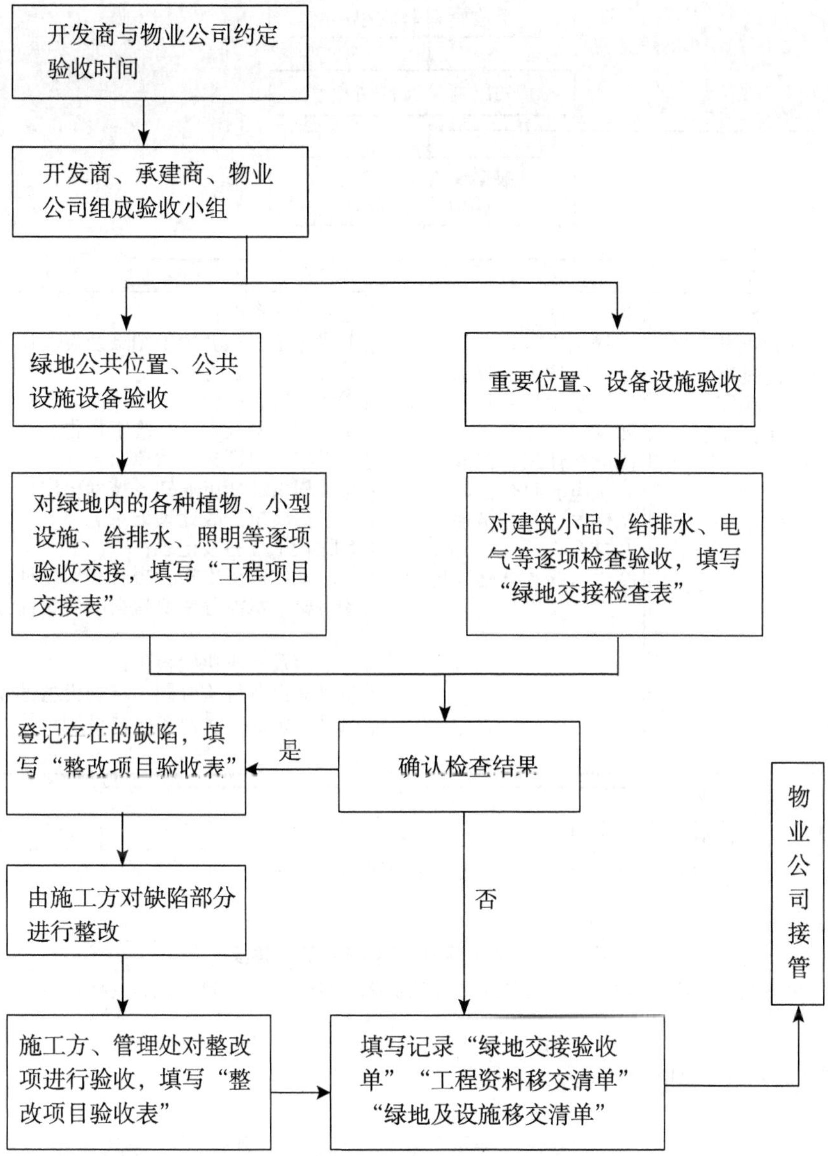

图5－1 物业绿化接管验收流程

注：①经物业公司初验同意接管的绿地，不等于绿化工程质量完全符合国家及设计标准，开发商不能排除整改质量缺陷的责任；②在规定的保修期和养护期结束时，绿地得到物业公司认可后才能向施工单位支付保修金。

2. 资料部分移交（见图5－2）

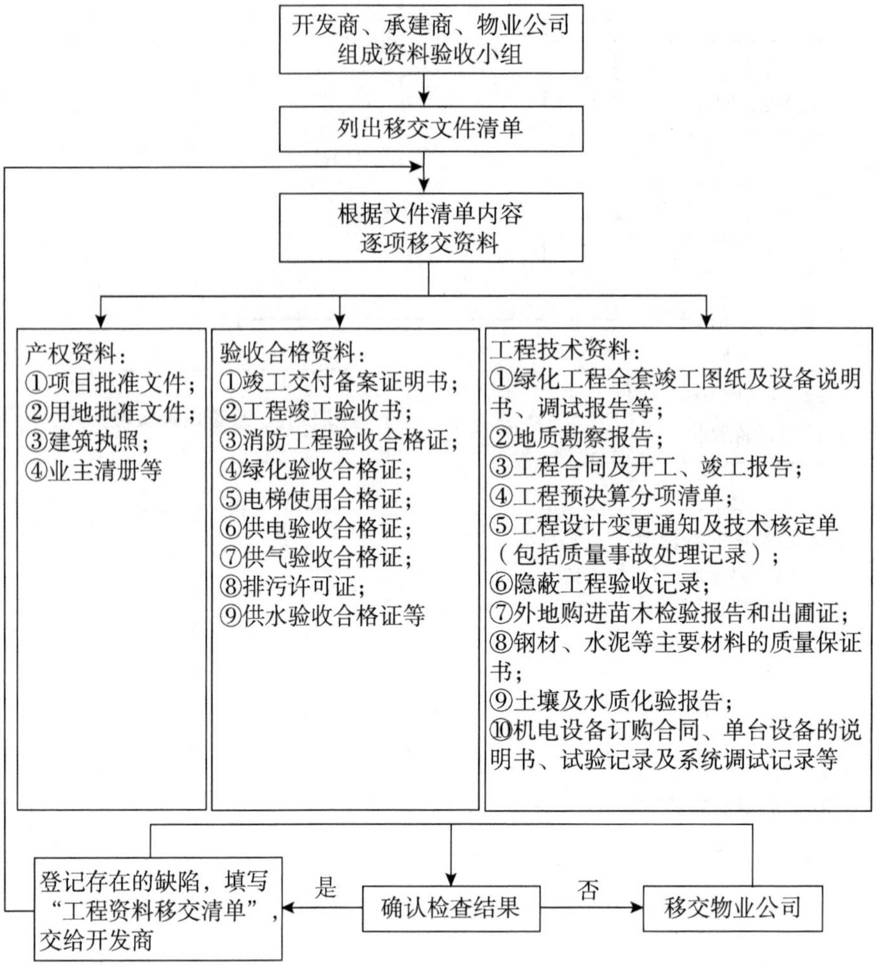

图5－2　物业绿化接管资料部分移交

注：资料移交时，最迟在开发商将资料报送市城建档案馆的同时移交一份到物业公司存档。

三、物业绿化验收接管内容

绿化工程施工环节多，内容繁杂，为了保证工程质量，应做到以预防为主，全面加强质量管理，加强施工材料和中间工序的验收。工程竣工后，施工单位进行资料整理，做好技术总结，提供有关文件，提前向验收部门提请验收。物业公司应积极配合参与验收工作。

种植材料、种植土和肥料等，均应在种植前由施工人员按其规格、质量分批进行验收。

1. 工程中间验收工序应符合下列规定

（1）种植植物的定点、放线应在挖穴、槽前进行；

（2）挖穴、槽应在未换种植土和施基肥前进行；

（3）更换种植土和施肥，应在挖穴、槽后进行；

（4）草坪和花卉的整理，应在播种或花苗（含球根）种植前进行。

工程中间验收时，相关人员应分别填写验收记录并签字。

2. 工程竣工验收前，施工单位应于一周前向绿化质检部门提供下列有关文件

（1）土壤及水质化验报告；

（2）工程中间验收记录；

（3）设计变更文件；

（4）竣工图和工程决算；

（5）外地购进苗木检验报告；

（6）附属设施用材合格证或试用报告；

（7）施工总结报告。

3. 竣工验收时间

（1）新种植的乔木、灌木、攀缘植物，一个年生长周期满后方可验收；

（2）地被植物，当年成活后覆盖率达到80%以上方可验收；

（3）花坛种植的一、二年生花卉及观叶植物，应在种植15天后进行验收；

（4）春季种植的宿根花卉、球根花卉，应在当年发芽出土后进行验收，秋季种植的应在第二年春季发芽出土后验收。

4. 绿化工程质量验收规定

（1）乔、灌木的成活率应达到95%以上，珍贵树种和孤植树应保证成活；

（2）强酸性土、强碱性土及干旱地区，各类树木成活率应不低于85%；

（3）花卉种植地应无杂草、无枯黄，各种花卉生长茂盛，种植成活率应达到95%；

（4）草坪无杂草、无枯黄，种植覆盖率应达到95%；

（5）绿地整洁，表面平整；

（6）种植的植物材料的整形修剪应符合设计要求；

（7）绿地附属设施工程的质量验收应符合《建筑工程施工质量验收统一标准》的有关规定。

5. 竣工验收后，填报绿化工程竣工验收单（见表5-3）

表5-3　绿化工程竣工验收单

<table>
<tr><td colspan="2">工程名称</td><td colspan="2"></td><td colspan="2">工程地址</td><td></td></tr>
<tr><td colspan="4">绿地面积（平方米）</td><td colspan="3"></td></tr>
<tr><td>开工日期</td><td></td><td>竣工日期</td><td></td><td>验收日期</td><td colspan="2"></td></tr>
<tr><td colspan="2">树木成活率（%）</td><td colspan="5"></td></tr>
<tr><td colspan="2">花卉成活率（%）</td><td colspan="5"></td></tr>
</table>

续表

草坪覆盖率（%）			
整洁及平整			
整形修剪			
附属设施评定意见			
全部工程质量评定及结论			
验收意见			
施工单位	建设单位	绿化质检部门	物业公司
签字： 公章：	签字： 公章：	签字： 公章：	签字： 公章：

四、物业绿化接管验收规范

1. 绿化建设质量标准

（1）栽植土及地下水位深度：大、中乔木 > 100cm；小乔木和大、中灌木 > 80cm；小灌木、宿根花圃 > 60cm；草本地被，草坪，一、二年生草花 > 40cm（种植耐水湿植物除外）。

（2）栽植土壤块径：大、中乔木 < 80cm；小乔木和大、中灌木 < 60cm；小灌木、宿根花圃 < 4cm。

（3）石砾、瓦砾等杂物块径：树木 < 5cm；草坪、地被、花圃 < 1cm。

（4）地形标高：全高 < 100cm 为 ±5cm；全高 101～299cm 为 ±20cm；全高 > 300cm 为 ±50cm。

（5）土地平整，排水坡恰当，无积水，土壤中基本无石砾、瓦砾等杂物。

2. 植物材料质量标准

（1）树木姿态呈上长势：树干挺直、树冠完整、不脱脚、生长健壮、根系茂盛、土球完整、包扎正确牢固、裸根树系完整。

（2）草块每边长度应在30cm左右，厚度不小于2cm，杂草小于5%，无病虫害，长势良好。

（3）花苗、草木地被生长茁壮、发育均匀整齐、根系发达、无损伤和病虫害。

（4）植物材料的品种、规格应符合设计合同要求，引进的植物材料应有“植物检疫表”及苗木出圃单。

3. 树木栽植质量标准

（1）放样定位符合设计要求，偏差不超过5%。

（2）树坑坑径大于土球或裸根系40cm，深度同土球或裸根系的直径，翻松底土，树根上下垂直。

（3）树木朝向的主要视线应丰满完整，姿态美。孤植树冠幅完整，林冠线符合设计要求。

（4）栽植深度符合生长要求，土球包装物、培土浇水符合《园林绿化工程施工及验收规范》的要求。

（5）树木栽植垂直度，维护的支撑。饶杆符合《园林绿化工程施工及验收规范》的要求，材料、高度、方向及位置应整齐划一。

（6）修除损伤、枯烂、严重病虫害的枝条，绿篱、球类等线条整齐挺拔，造型正确，切口平整，留枝留梢正确。

（7）树木、乔木、大灌木栽植点、数量符合设计要求。

4. 草坪、花坛、地被栽植工程评定标准

（1）栽植放样符合设计要求，放样偏差不得超过5%。

（2）土地平整，表土块小于2cm。排水坡恰当，无杂草根、茎，花坛施妥腐熟基肥。

（3）草坪满铺留缝间隙1～1.5cm，草坪间铺、点铺大小应一致、均匀，草块与土壤密结、平整。

（4）草坪切边线条清晰、平顺自然。

（5）花坛、草木地被的高矮、密度符合设计要求，株行距均匀，种植深度恰当，根部捣实。

物业管理小专家

绿化工程的附属设施验收标准

各类绿地应根据气候特点、地形、土质、植物配植和管理条件设置相应的附属设施。

1. 绿地的给水和喷灌的施工应符合下列规定：

（1）给水管道的基础应坚实和密实，不得铺设在冻土和未经处理的松土上。

（2）管道的套箍、接口应牢固、紧密，管端清洁不乱丝，对口间隙准确。

（3）管道铺设应符合设计要求，铺设后必须进行水压试验。

（4）管道的沟槽还土后应进行分层夯实。

2. 绿地排水管道的施工应符合下列规定：

（1）排水管道的坡度必须符合设计要求，管道标高偏差不应大于±10mm。

（2）管道连接要求承插口或套箍接口平直，环形间隙均匀。灰口应密实、饱满，抹带接口表面应平整，无间断和裂缝、空鼓现象。

（3）排水管道覆土深度应根据雨水井与接连管的坡度、冰冻深度和外部荷载确定，覆土深度不宜小于50cm。

（4）绿地排水采用明沟排水时，明沟的沟底不得低于附近水体的高水位。采用收水井时，应选用卧泥井。

3. 绿地护栏施工时应符合下列规定：

（1）铁制护栏立柱混凝土墩的强度等级不得低于C15，墩下素土应夯实。

（2）墩台的预埋件位置应准确，焊接点应光滑牢固。

（3）铁制护栏锈层应打磨干净刷防锈漆一遍、调和漆两遍。

4. 花池挡墙施工应符合下列规定：

（1）花池挡墙地基下的素土应夯实。

（2）花池地基埋设深度视情况而定，北方宜在冰冻层以下。

（3）防潮层以1∶2.5水泥砂浆，内掺5%防水粉，厚度20mm，压实。

（4）清水砖砌花池挡墙，砖的抗压强度标号应大于或等于7.5兆帕，水泥砂浆砌筑时标号不低于M5，应以1∶2水泥砂浆勾缝。

（5）花岗岩料石花池挡墙，水泥砂浆标号不应低于M5，宜用1∶2水泥砂浆勾凹缝，缝深10mm。

（6）混凝土预制或现浇花池挡墙，宜内配直径6mm钢筋，双向中距200mm，混凝土强度等级不应低于C15，壁厚不宜小于0mm。

5. 园路施工应符合下列规定：

（1）定桩放线应依据设计的路面中线，宜每隔20m设置一中心桩，道路曲线应在曲线的起点、曲线中点、曲线的终点各设一中心桩，并写明标号后以中心桩为准，按路面宽度定下边桩，最后放出路面平曲线。各中心桩应标注道路标高。

（2）开挖路槽应按设计路面宽度，每侧加放20cm开槽，槽底应夯实或碾压，不得有翻浆、弹簧现象。槽底平整度的误差不得大于2cm。

（3）铺筑基层，应按设计要求备好铺装材料，虚铺厚度宜为实铺厚度的140%～160%，碾压夯实后，表面应坚实平整。铺筑基层的厚度、平整度、中线高程均应符合设计要求。

（4）铺筑结合层可采用1∶3白灰砂浆（厚度25mm），或采用粗砂垫层（厚度30mm）。

（5）道牙的基础应与路槽同时填挖碾压，结合层可采用1∶3白灰砂浆铺砌。道牙接口处应以1∶3水泥砂浆勾缝，凹缝深5mm。道牙背后应以12%白灰土夯实。

6. 各种面层铺设时应符合下列规定

（1）铺装各种预制砖块，应轻轻放平，宜用橡胶锤敲打、稳定，不得损伤砖的边角。

（2）卵石嵌花路面，应先铺垫M10水泥砂浆，厚度30mm，再铺水泥素浆20mm，卵石厚度的60%插入素浆，待砂浆强度升至70%时，应以30%草酸溶液冲刷石子表面。

（3）水泥或沥青整体路面，应按设计要求精确配料，搅拌均匀，模板与支撑应垂直牢固，伸缩缝位置应准确，应振捣或碾压，路表面应平整坚实。

（4）嵌草路面的缝隙应填入培养土，栽植穴深度不宜小于8cm。

任务三　物业绿化档案管理

任务导入

某物业公司管理区域内有大面积草坪，公司安排新员工小刘专职负责草坪的养护管理工作，小刘工作积极，每天都认真工作：拔除杂草，浇水施肥，修剪草坪，看见病虫害就及时打药。每天工作结束后，小刘收拾好工具就下班。绿化班班长叮嘱他做好工作记录，小刘置之不理。有一天，经理看见小刘，询问他草坪一年要修剪几次，小刘回答："我刚工作一个月，不知道。"经理严肃地批评了他。

问题与思考：

1. 小刘为什么会被批评？
2. 如果你是小刘，如何做才是正确的？

知识探究

在物业绿化环境的养护管理工作中，我们需要把绿化工作的内容、管理方法等形成文字、录像等相关文件记录并保存下来。这些文件应每年进行分类整理，装订成册，编制目录，分类归档。这对于今后的工作十分重要，是一项基础而又事关养护成效的重要工作。

一、物业绿化档案资料基础

（一）物业绿化档案资料的含义

在物业绿地的建设和管理活动中形成的作为原始记录保存下来以备查考的文字、图像、声音以及其他各种形式和载体的文件。

（二）物业绿化档案资料的内容

物业绿化档案最重要的内容是物业管理专门档案，它分为两个部分：一部分是物业绿化环境本身的档案，包括开发建设成果的记录和物业公司接管后对物业绿地进行维修养护和更新改造的情况记录；另一部分是喜欢绿色植物、热爱园艺的物业业主的档案，包括业主的姓名、联络电话或地址、管理费缴纳情况等。

（三）物业绿化档案的作用

1. 物业绿地本身的档案是物业管理中维修养护、更新改造必不可少的重要依据

日新月异的科学技术发展和人们对居住要求的不断提高，使现代建筑工程进入地下和埋入建筑体内部的管线、设施越来越多，越来越复杂。这些工程一旦发生故障，物业本身的档案就是宝贵的财富。它可以使物业绿地的维修、养护工作事半功倍、省时省力，并减少对住户的影响。因此，开发建设单位应该将开发建设时的物业档案材料在移交物业管理权限时同时移交给物业公司；更换物业公司时，原物业公司也应该将物业开发建设的档案材料和在物业管理中维修养护、更新改造的物业档案材料移交给新的物业公司。

2. 喜欢绿色植物、热爱园艺的物业业主的档案是物业公司开展管理服务的前提和基础

通过档案，物业公司可以全面了解物业业主的情况和需求，从而为他们提供各种有针对性的服务和开展适当的经营活动。例如，当从档案中了解到业主大部分是工作繁忙的高收入阶层时，可以提供私家花园的设计施工、花木及私家庭院的代管、花卉出租出售、花艺设计等服务；若业主主要是普通工薪阶层，则可以考虑提供植物租摆、植物养护清洁服务；而如果业主中老人较多，则可开辟一定的种植区域指导老人栽花种草、修剪除虫等。这样可以减少服务的盲目性，提高管理工作的效率，增加经营活动的收入。

3. 物业绿化档案具有一定的凭证作用

物业绿化档案是物业绿化环境管理活动中形成的真实的原始记录，因此它和其他档案一样具有凭证作用。比如绿地的打药记录，它真实地记录着绿地管理人员的打药频率和药物使用情况，如果需要了解物业绿化环境内每年病虫害的发生规律，绿地的打药记录表就是最有力的凭证。

4. 物业绿化档案是开展物业管理研究的基本统计素材

随着物业管理的不断发展和完善，对物业绿化区域管理的研究工作也正在逐步开展。由于物业绿化档案系统翔实地记录着物业管理活动近年来方方面面的情况和数据，其准确性和真实性远远超过通过社会问卷调查得来的结果，因此，物业绿化档案就成为物业管理研究统计素材的基本来源。

二、物业绿化档案的建立

物业绿化档案资料的建立主要有收集、整理、归档和利用四个环节。

（一）收集

将分散在单位各内部工作机构的有保存价值的文件资料集中移交给单位档案室或负责管理档案的部门。物业绿化档案的资料来源按不同的标准有不同的分类。

1. 按时间顺序

（1）设计规划阶段：

①土地购买合同、土地使用证等权属证书；

②规划许可证、建筑许可证、预售许可证等各类项目批准证书；

③建筑图、施工图、施工组织设计等图纸文件。

（2）竣工及验收阶段：

①绿化工程竣工图；

②竣工工程项目一览表；

③设备技术清单（设备名称、规格、数量、场地、主要性能、单价、随机工具备件等）；

④设施技术手册、使用说明及质保证明；

⑤设备安装调试记录（各种设备系统的试压、试漏检查记录，暖气、卫生、空调、电信、电气、通风、供水、供气、消烟灭火、防暴报警、电视监控等系统）；

⑥土建施工记录（地基处理记录、结构安装校正记录、预应力构件施工记录等）；

⑦外地购进苗木检疫证、出圃证和土质、水质检测报告单；

⑧隐蔽工程的验收记录；

⑨工伤事故发生及处理记录；

⑩图纸会审记录、设计变更通知和技术核定单；

⑪项目的重要技术决定和文件；

⑫验收计划、验收会议纪要和验收记录；

⑬返修记录；

⑭验收总结报告。

（3）委托管理阶段：

①委托管理招标文件；

②物业管理投标文件（物业服务企业的资质证明、管理计划和预算等）；

③物业委托管理合同（协议书）。

（4）日常管理阶段：

①喜爱园艺的业主、租户的情况；

②绿化部门工作（操作）规范、管理制度；

③绿化部门工作记录；

④绿化设备、设施大、中、小维修记录；

⑤绿化环境维修承包合同和预决算；

⑥用户来往信件、投诉和处理资料；

⑦年度工作计划、总结、报告；

⑧绿化部门人事档案；

⑨绿化方面的法律法规和政府有关文件。

2. 按物业管理参与者

（1）在物业接管移交时从开发商及设计单位、施工单位收集到的工程建设产权和工程技术资料等原始资料。

（2）在业主入住和进行二次装修阶段收集到的业主、客户资料。

（3）在日常管理中建立和收集到的房屋维修档案、设备运行档案、投诉与回访记录和其他相关资料。

（4）通过政府主管部门获取的相关信息。

（二）整理

整理就是通过分类组合、排列、编目，使相对零乱、分散的档案系列化、系统化的工作。

1. 档案整理的基本内容

区分全宗；全宗内的档案分类、立卷、案卷排列、案卷目录的编制。

2. 档案整理的要求

必须保持文件之间的历史联系；必须便于保管和取用；必须在原有的基础上进行整理、加工。

（三）归档

归档即按照档案的内在规律对档案进行科学分类与保存的工作。一个有序的资料库应该像一个完整的树形图，从大分类到小分类，再至细分、排序，归档要及时，分类要合理。归档要求做到“十清”，即物业来源清、物业数量清、物业质量清、物业价值清、结构类型清、设备设施清、绿化苗木清、租金费用清、使用情况清、维修更新情况清。

（四）利用

利用即充分发挥档案的凭证和参考作用，为物业管理服务的工作。提供可利用价值是档案工作的中心任务，也是档案工作的成果；同时，提供可利用价值，能使档案工作不断完善和发展。

三、物业绿化档案的管理

物业绿化档案管理指物业公司在物业管理活动中，对物业绿化活动的原始记录进行收集、整理、鉴定、保管、统计和利用，以为物业管理提供客观依据和参考资料的工作。

1. 资料的归档管理

（1）在物业管理中可实行原始资料和计算机档案管理双轨制，并尽可能地将其转化为计算机磁盘储存形式，以便查找。同时，还可运用录像、录音、照片、表格、图片等多种形式保存，使其具体化、形象化。

（2）对业主和企业利益影响较大的档案应加以严格保护。这些档案应按授权级别检索并严格控制借阅。

(3) 档案管理人员应编制统一的档案分类说明书和档案总目录，并进行科学、合理的分类存档。

(4) 档案室应保持干燥、通风、清洁，注意防盗，并确保储存地点符合防火、防虫、防鼠、防潮等要求。

2. 档案的使用

(1) 利用计算机网络技术并采用先进检索软件，充分发挥档案资料的作用。

(2) 对原始资料的借阅者，按档案的不同保密级，在机关负责人批准后借阅，并应办理借阅手续。

3. 档案的销毁

根据档案的保存期限和性质，对确实没有保存价值和保存期已满的档案，严格按制度规定进行销毁。

项目小结

在物业绿化管理和养护工作中，我们要正确认识并熟悉植物的种类和习性，了解常见的花卉、草坪和树木的形态特征、生态习性和栽培方式，然后根据不同的植物种类和具体的生长状态，在绿地管理养护中采取相对应的措施和方法。

验收接管工作包括施工中的验收和竣工后的验收接管。施工中的验收是从物业管理的角度出发，确保小区物业的园林绿化得到合理化规划设计，减少由于规划设计、施工等方面的不合理的而造成的日后管理困难等。竣工后的验收接管包括植物品种的核对和清点、植物生长状况的评估、绿化面积的测量、园林建筑小品的验收以及园林资料的验收接管等。

建立绿化档案是整理、保存平时绿化养护管理的工作内容和工作方法，并将之归入档案。这可以保证园林树木绿化施工的成果，使园林树木养护管理工作进入科学化、规范化、法规化的科学轨道，同时为今后的工作提供一定的依据和借鉴。

走进物业公司

实训项目：新建小区绿化工程验收

［**实训目的**］掌握绿化工程质量验收的标准。

［**实训内容**］全班所有人员，每 5 人一组，讨论绿化验收的标准。

［**实训考核**］每组交一份讨论报告。

考考物业管理员

一、不定项选择题

1. 物业绿化管理除了日常绿化养护工作外，还包括（　　）等工作。

A. 花草树木的修剪　　B. 园林设计　　C. 绿化翻新改造　　D. 卫生保洁

2. 阳台及屋顶植物应选择（　　）的低矮植物。

A. 抗风性强、耐干旱　　B. 抗潮湿、耐生长

C. 抗酸碱、耐湿度　　D. 抗风弱、耐盐碱

3. 小区绿地布局合理，需要（　　）与建筑小品配置得当。

A. 花草树木　　B. 业主　　C. 房屋　　D. 道路

4. 物业接管验收绿化时，需要查看（　　）。

A. 外购植物的检疫证和出圃证　　B. 外购植物的出厂合格证

C. 植物的使用说明书　　D. 业主档案

5. 物业绿化档案资料的收集工作是把（　　）集中起来，移交给单位档案室或负责管理档案的部门。

A. 平时工作中文件资料　　B. 有保存价值的文件资料

C. 养护工作中的养护管理措施　　D. 业主进出车辆记录

二、综合案例分析题

案例名称	温度对植物的影响
工作任务	某北方地区的一位领导到南方出差，看到当地的紫薇花开得很漂亮，满株都是，立刻决定在北方大量种植，结果没想到，紫薇一棵没活，全被冻死了
完成时间	10 分钟
任务目标	了解环境对植物产生影响的主导因子
任务要求	1. 为什么漂亮的紫薇全被冻死了？ 2. 北方要种植什么植物才不会被冻死，才能够健康生长？
研讨内容	
研讨成果	
讨论过程	
自我角色	
自我评价	
小组评价	
教师评价	

项目六　物业环境绿化设计与养护

动脑筋

在一家物业公司，绿化管理人员每天的工作任务就是管理绿地内种植的树木、花卉、草坪，过年过节还要在办公室及小区的重要位置摆放五颜六色的鲜花与绿色植物，除了掌握扎实的绿地管理知识，物业管理人员还应具备哪些素养才能管理好管辖区域的植物呢？

任务导读

- 物业环境绿化设计与养护
  - 物业环境绿化设计
    - 物业室外环境绿化设计
    - 物业室内绿化设计
  - 物业绿化树木栽植
    - 物业绿化树木的适地适树
    - 物业绿化植物的栽植
  - 物业绿化植物养护管理
    - 物业绿化植物的日常养护管理
    - 植物病虫害防治
    - 植物的其他养护管理

本章学习目标

知识目标：1. 掌握植物配置原则、配置方式。

2. 熟悉物业室内外绿化知识及相关概念。

3. 了解植物地上地下管理相关知识。

能力目标：1. 新建居住小区绿化植物配置。

2. 绿化植物防寒越冬方法。

任务一　物业环境绿化设计

任务导入

小王做错了什么

小王到某物业公司实习，物业公司安排小王去绿化班学习绿地的养护管理。一天，绿化班班长安排小王修剪树木，小王修剪时把所有的灌木都修剪成圆球状，他认为这样非常好看，整齐有规律，结果遭到班长的批评。

问题与思考：

1. 小王为什么遭到了班长的批评？
2. 如果你是小王，如何做才是正确的？

知识探究

随着经济的迅速发展和人们物质文化生活水平的不断提高，人们对改善工作、学习和生活环境的要求越来越迫切。人们在园林绿化中应用花卉创造出花团锦簇、香气宜人的景观；在公共场所、机关厂矿用花卉布景，使环境轻松，气氛活跃；把具有观赏价值的绿色植物引入室内，用于点缀居室，美化厅堂，既增加了自然风光情趣，又有益于身心健康。

一、物业室外环境绿化设计

（一）绿地分类

绿地一般指人们日常生活中存在的各种绿化区域，按主要功能可分为公共绿地、居住区绿地、单位附属绿地、生产绿地、防护绿地、风景园林 6 类。

1. 公共绿地

公共绿地是面向全体公众开放的以游览、休息、生态、美化等为目的的绿地，是城市绿化的主要组成部分。

公共绿地中各种类型的公园所占比例较大，包括城市性公园、区域性公园、儿童公园、动（植）物园、历史公园、风景名胜公园、游乐公园、其他专类公园、带状公园等。

2. 居住区绿地

居住区绿地是指城市居住用地内的绿地，包括组团绿地、宅旁绿地、配套公建绿地、小区道路绿地等。居住区绿地主要是为一个居住小区的居民服务，是配套建设的集中绿地。

3. 单位附属绿地

单位附属绿地主要是指城市中各种类型单位管理区域内的绿地，包括工业企业绿地、机关单位绿地、仓储区域绿地、交通绿地、道路广场内的绿地等。

4. 生产绿地

生产绿地主要指为城市绿化提供各种苗木、花草、种子等的生产绿地，包括各种苗圃、花圃、草圃等，一般绿化面积较大。

5. 防护绿地

城市中具有卫生、隔离和安全防护功能的绿地，包括卫生隔离带、道路防护绿地、城市高压走廊绿地、防风林、城市组团隔离带等。

6. 风景园林

为保护城市生态环境质量、城市景观和生物多样性等设立的各种风景园林，包括风景名胜区、水源保护区、郊野公园、森林公园、自然保护区、野生动植物园、湿地、垃圾填埋场恢复绿地等。

（二）植物绿化配置方式

1. 从布局形式上划分

（1）块状绿化布局。这种绿化方式较常见，其绿化布局以块状为主，绿地分布均匀，造型规整，可利用性较强。

（2）带状绿化布局。这种布局多利用各种水系、道路形成纵横绿化带、放射绿化带与环状绿化带交织的绿化网，带状绿化布局变化较多、形式新颖，对提升居住区整体景观作用较大。

（3）楔形绿化布局。结合居住区道路布局，在居住区交通枢纽地带及特殊地域，可以形成由宽到窄的绿地，称为楔形绿地。这种绿化布局能适应不同的地势条件，方便灵活，对区域绿化景观是必要的补充和调节。

（4）混合式绿化布局。混合式绿化布局是前三种绿化布局形式的综合，可以使点、线、面绿化相结合，形成较为完整的绿化布局体系，最大限度地满足人们接触绿地、方便游憩的需要，有利于丰富区域整体景观效果。

2. 从空间形式上划分

（1）地面绿化。地面绿化是环境绿化中最常见、最普遍、规模最大的绿化方式。地面绿化可以通过乔木、灌木和花草等多种植物形成多层覆盖，以营造各种不同类型的室外绿地空间。地面绿化主要的空间类型如下。

①草坪空间。以草坪为主要绿化材料，营造绿色的地被景观效果，形成开阔的草坪空间，包括花坛性质的草坪、运动性质的草坪、休息性质的草坪、观赏性质的草坪等。

②疏林草地空间。以乔木与草坪相结合，一般铺设在绿化面积较大的居住区域，夏季可以供人庇荫，林间空旷草地可供人们活动和休息。

③密林空间。乔木、灌木、花草多层覆盖。

④半开敞空间。以灌木种植为主。

（2）立体绿化。立体绿化主要利用爬藤植物来达到绿化和美化城市环境的目的，包括各种建筑物和构筑物的墙面绿化、阳台绿化、棚架绿化、栅栏绿化、屋顶绿化等。立体绿化可以充分利用城市有限的空间，增加绿化量，以创造更佳的生态环境。

①墙面绿化。利用爬藤植物装饰建筑物或构筑物的墙面，用于墙面绿化的爬藤植物基本上都属于攀附型爬藤植物。墙面绿化要根据建筑物的高度及艺术风格选择植物，一般要求植物具有吸盘或吸附根，以便于攀附墙面，如爬山虎、常青藤、五叶地锦、凌霄等。在炎热的夏季，墙面爬满爬藤植物的建筑，其室内温度比没有墙面绿化的建筑要低2℃～4℃。

选择墙面绿化植物时主要考虑以下因素：

- 墙面朝向。朝阳的墙面，可选种爬山虎、五叶地锦、凌霄等；背阴的墙面，可选种常春藤、薜荔、扶芳藤等。
- 墙面高度。根据爬藤植物的攀缘能力选择树种，建筑物较高时可选种爬山虎、五叶地锦，建筑物较低时可选种常春藤、凌霄、薜荔等。

墙面绿化的种植形式主要有地栽和容器栽植两种。有条件的情况下，应尽量采用地栽形式，因为深厚的土壤有利于植物的生长，也便于日常的养护管理，一般沿墙种植带宽度为50cm，种植点离墙15～20cm，种植株距为50～60cm。

②阳台绿化。阳台绿化必须考虑到建筑立面的整体效果，布置力求整洁、美观、有秩序，以营造出丰富多彩的空中小花园。

阳台绿化的布置形式可采用平行垂直线构图、平行水平线构图、斜线吊篮相结合的构图，布置时可用绳、铁丝、花篮等辅助材料。

阳台绿化一般采用盆栽的形式，同时爬藤植物应选择抗旱性强的中小型木本或草本爬藤植物，或者选择多年生、又见花又见叶的植物，如地锦、金银花、月季、牵牛等。

③屋顶绿化。屋顶绿化一般将植物栽植于排水坡度小于5%的平屋面上。屋顶绿化的特点是对屋面防水要求较高，必须解决好屋顶的防漏问题，同时，受屋顶承载能力的限制，屋顶供种植的土层很浅，土壤有效含水量低，易干燥，另外，屋顶风力比较大，因此屋顶绿化应以小型的花灌木等浅根系的植物和草坪为主、以中型的盆栽花卉为辅来进行布置。

物业管理小专家

屋顶绿化施工流程

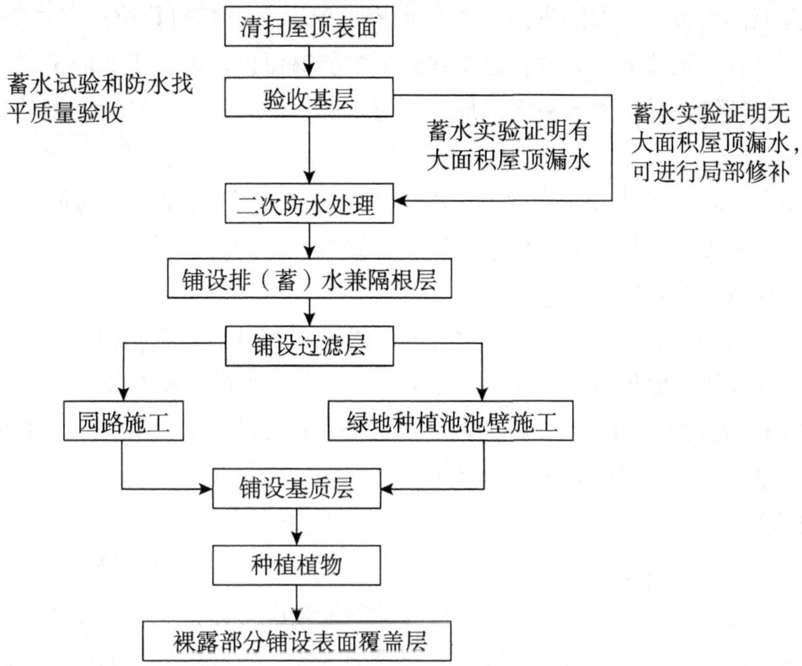

（三）绿化植物的配置原则

1. 美观原则

（1）总体艺术布局要协调。规则式园林植物配植多采用对植、行列式栽植，而自然式园林中则采用不对称的自然配置，充分表现植物的自然姿态。根据局部环境和在总体布置中的要求，采用不同的种植形式，如在大门、主要道路、广场、大型建筑物附近多采用规则式种植，而在自然山水、草坪及不对称的小型建筑物附近则采用自然式种植。

（2）注意植物配置的色彩变化。色彩变化包括两方面，一方面植物本身在不同季节有不同特点，会引起色彩变化，另一方面是采用不同色彩的花配置成绚丽多彩的景色，使四季皆有景可赏，即使以季节景观为主的地段，也应点缀其他季节植物，否则一季过后就会显得单调。

（3）全面考虑植物在观形、赏色、闻香、听声上的效果。人们欣赏植物景观的要求是多方面的，人可以通过五官来欣赏园林植物，如鹅掌楸主要观赏其叶形，桃花、紫荆主要在春天赏其色，桂花主要在秋天闻其香，成片的松树形成的“松涛”是闻其声。因此，园林种植设计时，要充分动用人的各感觉器官。

（4）注意植物配置的形态变化。主要是指要结合地形和乔木、草的不同组合形式，形成虚实、疏密、高低、简繁、曲折不同的林缘线和立体轮廓线。

2. 适用原则

不同性质的园林有不同的功能，要通过种植设计发挥园林绿地的综合功能。比如，行道树的功能是遮阴、吸尘、阻隔噪声、美化市容，配置上以行列栽植，宜选择树冠浓密、生长健壮、寿命长、抗性强的乔木。医院绿地要求能够保护环境卫生，隔离噪声，创造清洁卫生、安静的环境，设计上可在医院周围配置密林，而病房、门诊附近多种植花木以供人休息观赏。

（1）选择树木时，首先要满足主要功能的要求。比如行道树，要选择具有抗害性较强、不宜发生病虫害、生长迅速、根系发达、耐修剪、寿命长、树形美观、树干笔直、树冠高大、叶密荫浓等特点的树木。

（2）在植物配置中，要掌握每种植物不同的生物学特性。以庭荫树为例，不同树木遮阴效果的好坏与其树冠的疏密、叶面的大小和叶片不透明度的强弱有关。

（3）树木的卫生防护功能除树种之间有差异外，还和配置方式有关，如防风林带以半透风结构效果最好，滞尘则以紧密结构者为佳。

3. 经济原则

经济原则指的是要考虑成本问题，一方面是种植成本，另一方面是养护成本。比如，在植物配置中要适当考虑节水的问题。可以有节制地发展草坪，尤其是冷季型草坪，多选择耐旱节水的草坪品种，可采用暖、冷季草混播的方式，或选用耐旱的地被植物，如沙地柏、扶芳藤等。在配置中优先选取较耐旱的园林植物，如银杏、臭椿较绒毛白蜡、国槐耐旱，金银木、黄刺玫较紫薇、迎春耐旱。合理选择节水和耐旱植物，是城市园林可持续发展的关键因素之一。

（四）不同植物种类间种植配置

1. 乔木和灌木的种植设计

乔木和灌木都是直立的木本植物，在园林绿化综合功能中作用明显，居于主导地位，是园林绿化的主要材料。植物配置方式主要有两种：规则式和自然式。规则式整齐、严谨，具有大小一致的植物株行距，并按固定的方式排列，如树阵。自然式主要体现自然、灵活的特点，植物配置参差不齐、没有大小一致的植物株行距和固定的排列方式。

（1）规则式配置

①中心植。用于广场、花坛等地中心点的种植方式。一般种植树形整齐、生长缓慢、四季常青的园林树木，如北方可用云杉、松柏等，南方可用雪松等。

②对植。两株树或两丛树按照一定的轴线关系相互对称或均衡种植的方式。主要用于强调公园、建筑、道路、广场的出入口，同时具有庇荫和装饰美化的作用，很少作主景。

种植的位置既要不妨碍交通，又要保证树木有足够的生长空间。

③行列栽植。乔木和灌木按一定的株、行距成行成排种植，或行内株距有变化的种植形式。行列栽植能够形成比较整齐、简洁、有气势的景观效果。它是规则式园林中道路、广场、建筑物绿化应用的一种形式。

④几何图形栽植。按照一定的规则几何图像进行种植，如圆形、三角形、四边形等。

（2）自然式配置

①孤植。物业绿化中的孤植树，要求突出个体美，所用树种要求体形壮伟、树大荫浓，如樟树、榕树、悬铃木、白皮松、银杏、雪松，或者体态潇洒、秀丽多姿，如桦木、槭树、垂柳、合欢等。

②丛植。一个树丛系由两三株至八九株同种或异种树木构成，按其功能可分为两类：一类是以庇荫为主的丛植，同时具有观赏价值，多由单一乔木树种组成；另一类是以观赏为主的丛植，可采用乔木、灌木、花混交的方式，混交树种不宜过多，以一两种骨干树种为主，树种之间最好阳性与阴性、快生与慢生相结合，如用油松与五角枫混交等。

③群植。群植系由十株以下、七八株以上的乔灌木组成的人工植物群落。它与树丛不同，群植的数量较大。群植多采取密闭的形式，要求相对稳定，群植树种原则上以不超过五种为宜，重点要突出。

④林植。较大规模的成带、成片的树林状的种植方式，以乔木为主，组成一个完整的人工群落，包括自然林带、密林，可采用纯林或混交的种植方式。

2. 藤本植物的种植设计

具有较长的枝条和蔓茎，借助吸盘、卷须攀登高处，或借蔓茎向上缠绕与垂挂覆地，形成立面或装饰效果的绿化材料，称为藤本植物。

（1）建筑物的藤本植物设计

①直接贴附墙面。植物有吸盘或气生根，不用其他装置便可攀附墙面，如爬山虎、薜荔等，从而形成绿色或五彩的“挂毯”。

②借助支架攀缘。植物本身不能吸附墙面，要求设支架供植物攀附缠绕，如葡萄、常春藤等。设立支架时，要考虑冬季无叶时露出支架外形影响美观的问题，因此支架也必须具有一定的观赏性。

③引绳牵引。一、二年生草本攀缘植物，体重轻，地上部分冬季会枯萎，用引绳牵引即可，如牵牛等。

藤本植物墙面绿化在选择材料时还必须考虑植物与墙面的色彩、形态、质感对比，近期与远期效果等问题。

（2）独立布置藤本植物

独立布置藤本植物时常利用棚架、花架、花柱作为庇荫设施，可以成为局部构图的焦点，也可以用作由室内到花园的过渡空间。

设计时也要考虑植物的观赏特点及生长特性，处理好近期效果与远期效果的关系。卷须类和缠绕类的藤本植物最宜选用，如紫藤、中华猕猴桃、葡萄、油麻藤、葫芦、丝瓜等。

（3）地被、假山上的应用

土坡、地面为了防止水土流失及满足装饰要求，可以将藤本植物作为地被材料。藤本植物生长迅速，很多种类可以形成低矮、浓密的覆盖层，是优良的地被植物，能有效地控制杂草，防止水土流失，并把树木、花草、道路、建筑等联系和统一起来。

假山山石全部裸露，有时会显得缺乏生气，除了布置乔灌木和草本植物，适当布置藤本植物也可以取得良好效果，打破单调。另外，藤本植物也可以将外观不美的山石覆盖，当然，在选用植物种类和确定覆盖度等方面，都要结合山石的观赏价值和特点，不要影响山石的主要观赏面而喧宾夺主。

3. 草坪的种植设计

园林中用人工铺植草皮或播种草籽培养形成的整片绿色地面，称为“草坪”。不经修剪的长草地域称为“草地”。

草坪是园林绿化的重要组成部分，它在保护和美化环境、陶冶情操、防止尘土和水土流失、调节小气候、清新空气、减少噪声和维护生态平衡等方面有着重要作用。根据植物组合，草坪可以分为以下几类。

（1）单纯草坪。由一种草本植物组成的草坪，称为单纯草坪，如高羊茅草坪、马尼拉草坪等。单纯草坪有生长整齐、美观、稠密、叶色一致等特点。

（2）混合草坪。由几种禾本科多年生草本植物混合形成的草坪，称为混合草坪。比如以结缕草为主要草种，混入多年生黑麦草等。合理地按比例混合可以提高草坪的观赏效果。

（3）缀花草坪。在以禾本科植物为主体的草坪上，配置开花华丽的多年生草本植物，称为缀花草坪。比如在草坪上自然点缀二月兰、红花酢浆草等草花。开花草本植物的数量一般不超过草坪面积的1/4～1/3，分布有疏有密，自然错落。

4. 水生植物的种植设计

园林绿地中的水面，不仅能够调节气候，解决园林蓄水、排水、灌溉的问题，提供水上活动的场所，而且在园林景观上也能够起到重要作用。

水生植物可成为水景之一，水生植物的茎、叶、花、果都有观赏价值，种植水生植物可打破水面的单调，为水面增添情趣，水生植物也可改进水质，水生植物还可作蔬菜、药材、饲料等。水生植物种植设计的要点如下。

（1）不同水深布置不同水生植物

①沼生植物。它们的根浸在泥中，植株直立挺出水面，大部分生长在岸边沼泽地带，如荷花、水葱、芦苇等。这种水生植物一般生长在水深不超过1m的浅水中，在园林中宜把这类植物种植在既不妨碍水上活动又能美化岸边风景的浅岸部分。

②浮叶植物。它们的根生在水底泥中，但茎并不挺出水面，叶漂浮在水面上，如睡

莲、菱角等。这类植物自沿岸浅水处到稍深的水域都能生长。

③漂浮植物。全植株漂浮在水面或水中，如水浮莲、浮萍等。这类植物能在深水与浅水中生长，在园林中宜做平静水面的点缀装饰，在大水面上可以增加曲折变化。

（2）平面布置

在水体中种植水生植物时，不宜种满一池，否则水面上看不到倒影，就失去了扩大空间的作用，影响了水面平静的感觉，也不要沿岸种满一圈，而应该有断有续。一般在小水面布置的水生植物占水面面积的1/3左右。

（3）水生植物的选择和搭配

水生植物的选择和搭配要因地制宜，可以是单纯一种，也可以几种混栽，混栽时的植物搭配除了要考虑植物生态要求，在美化效果上也要考虑主次之分，以形成一定的特色。

（4）水生植物的种植床

为了控制水生植物的生长，常用的方法是设水生植物种植床，最简单的是在池底用砖或混凝土做支墩，然后把盆栽的水生植物放在支墩上，水浅则不用支墩，此方法适宜小水面设计。大水面设计可用耐水湿的建筑材料作水生植物种植床，把种植地点围起来，可以控制植物生长。

（五）植物与其他景物配置

1. 水体与植物配置

水体是景观设计的主要设计要素，各种水体不论在景观中是否作为主景，无一不是借助植物创造丰富多彩的水体景观。水边的植物配置加强了这种静态美感，从而构成了幽静含蓄、色调柔和的水体景观。

（1）园林中各类水体的植物配置

①湖。湖是园林中最常见的水体景观。比如杭州西湖，湖面辽阔，视野宽广，沿湖景点能够突出季节景观，包括苏堤春晓、曲院风荷、平湖秋月、断桥残雪等。

②池。在较小的园林中，水体的形式常以池为主。为了获得小中见大的效果，植物配置常突出个体姿态或利用植物分割水面空间、增加层次，同时可创造活泼和宁静的景观。池边可种植柳树、碧桃、玉兰、黑松、白皮松等，疏密有致，既不挡视线，又增加了植物层次，倒影生动，岸边可种植蒲类等水生植物。

③河。在园林中设置河流时，应结合地形，不宜过分弯曲，河岸上应有缓有陡，河床有宽有窄，空间上应有开朗风景和闭锁风景，可以有意识地安排对景、夹景和借景，两岸配置树丛、孤植树、花灌木。少数树木可以斜植，横向水面，产生动势。

（2）岛的植物配置

四面环水的水中陆地称为岛。岛的类型众多，大小各异。岛可以划分水面空间，打破水面的单调，作为水面的焦点，对视线起抑制作用。岛的位置切忌居中，排列忌整齐，形状忌端正。岛上植物配置要疏密有致、高低有序、有层次感和丰富的林冠线，同时，岛上也可布置雕塑，制作大型盆景。

（3）驳岸的植物配置

岸边植物配置很重要，既能使陆地和水融成一体，又能对水面空间的景观起到主导作用。

①土岸。自然式土岸的植物配置最忌等距，不可用同一树种、同样大小的树绕岸一周，应结合地形、道路、岸线配置，有近有远，有疏有密，有断有续，曲曲弯弯，自然有趣。自然式土岸多半以草坪为底色，引导人们临水观倒影，在岸边植以大量的花灌木、树丛及姿态优美的孤植树，一年四季皆有景可赏。

②石岸。规则式的石岸线条生硬、枯燥，柔软多变的植物枝条可补其拙。自然式的石岸线条丰富，优美的植物线条及色彩可增添景色与趣味。比如规则式石岸可以种植垂柳和迎春，细长柔和的枝条垂至水面，遮挡了石岸的生硬。自然式石岸的岸石有美有丑，植物配置要露美遮丑，不能遮挡整个石岸。

（4）瀑布

瀑布是园林中常用的水景之一。瀑布由五个部分构成：上流（水源）、落水口、瀑身、瀑潭、下流。瀑布下落的方式有直落、阶段落、线落、溅落和左右落等。瀑布附近的绿化，不可阻挡瀑身，因此，瀑身周围应做空旷处理，以便游人有适当距离来欣赏瀑布，瀑布两侧不宜配植树形高耸和垂直的树木。

2. 建筑与园林的植物配置

植物配置可以协调建筑与周围环境，丰实建筑物的艺术构图，赋予建筑物时间和空间感。

建筑物的线条一般平直、呆板，位置、形态固定，而植物植干多弯曲、自然、洒脱。植物配置得当，可以打破建筑生硬的线条，取得一种动态均衡的效果。某些服务性建筑，由于分布位置不合适，可能会破坏景观环境，而通过植物合理配置，就可以改变这种不适宜的景观，使之与周边环境更加协调。

比如皇家古典园林中的建筑体量通常庞大、色彩浓重、布局严整，选择侧柏、桧柏、油松、白皮松等树体高大、四季常青、苍劲延年的树种作为基调，可以显示帝王的兴旺不衰、万古长青。

3. 居住区道路的植物配置

居住区道路的植物配置是居住区景观风貌的重要体现，适宜的植物配置可以起到庇荫、滤尘、减弱噪声、改善道路沿线环境质量和美化居住区环境的作用。

（1）主路。主路一般道路较宽，连接区中各主要景点。多选小乔木作为区路树，既可遮阴又可观赏花和叶，如樱花、玉兰、桃花、梅花、海棠、桂花等。树下可植耐雨花灌木，如杜鹃、山茶、迎春，或镶边植物，如葱兰、月季、石榴等。

（2）小路。小路一般路面较窄，多为弯曲状，以自然式布置为主，常采用花径形式。

距离较短的小路可植一种花卉，距离较长的小路则宜选用两种以上花卉交替种植，以减少单调沉闷感。比如丁香、紫荆可形成拱券式幽静的小径；枝条较长的迎春、连翘可形成夹道式小径；草本植物则可形成开阔的路径，如朱顶红、郁金香、美人蕉等。

（3）交叉路口。交叉路口又称中间绿岛。它是视线交点处，为道路的主要景点。植物选择视交叉路口的面积大小而定，面积较小宜布置花坛，种植一株或一丛圆球形树木，如大叶黄杨、含笑、苏铁等，或置山石配一株树木，如南天竹、十大功劳等；面积较大则宜植一树丛，以观叶为主，配植不同颜色的叶木。

（六）不同物业类型植物配置

1. 居住区植物配置

（1）居住区绿化的原则

居住区绿化根据楼宇间复杂的生态环境，要求配置的绿化植物不仅在视觉上有高低、远近、粗细、层次及季节的变化，还要按各种植物的生长特性、形态特征、观赏特点和栽培要点以及生态要求等方面进行合理的种植。尤其是住宅空间的阴阳面，要按绿化植物喜光或耐阴的习性配置。具体绿化原则有以下几点。

①居住区绿化应从功能出发，满足人们对生活和环境的要求，做到以人为本。

②居住区绿化应方便到达，功能、分区合理，方便居民休息、游憩、交流。

③居住区绿化要满足不同年龄段人员的休息、娱乐、活动和交流的需要，尤其应注重老年人、儿童户外活动空间的布置，因为他们是居住区绿化环境使用频率最高的两类人群。

④居住区绿化应以生态性为重点，突出绿色植物在绿化中的重要作用。

⑤居住区的绿化要以安全、舒适、美观为原则。

（2）居住区绿化的树种选择

①要考虑绿化功能的需要，以植物园为主，提高绿化覆盖率，创造良好的生态环境效益。

②要考虑四季景观及普遍绿化的效果，常绿树与落叶树、乔木和灌木、速生树与慢生树等不同形式和色彩的树木相结合，创造优美的居住环境。

③植物园材料种类不宜过多，力求形成特色，同时采取丛植、群植等多种植物布置形式，以丰富室外空间。

④宜选择生长健壮、管理粗放、病虫害少、有地方特色的优良树种，如银杏、五角枫、国槐、云杉、冷杉、松柏、连翘、红瑞木、锦带、紫叶小檗等。

⑤忌用有毒、有刺、易引起过敏的植物，活动场地不易栽植有大量飞絮飘落的树木。

（3）居住区绿化的类型

在物业管理区域内，除了个别区域内设有大型公共绿地，物业绿化的类型主要包括地面绿化、屋顶绿化和停车场绿化等。

①地面绿化。居民楼绿化是居住区绿化的核心，是供居民日常生活中就近休息、活动、观赏和交流的比较集中的公共绿地，因此，在规划布局时要有功能分区，要结合地形、地貌、水体、植物、活动场地、小品建筑进行总体规划。同时，对宅旁庭院的绿化布置，关系到室内的安宁、卫生、通风、采光以及居民在视觉和嗅觉上的愉悦，是整个居住区绿化效果的总体体现。

②屋顶绿化。屋顶绿化分为坡屋面和平屋面绿化两种。由于屋顶独特的环境条件，在进行植物配置时，应根据不同生态条件、植物的习性及具体的屋顶环境条件对植物的影响，种植耐旱、耐移栽、生命力强、抗风力强、外形较低矮的植物。坡屋面多选择贴伏状藤本或攀缘植物，平屋面以种植观赏性较强的花木为主，并适当配置水池、花架等小品，形成周边式和庭园式绿化。常用屋顶绿化植物如下：小乔木有南洋杉、龙爪槐、罗汉松、鸡蛋花、女贞等；灌木有含笑、山茶、苏铁、冬青、大叶黄杨等；藤本及半藤本植物有黄素馨、吉祥草、紫藤、爬山虎、金银花、常春藤、葡萄、丝瓜等；草花类有矮牵牛、玉竹、蜀葵、一串红、万寿菊、松叶牡丹等。

③停车场绿化。停车场的绿化景观可分为边界绿化、车位间绿化和地面绿化及铺装，如表6－1所示。

表6－1　　停车场绿化

绿化部位	要求	具体设计
边界绿化	形成分割带，减少视线干扰和居民的随机穿行；减少车辆反光对居室内的影响；增强停车场的区域感	较密集排列种植灌木和乔木，乔木树干要求挺直；停车场周边也可围合装饰景墙或种植攀缘植物
车位间绿化	多条带状绿化种植产生陈列式韵律感，改变停车场内环境，并形成树荫，避免阳光直射车辆	车位间绿化带由于受车辆尾气排放影响，不宜种植花卉；为满足车辆的垂直停放和种植物保水要求，绿化带一般宽1.5～2m，乔木沿绿化带排列，间距应＞2m，以保证车辆能够在其间停放
地面绿化及铺装	地面铺装或植草砖应使场地色彩产生变化，减弱大面积硬质地面的生硬感	采用混凝土或塑料植草砖铺地；种植耐碾压草种，选择满足耐碾压要求、具有透水功能的实心砌块铺装材料

2. 工业厂区绿化

（1）工厂绿化的特点

①环境恶劣。工厂在生产过程中，其厂区内各种有害人体健康和植物生长的气体、粉尘、烟尘等物质要比外面多一些，因此，在进行厂区绿化时，一定要根据企业生产特点、产品性质等综合选择不同的植物进行绿化，这是确保工厂绿化成功的重要因素。

②保证生产安全。工厂绿化要有利于生产正常运行，有利于产品质量的提高，因此，绿化栽植时要根据工厂不同的安全要求以及植物正常的生长条件要求，确定适宜的栽植距离。

③工厂绿化以增加绿地面积、提高绿地率为主。

（2）工厂绿化植物的选择

①适地适树；

②根据不同生产工艺过程的要求选择抗污染、防污染植物；

③要选择容易繁殖、便于管理的植物品种。

（3）防污染绿化植物

①对有害气体（以 SO_2 为主）抗性较强的树种有臭椿、榆树、刺槐、白蜡、小叶女贞、银杏、松柏、山皂荚、紫椴、垂柳、栾树、卫矛、华山松等；

②滞尘力强的树种有松柏、毛白杨、刺楸、刺槐、榆树、铃木等；

③防火能力较强的树种有山茶、油茶、海桐、冬青、女贞、银杏、槲栎、蒙古栎等。

二、物业室内绿化设计

室内植物造景是指人们将自然界的植物进一步引入居室、办公室、超市、宾馆等建筑空间，进行合理设计和艺术布局。植物景观宜素雅、宁静，植物造景需科学地选择耐阴植物和给予细致、特殊的养护管理，搭配合理的设计及艺术布局，加上现代化的采光、采暖、通风、空调等人工设备，改善室内环境条件，创造出既利于植物生长，也符合人们生活和工作要求、生理和心理要求的环境，让人感到舒适、雅致、美观，犹如处于宁静、优美的自然界。

（一）室内绿化的主要形式

1. 盆栽

盆栽是花卉园艺特有的栽培形式，是把观赏植物种植在各种形状、大小以及材料不同的容器中供人观赏。盆栽是室内绿化最普遍的装饰品，不受空间和地形的限制，摆设灵活，养护、管理方便。

2. 盆景

盆景是把植物、山石等材料，运用缩龙成寸、咫尺千里的手法，经过精心设计和艺术加工布置在陶盆等容器内而成的自然风景的缩影，被称为“立体的画，无声的诗”。

3. 插花

插花是以切取的植物可观赏的枝、叶、花、果为材料，利用植物的自然美态，经过巧妙布置，插入容器，构成富有诗情画意的艺术品。插花装饰性很强，极易渲染和烘托气氛，具有强烈的艺术感染力。

（二）室内绿化植物配置要求

1. 适宜性

考虑适宜的光照条件和温度、湿度条件，选择季节性不太明显、在室内容易成活的植物。

2. 观赏性

根据个人喜好选择形态优美，花、果、叶等观赏性强、装饰性强的植物。

3. 协调性

考虑植物的形态、质感、色彩和品格是否与房间的性质、用途、空间体量相协调。

（三）室内绿化植物配植总体设计

1. 组织空间

在大小不同的空间内进行植物配置，可以突出该空间的主题，并能用植物对空间进行分隔、限定与疏导。

（1）分隔。可应用花墙、花池、桶栽、盆栽等方法来划定界线，分隔成既有一定漏透性又略隐蔽的小空间，形成似隔非隔、相互交融的效果。但布置时一定要考虑到人行走及坐下时的视觉高度。

（2）限定。花台、树木、水池、叠石等均可成为局部空间的核心，形成相对独立的空间，供人们休息、停留、欣赏。

（3）疏导。在一些建筑空间灵活而复杂的公共娱乐场所，通过植物的景观设计可起到组织路线、疏导的作用。主要入口的导向可以用观赏性强或体量较大的植物引起人们的注意；也可用植物做屏障来阻止错误的导向，使人们不自觉地随着植物布置的路线行进。

2. 改善空间感

室内植物景观设计主要是创造优美的视觉形象，也通过引起人们嗅觉、触觉等生理及心理反应，使人感觉到空间的完美。

（1）连接与渗透。建筑物入口及门厅的植物景观可以起到人们从外部空间进入建筑内部空间时的一种自然过渡和延伸作用，形成室内、室外动态的不间断感，以达到连接的效果。可以用落地玻璃使外部的植物渗透进来，作为室内的借景，并扩大室内空间，给枯燥的室内空间带来一派生机。

（2）丰富与点缀。室内的视觉中心也是最具观赏价值的焦点，可以以植物为主体，以其绚丽的色彩和优美的姿态吸引游人的视线。除植物外，也可用插花作品。墙前也可以放置盆栽或盆景，也有在墙前辟栽植池，栽上观赏植物的，还可以在墙上贴挂山石盆景、盆栽植物等点缀环境。

（3）遮挡、控制视线。室内某些有碍观瞻的局部，如家具侧面、管道等，都可用植物来遮挡。

3. 渲染气氛

不同室内空间的用途不一，植物景观的合理设计可形成不同的气氛，给人以不同的感受。

（四）室内绿化具体设计

1. 门厅的绿化设计

宾馆称门厅为大堂，个人居家称门厅为客厅，门厅是迎接客人的重要场所，其对整体景观，要求有一个热烈、盛情好客的气氛，以给人留下美好、深刻的印象。因此，在植物的选择上，应注重珍、奇、高、大，或色彩绚丽，或经过一定艺术加工，富有寓意。为突出主景，可以色彩夺目的小型观叶植物或鲜花作配景。边沿及转角处，可布置一批大型的观赏价值较高的室内花卉；建筑物柱子周围，可布置一层至两层高度不同的中小型观叶或观花室内花卉。适合大堂前厅布置的主要花木有散尾葵、棕竹、红宝石、绿宝石、绿萝、巴西铁树、袖珍椰子、发财树、变叶木、橡皮树、竹芋、龟背竹、八角金盘等。

2. 走廊过道的绿化设计

此处的景观应带有浪漫色彩，使人漫步于此有着轻松愉快的感觉，因此，可以多采用形态多变的攀缘或悬垂性植物，此类植物茎枝柔软，斜垂盆外，临风轻荡，具有飞动飘逸之美，使人倍感轻快，情态宛然。

3. 楼梯的花卉应用

楼梯是连接上下的垂直走廊，其转角平台处是装饰的理想地方，靠角可摆放体形优美、苗条的植物加以遮挡，或不等高地悬挂一些悬垂性植物。在楼梯上下踏步平台上，靠扶手一边交替摆放较低矮的小盆花，上下楼梯时可给人一种强烈的韵律感、轻松感。也可利用高矮不同的盆花，自上而下、由矮到高地摆放，以示高差的变化，缓和人们的心理感觉，又达到装饰的目的。

4. 会场的绿化设计

会场是接待来宾、举行庆典的活动场所，不同会场的绿化设计不同，如表 6－2 所示。

表 6－2　不同会场的绿化设计

用途	设计要求
严肃性的会场	要采用对称均衡的布置形式，显示出庄严和稳重的气氛，多选用常绿植物，适当点缀少量色泽鲜艳的盆花，使整个会场布局协调、气氛庄重
迎宾、送宾会场	要装饰得五彩缤纷、气氛热烈。选择比例相同的观叶、观花植物，配以花束、花篮，突出暖色基调，用规则式对称均衡的处理手法布局，形成开朗、明快的场面

续表

用途	设计要求
节日庆典会场	选择色、香、形俱全的各种类型植物，以组合式手法布置花带、花丛及雄伟的植物造型等景观，并配以插花、花篮等，使整个会场气氛轻松、愉快、团结、祥和，激发人们热爱生活、努力工作的情感
悼念会场	应以松柏等常青植物为主体，以规则式布置手法形成万古长青、庄严肃穆的气氛。与会者心情沉重，整体效果不可过于冷清，以免加剧悲伤情绪，应适当点缀一些白、蓝、青、紫、黄及淡红的花卉，以激发人们化悲痛为力量的情感
文艺联欢会场	多采用组合式手法布置，以点、线、面相连装饰空间，选用植物可多种多样，内容丰富，布局要高低错落有致，色调艳丽协调，并在不同高度以吊、挂方式将植物装饰于空间，形成一个花团锦簇的“大花园”，使人感到轻松、活泼、亲切、愉快，得到美的享受
音乐欣赏会场	要求以自然手法布置，选择体形优美、线条柔和、色泽淡雅的观叶、观花植物，进行有节奏的布置，并用有规律的垂吊植物点缀空间，使人置身于音乐世界，聚精会神地去领略那和谐动听的乐章。适用于音乐欣赏会场绿化的植物有南洋杉、一品红、金盏菊、千头菊、仙客来等

5. 办公室的绿化设计

办公室的绿化设计应体现清静、高雅、舒适、大方的特点，可以用少量的中小型观叶、观花植物点缀，力求简洁明快。在转角或转折点可以点缀中型花木，在窗台、办公桌可以布置小型的室内盆栽花卉。适用于办公室绿化的植物有鱼尾葵、龟背竹、橡皮树、观叶秋海棠、吊兰、兰花、文竹等。

6. 书房的绿化设计

书房是人们工作和学习的地方，所以植物布置不宜华丽、复杂，应形成清静文雅的气氛。一般可在书柜或博古架上安放小型盆栽花草，也可放置水墙花卉和陈列微型盆栽，在构图、色彩上做到与书籍和谐一致，使书房更显雅致。书桌上一般可放置一盆观叶植物，可在主人长时间工作之余调节人的神经系统，使人疲劳消散，大小以不影响案头工作为限。

7. 卧室的绿化设计

有利于睡眠是人们对卧室的基本要求，可以借助绿色植物在卧室中创造一个安逸的氛围。不能选择香味浓郁、色彩艳丽和枝叶过于高大的花木，否则会刺激人的大脑皮层，使人兴奋，从而影响睡眠，宜放置纤巧优美、色彩淡雅的观赏植物，特别适合布置一些多浆植物，因为这些植物在夜晚能更多地释放白天光合作用生成的氧气，改善卧室夜间的空气质量。

卧室布置的植物数量宜少不宜多，一般在床头和梳妆台可放一盆插花或小型盆栽，或在镜框上、柜顶和墙面空间较大的地方悬挂一些垂吊植物。

任务二　物业绿化树木栽植

任务导入

3 月 12 日植树节，物业公司组织某新建小区的业主在小区内种植“纪念树”，物业公司的工作人员小刘负责安排此事。3 月 11 日，为了第二天的活动，小刘从苗圃运送许多苗木到小区。由于 3 月 12—13 日是工作日，现场植树的业主人数较少，仅种植了部分树木，剩余树木堆积在一起，没有能够立即种植，也没有采取其他处理措施，3 月 14 日活动结束后，小刘组织工人栽植剩余树木。一年后，栽植的“纪念树”只有部分存活下来，业主们议论纷纷。

问题与思考：

1. 为什么“纪念树”的树木仅存活了一部分？
2. 如果你是小刘，如何做才是正确的？

知识探究

一、物业绿化树木的适地适树

（一）适地适树的概念

要想让种植的物业绿化树木生长得健壮，最重要的一点就是遵守适地适树的原则。

所谓适地适树，简单地说就是选择适合当地（栽植）气候条件的园林树木进行种植，也就是使所种植园林植物的生长习性与栽植地的生态条件相适应或基本保持一致，做到地与树的统一。

这里的“地”指林木生长发育的外界环境，即立地条件；“树”指造林树种的生态学特性。

在物业绿化工作中，要注意避免两种倾向：一是过分拘泥于树种的生态学特性，看不到树种的可塑性；二是过于夸大人的主观能动性，不能正确分析立地条件和树种生态学特性。虽然适地适树是相对的，但衡量是否达到适地适树有一个客观标准，即是否符合造林绿化的目的。比如城市风景林，要求成活、成林、成景，并且稳定，即对间歇性灾害因子要有一定的抗衡力，要有较高的生物量，防护效益、景观效果要能充分发挥出来。

（二）适地适树常见的标准

物业绿化植物适地适树标准是根据物业绿化的主要功能和目的确定的，物业绿化大多以美化小区为目的，这就要求植物生长健壮、清洁、无病虫害，供观赏的花、果正常；以卫生防护、保护环境为目的，就要求植物在严重的污染区起码能成活，整体有绿化效果，对阵发性高浓度污染有一定抵御能力；以某种特定艺术要求为目的，如为表现苍劲古雅风格而设计的桩景，其植物营养代谢应是平衡而稳定的并且较长寿，这就算达到了物业绿化适地适树的标准。

（三）适地适树的四条基本途径

1. 选树适地

为特定的立地条件选择相应的树种，这是绿地设计与树木栽植中最为常见的途径。

2. 选地适树

为特定的树种选择能满足其要求的立地，这也是在绿地设计与树木栽植中常见的途径。

选树适地或选地适树，在性质上都是单纯地适应，是最简单也是最可靠的方法。其基本点是必须充分了解“地”与“树”的特性，即全面分析栽植地的立地条件，尤其是极端限制因子，并且掌握栽植树种的生物学、生理学、生态学特性，使两者能相互适应。

3. 改地适树

当栽植地的立地条件有某些不适合所选树种的生态学特性时，要采取适当措施，改善不适合的方面，使之适应栽植树种的基本要求，达到“地”与“树”的相对统一，如整地、换土、灌溉、排水、施肥、遮阴、覆盖等，都是改善立地条件使之适合树木生长的有力措施。

4. 改树适地

所选栽植树种与栽植地的立地条件有些不适合时，可以通过抗性育种增强树种的耐寒性、耐旱性或抗污染性等，还可以通过选用适应性强的砧木进行嫁接，以扩大适合栽植的范围。上述途径不是孤立分割的，而是可以互相补充、互相配合的。

二、物业绿化植物的栽植

（一）相关概念

1. 栽植

植物的栽植是树木在区域上的移动，即将植物从一个地点移动到另一个地点，并且依然要保持其生命的整个过程。栽植通常被狭义地理解为植物的种植，实际上广义的园林植物的栽植主要由“掘起”“搬运”“种植”三个基本环节组成。“掘起”俗称起苗，是将植物从生长点连根（裸根或带土球并包装）掘出的操作。“搬运”是将掘出的植物用一定的交通工具（人工、机械或车辆等）运到新的种植地点。“种植”是将运来的植物按要求栽种在新的种植点上。种植主要分为定植、移植、假植三种。

2. 定植

将植物按景观设计的要求种植在相应的位置上不再移动的方法。

3. 移植

将植物种植在一处，经过一定时间生长后再次移动的方法。

4. 假植

植物掘起后来不及运走，或运到新的种植地来不及栽植，为保护植物的根系，将其临时埋根于土中的措施。

（二）树木栽植成活原理

一株正常生长的树木，其根系与土壤密切结合，地下部与地上部生理代谢（如水分吸收与蒸腾）是平衡的。由于挖掘，根系与原来土壤的密切关系被破坏，根大部分断留在土中，地上部与地下部的代谢平衡也就遭到破坏。而根系的再生，在一定的条件下需要相当一段时间。由此可见，如何使移来的树木与新环境迅速建立正常联系，及时恢复树体以水分代谢为主的平衡，是栽植成活的关键，否则，树木就有死亡的危险。而这种新平衡建立的快慢，与树种的习性、树龄、栽植技术、物候状况以及与影响生根和蒸腾的外界因子，都有密切关系。

（三）植物栽植的季节

根据树木栽植成活原理，植树应选择在树木蒸腾量相对较小、有利于树木根系创伤后及时恢复、保证树体水分代谢平衡的时期。在四季分明的地区，以秋冬落叶后到春季萌芽前的休眠期最为适宜。适宜的植树季节可以提高树木栽植的成活率，也能减少人力和物力的投入。在不同地区，什么时期植树，主要根据当地气候条件及树种生长特性来确定，适时栽树。

（四）物业绿化植树工程的施工原则

为确保植树工程的顺利完成，必须遵循以下原则：

1. 绿化施工必须符合规划设计要求

一切绿化的规划设计，都要通过绿化工程的施工来实现。植树工程施工是把人们的设想（规划设计、计划）变为现实的具体工作。为了充分实现设计者所预想的美好蓝图，施工者必须熟悉图纸，理解设计意图与要求，并严格遵照设计图纸进行施工。如果施工人员发现设计图纸与现实不符，则应及时向设计人员提出；如需变更设计，则必须征得设计部门和建设单位的同意，绝对不可自作主张。

2. 植树技术必须符合树木的生长习性

树木除了有共同的生理特性，还有其本身的特点。施工人员必须了解其共性与特性，并采取相应的技术措施，以保证植树成活和工程的顺利完成。比如春季，一些愈合能力强、生长快的落叶树种可以采取深根栽植的措施，修剪也可以较重；而常绿树种，特别是针叶树种，以及一些珍贵树种，愈合、生长速度较慢，多以带土球方法进行移植，修剪较轻，以保持树木的形态。

3. 抓住适宜的植树季节

不同地区的树木适宜栽植的季节不同，即使是同一地区不同树种的适宜栽植季节也有所不同。施工人员必须了解和掌握各种树种的适宜栽植季节，合理安排不同树种的种植顺序，一般萌芽早的树种应早栽植，萌芽晚的可以相应晚些栽植；落叶树春栽宜早，常绿树栽植时间可以晚些。

4. 严格执行植树工程的技术规范和操作规程

施工过程中，施工人员必须严格执行操作规程，否则会影响施工效果和成活率，如定点放样的准确与否、起苗规格的大小、坑穴的规格大小，均会影响施工效果以及栽植质量，栽植后的养护质量也会不同程度地受到影响，只有在严格操作的基础上才能保证成活率、设计效果，降低绿化成本。

任务三　物业绿化植物养护管理

任务导入

物业公司负责某宾馆外部环境的绿化养护和室内花卉摆放，有一天，负责室内养护的小秦发现大堂内摆放的绿色植物中有几盆植物的叶子上有蚜虫，他担心传染其他植物，赶紧配制了农药喷施在植物叶面，蚜虫迅速被控制住，但是大堂内弥漫着一股刺鼻农药味，来来往往的客人都皱着眉头，大堂的经理也很生气，斥责了小秦。

问题与思考：

1. 小秦控制了植物上蚜虫的危害，为什么受到大堂经理的斥责？
2. 如果你是小秦，应该如何做？

知识探究

一、物业绿化植物的日常养护管理

养护管理严格来说包括两个方面的内容，一方面是养护，根据不同物业绿化植物的生长需要和某些特定的要求，及时对植物采取如施肥、浇水、排水、中耕除草、修剪、防治病虫害等绿化技术措施；另一方面是管理，如管理维护绿地的清扫保洁等园务管理工作。因此，绿化养护管理有以下几个特点：

1. 经常性

绿化植物的习性和特点，决定了绿化的养护管理必须经常进行，也就是人们常说的"种三管七"。在绿化设计、施工完成后，要保持绿化布置的成果，保证绿化植物的正常生长，这就要建立一套严格的绿化管理制度，培养专业养护队伍，开展经常性的绿化养护，防止失管失养，避免放任自流的局面。

2. 针对性

花草树木都有不同的特点和品性，养护不同的花草树木，需要根据它们赖以生存的客观条件来采取不同的养护方式，这些条件包括土壤、气候、温度、地理环境、人为因素等，做到"适地适树"，以便"适者生存"。

3. 动态性

植物是有生命之物，无论是一个种群，还是一个种类、一个个体，都处于漫长的生长变化之中。植物的功能和观赏效果不是短时间内所能显现出来的，而是要有一个逐步提高和完善的过程。随着季节的变化、时间的推移，花草树木从发芽、长叶、开花、结果到凋落，年复一年，循环往复，在每个生长时期所需要的养护管理也不是一成不变的，而是随着植物的变化而变化的，在不同时期要掌握不同的养护重点。

总之，绿化养护管理必须按照绿化的不同品种、不同习性、不同季节、不同生长期以及根据多种变量的客观条件，适时确定不同的养护重点，安排不同的养护要求，维护绿化的健康发展。

（一）植物地下部分养护管理

1. 土壤管理

土壤是树木生长的"基地"，也是树木生命活动所需求的水分、各种营养元素和微量元素的"源泉"。因此，土壤的好坏直接关系着树木的生长。绿化植物的土壤管理是通过多种综合措施来提高土壤肥力，改善土壤结构和理化性质，以保证绿化植物生长所需养分、水分等生活因子的有效供给，并防止水土流失，增强物业绿化景观的艺术效果。

（1）整地

物业绿地的土壤条件十分复杂，既有本地的熟土，又有建筑垃圾、水边低湿地、人工土层等。这些土壤大多需要经过适当的调整和改造，才能适合绿化植物的生长。不同的植物对土壤要求不同，但一般植物都要求保水保肥良好的土壤，在干旱贫瘠的或水分过多的土壤上，植物往往生长不良。整地是有效的土壤改良和土壤管理方法，整地可以改进土壤的物理性状，使土壤松软，有利于植物根系的生长，是保证树木成活和健壮生长的有效措施。

整地的季节直接影响整地效果。在一般情况下，应提前整地，以充分发挥其蓄水保墒的作用。这一点在干旱地区尤为重要。一般整地应在植树前三个月以上（最好经过一个雨季）进行，如果现整现栽，整地效果会大受影响。

（2）土壤改良及管理

土壤改良就是通过物业绿地土壤改良及管理，提高土壤的肥力、改善土壤结构和理化性质，不断供应物业绿化植物所需的水分与养分，为其生长发育创造条件。物业绿地的土壤改良多采用深翻、中耕、培土、客土改良、土壤化学改良等措施。

①深翻。深翻能增大土壤的孔隙度，改善土壤理化性状，促使微生物活动，加速土壤熟化，使难溶性营养物质转化为可溶性养分，提高土壤肥力。

②中耕。中耕是在植物生长发育期间，在株行间进行的表土耕作。中耕可疏松表土，破除板结，增强土壤通气性，提高土温，促进土壤中好氧微生物活动和土壤养分有效化，去除杂草，促使植株根系伸展，也是调节土壤水分状况的重要手段。土壤干旱时中耕可切断表面土壤毛细管，减少水分蒸发；在土壤过湿时中耕则会因表土疏松而有利于蒸发过多的水分。

③培土。培土也称变土，是在植物生长期间，结合中耕除草将土培在植株基部的措施。培土有利土壤保水、排水，促使植物根系发育，起到抗风防倒和保暖防冻等作用。此外，还能破除土壤板结，增厚土层，提高地温，覆盖肥料和埋压杂草，有促进植物地下部分发达的作用。例如，在我国南方高温多雨的地区，降水量大，土壤流失严重，生长在坡地的树木根系大量裸露，树木既缺水又缺肥，树木生长势头差，这时就需要及时培土。

④客土改良。客土改良是在物业绿化栽培时对栽植地的土壤进行局部换土，通常是在栽植地土壤完全不适宜园林树木生长的情况下进行。

⑤土壤化学改良：

- 施肥改良。土壤的施肥改良以施有机肥为主。有机肥所含营养元素全面，能有效地给树木提供生长需要的营养，能增加土壤的腐殖质，提高土壤保水保肥能力，改良土壤的结构，增大土壤孔隙度，平衡土壤酸碱度，从而改善土壤的水、肥、气、热状况。
- 调节土壤酸碱度。土壤酸碱度与土壤溶液中的氢离子、氢氧离子含量有关，它既影响土壤的理化性质，又影响土壤肥力。土壤酸碱性状用酸碱度来衡量。

2. 水分管理

水是植物的生命之源，水也是植物体的基本组成部分。植物体内的水分状况涉及许多重要的植物生理活动。同时，水又是植物体与周围环境相互联系的重要纽带。水是生命发生的环境，也是生命发展的条件。植物的水分代谢一旦失去平衡，就会打乱植物体的正常生理活动，严重时能使植物体死亡。不同的植物、不同的生长期、不同的气候条件所要求的水量是不一样的，因此，必须根据具体情况，灵活掌握，做好浇水工作，满足植物所需的水分。

（1）浇水和排水的原则

①灌足浇透。每次浇水都应灌透土层，不能仅仅湿润地表，否则会因水分蒸发而使植物根系吸不到水，达不到灌溉的目的。浇水时，开始时水流应细而慢，便于土壤吸收，继而水量应逐渐加大，这样才可灌足浇透。

②因时、因地、因物浇水。一般来说，植物的生长期需要水分多，浇水要多；冬季休眠期，植物生长缓慢，需要水分少。我国东北、华北、西北等地降水量较少，冬春季又严寒干旱，因此秋末冬初灌“冻水”可以提高树木的越冬能力和保墒作用。夏季阳光猛烈、气温高、水分蒸发快、耗水多，需要增加浇水的次数和分量；入秋后光照减弱，水分蒸发慢、耗水少，此时应该少浇水。旱季要勤灌水，雨季则要注意排水。

沙质土排水性好，要勤浇足浇；黏质土和沙壤土有较好的保水能力，可适当减少浇水次数。施肥后浇水要足，这样可以促使肥料渗透到土壤内，有利于根系吸收水分，并稀释肥料浓度而不致烧根。

旱生植物需要水分少，深根性植物抗旱性强，可以少浇水；阴生植物需要水分多，浅根性植物不耐旱，需要多浇水。新梢旺盛生长和大量形成叶片时需水量大；秋季植物开花结果时期需水较少，水多易引起落花落果。灌溉要掌握灵活性，在不同的条件下确定不同的浇水次数和浇水量，冬季浇水次数和浇水量应明显减少，以保证植物安全越冬。

（2）浇水的年限及次数

树木定植后，一般乔木需连续浇水 3 ~5 年。一年中浇水一般不少于 4 次，时间大致为 4 月、5 月、6 月、11 月各一次。乔木每棵浇水量不得少于 180kg，灌木每棵浇水量不得少于 120kg。园林植物浇水时间、次数等如表 6 –3 所示。各类草坪浇水时间、次数、湿润深度、冬灌深度如表 6 –4 所示。

表 6 –3　园林植物浇水时间、次数、湿润深度、冬灌深度（以北方地区为主）

植物类型	生长期内次数（月）	浇水时间	湿润深度（cm）	冬灌深度（cm）
低矮地被植物	2 ~3	早、晚	10	40
一年生草本花卉	3 ~4	早、晚	10	40
多年生灌木、藤本	1 ~2	早、晚	20	40
竹类	3 ~5	早、晚	30	50
1 ~5 年生乔木	2 ~5	早、晚	40	50
5 年以上乔木	1	早、晚	40	50

表 6 –4　各类草坪浇水时间、次数、湿润深度、冬灌深度

植物类型	生长期内次数（月）	浇水时间	湿润深度（cm）	冬灌深度（cm）
观赏草坪	1 ~2	早、下午	6 ~8	30
休息草坪	1 ~3	早、白天	5 ~8	20

续表

植物类型	生长期内次数（月）	浇水时间	湿润深度（cm）	冬灌深度（cm）
球场草坪	2～5	傍晚与夜间	6～10	20
活动性草坪	2～9	傍晚	6～10	20
南方冷季型草坪（越夏）	每日1次	傍晚	3～4	20

（3）浇水的方式

正确的浇水方式，可以使水分均匀分布，减少冲刷，节约用水。常用的浇水方式有下列几种：

①人工浇水。此种方式费时费工，效率较低，但在某些特定条件下仍然是很有效和很必要的方式。

②地面灌水。常用的浇水方式，效率高，可就近利用河水、井水、池塘水等进行大面积的树木灌溉。

③地下灌水。此种方式节约用水，灌溉效果好，是利用埋设在地下多孔的管道输水，水从管道的孔眼中渗出，达到浸润土壤的目的，但要求的设备条件相对较高。

④空中灌水。对树冠喷水，也称“喷灌”，可节约用水，渗透性强，但投资较高。

（4）植物的排水

排水是防涝保树的主要措施，土壤水分过多，根系进行厌氧呼吸，易引起根系的死亡。我国北方7月、8月、9月三个月是雨季，是树木需水量较少的时期；在南方春季，除早春外，春末夏初的灌溉没有必要，而是需要加强排水，排水的方法主要有以下三种：

①地表径流法。开建绿地时，就应考虑排水问题，需将地面整成一定坡度，以保证雨水能从地面顺畅流到河、湖、下水道而排走。这是绿地最常采用的排涝方法，既节省费用又不留痕迹。地面坡度一定要掌握在0.1%～0.3%，要求不留坑洼死角。

②明沟排水。在表面挖明沟，将低洼处的积水引至出水处（河、湖、下水道）。此法适用于大雨后抢救性排除积水，或地势高低不平实在不能实现地表径流的绿地。明沟的宽窄视水情而定，沟底坡度一般以0.2%～0.5%为宜。

③暗沟排水。在地下埋设管道或用砖砌筑暗沟将低洼处的积水引出的方法。此法可保持地面原貌，方便交通，节约用地，但造价较高。

3. 施肥管理

植物定植后，可以在一个地方生长多年，主要靠根系从土壤中吸收水分与无机养料，以供正常生长的需要。由于树根所能触及范围内土壤中所含的营养元素（如氮、磷、钾以及一些微量元素）是有限的，即使肥力很高的土壤，也不可能取之不尽用之不竭，时间长了，土壤的养分就会减少，不能满足树木继续生长的需要，若不能及时得到补充，势必会造成树木营养不良，影响正常生长发育，甚至衰弱死亡。所以，栽培植物在定植后的一生中，都要不断给予养分，提高土壤肥力，以满足植物生长的需要。这种人工补充养分或提高土壤肥力，以满足植物生长需要的措施，称为“施肥”。

肥料可分为有机肥和无机肥。有机肥大多是指发酵腐熟后的粪肥、厩肥、堆肥、绿肥、豆饼肥，有机肥属于迟效肥。无机肥即化肥，大多是指硫酸铵、尿素、过磷酸钙、氯化钾，无机肥属于速效肥。

（1）基肥

以有机肥为主，可供较长时期吸收利用的肥料。比如粪肥、厩肥、堆肥、绿肥、豆饼肥等，豆经过发酵腐熟后，可以按一定比例与细土均匀混合埋施于树的根部，使其逐渐分解，供树吸收之需要。

一般基肥的肥效较长，对多数园林树木来说，基肥不必每年都施，可以根据需要隔几年施一次。

树根有较强的趋肥性，为使树根向深、广处发展，基肥要施得适当深一些，不得浅于40cm；范围随树龄而异，树木幼、青年期至壮龄，常施于树冠投影外缘部位，衰老树以施在树冠投影范围内为宜。

施基肥一般有以下三种方法：

①穴施。在树冠正投影的外缘挖数个分布均匀的洞穴，将肥施入后，上面覆土并踩至与地面同平。这种操作方法方便省力，壮龄前的树木较适用。

②环施。沿树冠正投影线外缘，开挖 30 ~ 40cm 宽的环状沟，将肥料施入沟内，上面覆土并踩至与地面同平。这种方法可保证树木根系吸肥均匀，适用于青年、壮龄树。

③放射状沟施。以树干为中心，从离树干不远处开始，由浅而深向外挖 4 ~ 6 条分布均匀的呈放射状的沟，沟长稍超出树冠正投影的外缘，将肥料施入沟内，上面覆土并踩至与地面同平。这种方法可保证内膛根也能吸收肥料，壮、老龄树较适用。

以上三种施肥方法最好轮流采用，以便取长补短，使树木得到最好的生长条件。

（2）追肥

在树木生长季节，根据需要加施速效肥料，促使树木生长的措施，称为追肥。

绿化树木施追肥，因城市环境卫生等要求，一般都用化肥或菌肥，而不宜用粪肥等，若用，应于夜间开沟施埋。

追肥可以采用以下两种方法：

①根施法。按适合的施肥量，用穴施法把肥料埋于地表下 10 ~ 20cm 处，然后灌水或结合灌水将肥料施于灌水堰内，随水渗透，供树根吸收利用。

②根外追肥。将化肥按一定的比例对水稀释后，用喷雾器施于树叶上。由于肥料直接由地上叶片吸收利用，也可以结合打药混合喷施。

（3）施肥时的注意事项

①有机肥料要充分发酵腐熟；化肥必须完全粉碎成粉状。

②施肥（尤其是追肥后），必须及时适量灌水，使肥料渗入，否则会造成土壤溶液浓度过高，对树根不利。

③根外追肥，最好于傍晚喷施。

④城市绿地施肥不同于农村，在选择和确定施肥方法、肥料种类以及施肥量时，都应考虑到市容与卫生方面的问题。

（二）植物地上部分养护管理

1. 植物的整形修剪

修剪是指对植物的某些器官如茎、叶、花、果、芽等进行剪截或清除的操作。所谓整形是对植物施以一定的措施（用剪锯、捆扎等手段），使之形成人们所需要的树体结构状态。整形一般是通过修剪来完成的，因此人们常称其为“整形修剪”。

（1）树木修剪的方法

树木修剪的方法可概括为短截、疏枝、剥芽、除蘖、摘心与摘芽等，分为休眠期修剪与生长期修剪，或分为冬剪与夏剪。前者于树液流动前行之，其中有伤流的树应避开伤流期，抗寒力差的宜早春剪。易流胶的树种，如桃树，就不宜在生长季剪。冬剪以短截、疏枝为主，夏剪可将各种方法结合使用。

①短截。剪去枝梢的一部分即短截，其目的是增加分枝，增加枝叶的密度。

②疏枝。疏去过密枝、衰老枝、病虫枝、内插枝，可改善通风透光条件，促进花芽分化，增强树木的观赏效果，同时对全树起减缓生长的作用。

③剥芽。在萌芽初期，未木质化前，剥去枝干上无用、多余的芽，可以减少营养损失。

④除蘖。除去主干上或根部萌发的无用枝条。

⑤摘心与摘芽。树木生长季节将枝条顶端或侧枝新芽摘除。

（2）树木整形的方式

①自然式整形。在园林中应用较多，尤其在中国传统造园中经常采用。这种方式比较自然，管理较简便，与自然的水面、起伏的地形、蜿蜒的道路相配，易获得良好的景观效果。自然式整形的形状主要包括扁圆形、圆球形、卵圆形、圆柱形、不规则形等。

②人工规则式整形。在规则式布局的园林中采用较多，体现出一种简洁、规矩、严谨的景观效果。其形状主要包括几何形体整形与非几何形体整形。

③混合式整形。出于不同功能的要求，对经过自然式整形的树木常常再加以简单的人工规则式整形。

（3）各类不同树木的整形修剪

①乔木类修剪。落叶乔木应保持原有树形，适当疏枝，保持主侧枝分布均匀，对保留的主侧枝应在健壮叶芽上方短截，可剪去枝条的1/5～2/3，有主尖的乔木应保留主尖，如银杏只能疏枝，不得短截，国槐、栾树等耐修剪树种不得抹头修剪。

常绿针叶树，只剪除病虫枝、枯死枝、生长衰弱枝、过密的轮生枝和下垂枝。

用作行道树的乔木，分枝点高应大于2.8m，分枝点以上枝条应酌情疏剪或短截。

②常绿针叶树的整形修剪。对这类树种，主要采取自然式整形，每年将病枯枝及扰乱枝条剪除即可，不可重剪。

③庭荫树的整形修剪。这类树种可以根据不同的周边环境，确定树干高度及树冠的大小，以观赏、庇荫为主，每年将病枯枝及扰乱枝条剪除即可。

④花灌木的整形修剪。花灌木种类繁多，有以观花为主的，有以观果、观叶、观枝条为主的。因此，为更好地发挥观赏效果，应采用不同的整形修剪方法。观花的灌木、先花后叶的花灌木，要除去病虫枝、衰老枝、过密枝、弱势枝，以通风透光、集中养分、增加观赏效果。这类花木一般采取花后剪的方式，一般花后 15 天修剪为宜。对于先叶后花的花灌木，一般应选在早春修剪。观果灌木类，在花后只能轻度修剪。对观枝类的花灌木，由于新枝颜色鲜艳，每年应对老枝进行重剪，以促发新枝，增强观赏效果。

⑤绿篱的修剪。绿篱在设计中一般采用萌蘖性强、耐修剪、生长快的树种。绿篱的修剪应按设计意图的要求进行，以保持一定的高度和密度，体现整齐美观的效果，因此，在生长季要定期进行整形修剪。

⑥苗木修剪应符合下列规定：剪口应平滑，不得劈裂；枝条短截时应留外芽，剪口应位于留芽位置上方 0.5cm；修剪直径 2cm 以上大枝及粗根时，截口必须削平并涂防腐剂；对于生长季移植的落叶树，根据不同树种的特点在保持树形的前提下应重剪，以保证成活。

2. 树体保护

绿化树木是多年生植物，在生长过程中难免会受到各种各样的损坏，如机械损伤、风吹折枝、人为折断等，容易造成树木伤口溃烂、树体倾斜，若不及时补救，甚至会造成树木死亡。遇到树木受损的情况，应该立即采取各种措施进行救护。

（1）处理伤口。发现树干有伤口，最好立即处理。先将伤口四周被破坏的树皮修削平滑，用 2% ~5% 的硫酸铜溶液、0.1% 的升汞溶液、石硫合剂等冲洗伤口，防止病菌感染，然后涂抹某些黏着性好、不腐蚀树体的药剂，再进行伤口包扎。

（2）修补树洞。先将树洞内的腐烂木质彻底清除，刮去洞口边缘的坏死组织，直至露出新组织，再将石灰、黄沙、水泥、碎砖等混合填充物放入洞内，洞口用水泥封面，水泥面略低于树皮，使树皮能沿着水泥面延伸愈合，将水泥覆盖。

（3）涂白。树干涂白，可防止病虫害，减弱地表反射的辐射热，延迟树芽萌动期，避免早春寒害。涂白剂配方：水 10 份，生石灰 3 份，石硫合剂 0.5 份，食盐 0.5 份，油脂少许。配置时先化开生石灰，把油脂倒入充分搅拌，再加水拌成石灰乳，最后放入石硫合剂及食盐。

（4）树干固定。一般在树的下风处植立桩，支撑牢固，保护树木，使其不致因风吹而摇动歪身。桩头可选用木柱、竹桩，但这类桩头寿命较短，成本较高，故近年来已普遍采用水泥桩。

3. 低温危害与植物防寒

有些植物尤其是那些原产于热带或亚热带的种类，会受到高于零度的低温（0℃ ~

10℃）的伤害，这叫作“寒害”（冷害、寒伤），轻则部分枝条受害，重则全株死亡。为使这些树木安全越冬，必须针对受低温危害的器官与部位、原因采取必要的防寒措施，以使植物安全越冬。目前常用的防寒措施有以下几种：

（1）“封冻水”。土地封冻前灌足“封冻水”。一般应在秋末、初冬地表温度在0℃左右时浇足“封冻水”，这样才能达到保水防寒的作用。

（2）秋末修剪。适当修剪，可改善分枝光照、充实芽体，增强枝、芽的抗寒能力，同时保持树体营养，剪除病虫枝，促使春芽发育更为饱满，增强树体抗寒能力。

（3）根茎培土。在树木根茎部位培起直径80～100cm、高40～50cm的土堆，可以防止冻伤根茎和树根，同时减少根部土壤水分蒸发。

（4）覆土。对于不耐寒的树苗、藤木，在土地封冻前将枝干柔软、树身不高的植株压倒固定，盖一层干树叶或覆细土40～50cm，轻轻拍实，这样不仅可以防冻，还能保持枝干湿度，防止枯梢。

（5）扣筐或扣盆。对一些植株较矮的珍贵花木，可采用扣筐或扣盆的办法将整个植株扣住，外边堆土或抹泥，不留缝隙，这样可以给植株创造一个温湿的小气候，以安全过冬。

（6）涂白或喷白。可以杀死一些越冬病虫害，同时可以延迟开花，避免早霜危害。

（7）卷干、包草。卷干即用草绳紧密缠绕主干和主枝，包草即用稻草包裹主干和部分主枝。

（8）搭建防寒设施。对于当年移植的高大乔木和南方树种（如雪松），需要搭建防寒设施。

（9）春灌。早春开始解冻后要及时灌水，保持土壤湿润，避免早露危害，防止枯梢。

（10）培月牙形土堆。对一些不便压埋防寒的植株，可于树干北面培一个向南弯曲、高30～40cm的月牙形土堆，这样也可起到防寒效果。

二、植物病虫害防治

绝大多数园林植物，在其一生中都可能遭受病虫的危害，影响正常生长发育，甚至造成死亡，因此，防治病虫害是园林植物养护管理中一项极为重要的措施。园林植物病虫害防治必须贯彻“预防为主”和“治早、治小、治了”的原则，采取慎重的科学态度，对症下药，综合防治，以保证植物不受或少受病虫害危害。同时，要注意保护环境，减少农药污染，多用生物防治。

（一）病虫害种类

1. 病害

绿化植物病害，按其性质可分为传染性病害和非传染性病害两大类。

（1）传染性病害。由生物性病原如真菌、细菌、病毒、类菌质体、线虫、螨虫、寄生性种子植物等引起的病害，具有传染性。

（2）非传染性病害。由非传染性病原如营养物质缺乏或过剩、水分供应失调、温度过高或过低、光照不足、湿度过大、土壤有害盐类过量、药害、肥害等引起的病害，不具有传染性。

2. 虫害

绿化植物虫害，按其食性和危害部分可分为四大类：

（1）苗圃害虫。有地老虎、蛴螬等，栖居于土壤中，危害种子或幼苗的根、芽。

（2）枝梢害虫。有蛾类和甲虫类，它们专蛀、啃食植株的枝梢及幼茎，直接影响主梢的生长；有蚜虫、蚧壳虫等，它们用刺吸式的口器吸取植株汁液，传播病毒，引起病害。

（3）食叶害虫。有枯叶蛾、毒蛾、刺蛾等，它们大量食害叶片，造成植株生长衰弱，失去观赏价值。

（4）蛀干害虫。有天牛、象甲类，它们在植株内部钻蛀取食，严重影响植株生长，甚至会造成植物整株死亡。

（二）病虫害的防治方法

病虫害的防治方法较多，可以采取生物方法防治、物理方法防治和化学方法防治。

1. 生物方法防治

生物方法防治是根据当地的自然条件和病虫害发生的情况，利用害虫的天敌如瓢虫、螳螂和鸟类等防治害虫，利用微生物如真菌、细菌和病毒等防治病虫害，利用激素如性外激素、保幼激素等防治害虫。

2. 物理方法防治

物理方法防治是利用各种物理因素和简单工具（如诱杀、热力处理、辐射处理、阻杀、人工捕杀及刮刷等）来防治病虫害的方法。这些防治病虫害的方法简便而有效，并且不污染环境，对人畜无害。采取人工捕杀方式挖除地下虫蛹时，深度应在5～20cm。摘除的病叶和剪除的病枝，均要及时收集，妥善处理或烧毁。

3. 化学方法防治

化学方法防治是利用农药来防治绿化植物病虫害的方法。化学防治具有防治效果好、收效快、使用方法简单、受季节性限制较小、适合大面积病虫害发生时使用等优点，但是使用不当会引起人畜中毒，长期广泛使用会造成环境污染，杀伤害虫天敌，使病虫害产生抗药性而降低效果。但是，只要使用得当，扬长避短，化学方法防治病虫害在今后相当长的时期内仍占有重要地位。

化学药剂主要包括杀菌剂和杀虫剂。杀菌剂是用来防治植物病害的化学药剂，常用的有石硫合剂、波尔多液、代森铵、多菌灵等；杀虫剂是用来防治植物虫害的化学药剂，如敌百虫、乐果等。

采用化学方法防治植物病虫害要注意以下几点：

（1）要根据不同的树种、病虫害种类和具体环境条件，正确选用化学药剂种类、浓度和施用方法等，所选药物应做到高效低毒。

（2）配制药剂时稀释比例必须准确，并用纯水。

（3）喷射的药剂应呈雾状，做到“枝枝着药，叶叶着药”。

（4）喷药时要注意行人安全，剩余或洗刷药具的残液及剧毒品，不准乱倒乱流。

（5）喷药过程中一定要注意安全操作，阴雨天或高温炎热的中午不宜喷药。

三、植物的其他养护管理

前面列举了一些重要的养护管理措施，另外还有一些项目必须注意，只有采取综合的养护管理措施，才能保证树木的正常生长发育。

1. 防台风

夏季一般多台风，树枝常遭风折，又由于雨水多，土壤潮湿松软，风雨交加更易造成树木被吹倒的现象，轻者影响树木生长，重者造成树木死亡，甚至还会造成人员伤亡和其他破坏性事故。因此，在夏季多风季节来临之前，应采取一些防风措施，如绑支柱、修剪树冠等。

（1）修剪树冠。对浅根性乔木或因土层浅薄、地下水位高而造成浅根的高大树木，以及长在迎风处的树冠过于浓密的高大树木，应及时、适当地疏枝，以利于透风，减少负荷。高处过长的枝条和受蛀的树条，也应截除。

（2）培土。栽植较浅的树木，应于根部培土，以加厚土层。

（3）支撑。必要时可在下风方向立木棍或水泥等支撑物，但应注意支撑物与树皮之间要垫一些柔软的东西，以防擦破树皮。

（4）检查与恢复。台风过后，应立即派专人调查刮倒的树木和危害交通、电信、民房等情况，以便及时采取紧急措施。对歪倒树木应先重剪，然后扶正，用草绳及立柱并加土夯实；对已连根拔起的树木，视情况处理或重栽。

2. 中耕除草

树木根部丛生的杂草会与树木争夺水分、养分，特别是对新栽的乔灌木和浅根性树种来说，不但影响树木的正常生长发育，而且会影响观赏效果，所以及时消除杂草也是园林树木养护工作的重要项目之一。生长于树木根部的杂草，我们主张用中耕的方法连根锄掉并埋入土中，腐烂后即成肥料。没有草的地方也要在雨后或灌水后适时将地表土壤锄松，提高土壤透气性和保墒能力，以利于树根生长。如果草荒严重，也可用化学方法除草，但要注意选择适当的除草剂，以免发生药害。

3. 苗木更新

树木衰老、病虫侵袭、机械损失、人为破坏以及其他原因都可能造成一些树木的死亡。对那些已无法挽救也无保留必要的树木，应在其尚未死亡之前尽早伐除，这样既可减少病虫潜伏与蔓延，又可增加可利用的木材，否则会影响绿化效果和造成危害。砍伐前应调查其死亡原因，观察四周环境，不要在砍伐过程中造成安全问题。砍伐后对残桩也应尽早挖除，并填平地面，以免对行人造成伤害。在报批伐陈的同时，应申请更新树木，更新的树种及其规格应与周围的树木相匹配，尽量不影响原有的景观效果，并做好树木更新后的养护工作，以免造成不必要的损失。

4. 围护、隔离

多数树木喜欢土质疏松、透气良好，土壤长期被行人践踏，会造成土壤板结，妨碍树木正常生长，引起早衰，特别是根系较浅的乔灌木和一些常绿树，反应更加敏感。对这类树木，在改善通气条件后，应用围篱、栅栏加以防护隔离，但应以不妨碍观赏为原则。为突出主要景观，围篱要适当低些，造型和花色宜朴素，以不喧宾夺主为佳，也可以用绿篱。

5. 看管、巡查

为了保护树木，使其免遭或少受人为破坏，一些重点绿地应设置看管和巡视的工作人员，可吸纳退休工人等。他们的主要职责如下：

（1）看护所管绿地，对人们进行爱护树木的宣传教育，发现破坏绿地和树木的现象应及时劝阻和制止。

（2）与有关部门配合，协同保护树木，同时保证各市政部门（如电力、电信、交通等）的正常工作。

（3）检查绿地和树木的有关情况，发现问题及时向上级报告，以便得到及时处理。

项目小结

物业环境绿化设计是运用绿色植物，根据一定的自然、经济和艺术规律，充分发挥综合功能，因地制宜地将绿色植物和建筑、小品、环境等其他物质融为一体，创造一个幽静、优良、舒适的物业环境。

绿色植物的栽植要根据树木的生物学特性和环境条件，制定相应的树木栽植措施。适地适树是树木正常生长发育和保持良好绿化效果的首要条件。绿色植物的养护管理是长期、周期性的工作，浇水、修剪、施肥、除草、病虫害防治等工作是创造优美的环境景观、装饰和美化物业环境的必要条件。

走进物业公司

实训项目：新建居住小区绿化植物配植

［实训目的］掌握和了解居住绿化小区绿化配植。

［实训内容］全班现有人员，每5人一组，讨论居住小区特点、配植原则、绿化原则、树种选择。

［实训考核］每组交一份讨论报告。

考考物业管理员

一、不定项选择题

1.（　　）属于速效肥。

A. 豆饼肥　　B. 绿肥　　C. 尿素　　D. 氨水

2.（　　）属于植物病虫害的生物防治方法。

A. 辐射处理　　B. 微生物　　C. 杀菌剂　　D. 性外激素

3. 将乔木主干下部用石灰水加适量盐涂白是为了（　　）。

A. 杀虫　　B. 抗风　　C. 抗冻　　D. 抗旱

4. 屋顶绿化应以（　　）为主。

A. 小型的花灌木　　B. 草坪等浅根系植物

C. 大型的花灌木　　D. 直根系植物

5. 我国东北、华北、西北等地降水量较少，冬春季又严寒干旱，因此，在（　　）"封冻水"可以提高树木的越冬能力并有保墒作用。

A. 早秋　　B. 晚冬　　C. 秋末冬初　　D. 早春

二、综合案例分析题

案例名称	树木的防寒方法
工作任务	立冬刚过，气温急剧下降。据气象部门预测，今冬长沙又将面临严寒天气。某校为保证校园植物顺利安全过冬，后勤部门早组织、早安排、早落实，从11月下旬至12月底，历时一个多月，集中力量，针对不同树种采取多种有效措施，积极做好绿化树木防寒抗冻工作。 冬季树木的防寒抗冻工作是学校后勤部门的重要任务之一，后勤部门特制订了有步骤、有重点、有阶段的工作计划，着力做好树木的修剪、包扎、浇灌等工作，积极为树木"喂水""穿衣""裹脚"（注："喂水"是在土壤封冻前为树木浇灌一次"封冻水"，保证土壤不至于过快风干，使其在冬季水结冰以后还可以起到保温作用；"穿衣"是为当年新植的常绿树木覆盖防寒布，使树木在越冬期间逐步适应移植环境；"裹脚"是对行道树主干用石灰水进行涂白处理，以保温并杀灭越冬虫卵）。 在学校科教南楼前的花坛，可以看到所有的大树都无一例外地穿上了塑料"羽绒服"，远远望去，在冬日的暖阳下别具一番风情
完成时间	10分钟

续表

任务目标	了解树木防寒的各种方法
任务要求	1. 学校对树木采取了哪些防寒措施？ 2. 常见的防寒措施还有哪些？
研讨内容	
研讨成果	
讨论过程	
自我角色	
自我评价	
小组评价	
教师评价	

项目七　物业水质与水景管理

动脑筋

水景，曾作为开发商推销楼盘的一大卖点，令不少购房者心动。然而，入住几年后，往往是池水枯竭、喷泉废弃、瀑布停流，美丽的水景昙花一现，水景设施成了摆设。“刚搬来时，喷泉从早开到晚，池水也很清澈，可现在，很久没见喷泉喷水了，瀑布也不流了，水池里漂着好多枯叶。前段时间水池还有臭味，后来把水全放光了。”某小区一位业主望着小区里的水景说，小区里大大小小的水景一共5处，以前看着是心旷神怡，如今都荒废了。究其原因，主要是水池设计不合理，没有循环设备，池水在天气炎热的时候特别容易发臭。如果经常放水清理水池，那么业主分担的水费会太多；人工喷泉长时间喷涌也会造成设施、部件损坏，产生高昂的电费和维修费，物业公司无法承担。面对美丽的水景与高昂的水、电、维修费，业主和物业公司该如何选择呢？

任务导读

- 物业水质与水景管理
  - 物业二次供水
    - 物业二次供水概述
    - 物业二次供水管理
    - 物业二次供水应急预案
  - 水景的水源和水质
    - 水景的概念、作用及类型
    - 水景的水源
    - 水景的水质要求
    - 水景的水质监测
    - 水景的水质净化方法
  - 水景养护与管理
    - 水景养护与管理制度
    - 水体养护与管理
    - 喷泉养护与管理
    - 驳岸养护与管理

本章学习目标

知识目标：1. 了解水景的作用；了解水景的净化方法；了解水景的水质标准及监测方法。
2. 认识景观水的来源；认识水质恶化的原因。
3. 掌握常见的水景种类及特征。
4. 掌握水景常用的养护设备操作、材料的使用及日常维护管理方法。

能力目标：1. 能根据不同水景的构成和材质合理安排最佳的养护方案。
2. 会根据水景的不同特点进行设备养护、外观养护及基础防护。
3. 会根据不同的环境和季节做好水景的养护管理。

任务一　物业二次供水

任务导入

物业二次供水之痛

长虹路某小区居民反映自来水中有黄沙，供水部门欲对该小区二次供水设施和蓄水池进行检查，却遭到拒绝。原来，绝大多数的二次供水是由小区物业或单位自行管理，相当一部分自行管理的小区、单位以资金匮乏为由，拒绝对二次供水设施进行消毒及正常维护。一些二次供水的小区、单位，储水池溢流孔直接连着下水道，老鼠、昆虫进出自如，有的储水池连个盖子都没有，雨水、枯叶很容易进入，水池中还能清理出破鞋袜、烂棉絮、死老鼠等。

专业的保洁公司人员透露，在工作中经常会碰到四五年或者六七年不清理蓄水池的居民小区，当把水池抽干后，会发现池子里有很多淹死的老鼠、壁虎和其他小动物，也有不少污染物。水池满着的时候看上去很干净，其实里面有很多脏东西，时间长了细菌怎么能不超标！同时，许多开发商建房时只重外在，忽略了关系住户身体健康的饮用水系统建设。为降低成本，有的二次供水设施质量低劣，致使二次供水频现“脏乱差”问题。

问题与思考：

1. 什么叫二次供水？
2. 二次供水应符合什么要求？

知识探究

随着城市的发展，二次供水已成为城市供水中不可缺少的环节。二次供水缓解了城市供水压力不足和水量分配不均衡的问题，解决了高层建筑居民的用水问题。根据相关规定，二次供水的储水设备需每年清洗、消毒一次以上，但许多二次供水设施多年不曾清洗、消毒，给市民的饮水安全留下了诸多隐患。

其实，自来水厂输送的水是严格按国家要求消毒的，水质是合格的，可是为什么经过小区水箱到达住户家里时就出现了问题？目前，在绝大多数城市，自来水公司既不拥有小区二次供水设施的产权，也没有得到授权去管理这些设备，自来水公司只保证水在进入小区时是合格的，而进入居民家前的“最后一公里”，一般由开发商、物业或房产所有者等负责。二次供水设备一般放置在高层建筑的屋顶，由于水箱多是半开放式甚至是开放式的，特别是一些水箱因为内壁材料不佳，很容易滋生污染物，污染水质。加上管理疏漏，老鼠等动物爬进水箱，其尸体污染水质的报道也时常可见。

一、物业二次供水概述

（一）二次供水的概念

根据《城市供水水质管理规定》，二次供水是指单位或者个人使用储存、加压等设施，将城市公共供水或者自建设施供水经储存、加压后再供给用户的形式。城市供水单位，是指从事城市公共供水及自建设施供水（包括深度净化处理供水）的企业和单位。城市供水单位对其供应的水的质量负责，其中，经二次供水到达用户的，二次供水的水质由二次供水管理单位负责。

（二）二次供水污染的原因

二次供水污染的原因主要有以下几种。

1. 设计不合理

二次供水的管线与消防用水管线、工业用水管线连接；储水池（水箱）的溢水管和排水管直接与下水道管线连接；对水箱的出水无防止二次污染的消毒措施；水箱内壁涂料不符合卫生要求，易溶解或脱落。

2. 水箱的结构不合理

水箱材料问题，如铁质材料腐蚀，使水染有锈色，或使用劣质涂料，溶出物浓度太高，使水有异味；水泥水箱内壁光滑，不利于清洗；钢板水箱易生锈，污染水质；水箱观察孔（人孔，出入孔）无盖、无锁；水箱无通气孔，溢水管的开口无防护网罩。

3. 管理不善

不能定期清洗、消毒；消毒设施不能正常运转，出水无余氯，滋长细菌；二次供水不能定期检测或检测项目达不到要求；水箱周围环境脏乱，水箱盖不严密等。

（三）二次供水的卫生要求

根据《城市供水水质管理规定》，二次供水管理单位应当建立水质管理制度，配备专（兼）职人员，加强水质管理，定期进行常规检测并对各类储水设施清洗消毒（每半年不得少于一次）。不具备相应水质检测能力的，应当委托经质量技术监督部门资质认定的水质检测机构进行现场检测。另外，还应满足《二次供水工程技术规程》（CJJ 140—2010）要求。

1. 供水系统的卫生要求

（1）新建、改建、扩建二次供水工程，应进行预防性卫生评价。

（2）二次供水使用的水箱、净化、软化、消毒、输配水设备与防护涂料等，必须有省级以上（包括省级）卫生行政部门颁发的卫生许可批件或其他有效的卫生安全证明文件。

（3）二次供水设施周围应保持环境整洁，须有排水设施，供水设备应运转正常。

（4）二次供水设施应便于清洗，不污染水质，不对饮水造成不良影响。

2. 设计卫生要求

（1）水池（箱）设计卫生要求。当水池（箱）选用不锈钢材料时，焊接材料应与水箱材质相匹配，焊缝应进行抗氧化处理；水池（箱）宜独立设置，且结构合理、内壁光洁、内拉筋无毛刺、不渗漏；水池（箱）距污染源、污染物的距离应符合现行国家标准《建筑给水排水设计标准》（GB 50015—2019）的规定；水池（箱）应设置在维修方便、通风良好、无污染、不结冰的专用房间内，室外设置的水池（箱）及管道应有防冻、隔热措施；当水池（箱）有效容积大于 $50m^3$ 时，宜分为容积基本相等的两格，并能各自独立运行；水池高度不宜超过 3.5m，水箱高度不宜超过 3m，当水池（箱）高度大于 1.5m 时，水池（箱）内外应设置爬梯；水池（箱）外壁与建筑本体结构墙面或其他池壁之间的净距，应满足施工或装配的要求，无管道的侧面净距不宜小于 0.7m，安装有管道的侧面，净距不宜小于 1.0m；水池（箱）与室内建筑凸出部分间距不宜小于 0.5m；水池（箱）顶部与楼板间距不宜小于 0.8m；水池（箱）底部应架空，距地面不宜小于 0.5m，并应具有排水条件；水池（箱）应设进水管、出水管、溢流管、泄水管、通气管、人孔。

（2）管道与附件卫生要求。二次供水给水管道及附件应采用耐腐蚀、寿命长、水头损失小、安装方便、便于维护、卫生环保的材质，并应符合相应的压力等级；严禁使用国家明令淘汰的产品；管道、附件及连接方式应根据不同管材，按相应技术要求确定；二次供水管道应有标识，标识宜为蓝色；严禁二次供水管道与非饮用水管道连接；根据当地的气候条件，二次供水管道应采取隔热或防冻措施，室外明设的非金属管道应防止曝晒和紫外线的侵害；应根据管径、承受压力及安装环境等条件，采用水力条件好、关闭灵活、耐腐蚀、寿命长的阀门；阀门应设置在易操作和方便检修的位置；室外阀门宜设置在阀门井内或采用阀门套筒；二次供水管道的环状管段分段处、从干管上接出的支管起始端部位、水表前后处、自动排气阀、泄压阀、压力表等附件前端，减压阀与倒流防止器前、后端，应设置阀门。

（3）消毒设备卫生要求。二次供水设施的水池（箱）应设置消毒设备；消毒设备可选择臭氧发生器、紫外线消毒器和水箱自洁消毒器等，其设计、安装和使用应符合国家现行有关标准的规定；臭氧发生器应设置尾气消除装置；紫外线消毒器应具备对紫外线照射强度的在线检测功能，并宜有自动清洗功能，水箱自洁消毒器宜外置。

3. 施工卫生要求

施工单位必须按符合上述要求的设计进行施工；施工验收必须有卫生行政部门参加，按规范要求进行二次供水工程的卫生验收；必须经卫生部门的检验，符合规范水质要求后，二次供水设施方能投入使用。

4. 日常管理的卫生要求

管理部门每年应对二次供水系统进行至少 1 ~ 2 次全面的清洗、消毒和水质检验；凡二次供水水质细菌学指标不合格者，必须设消毒处理设施；做到及时发现和消除污染隐患，保证居民饮水的卫生、安全；发生间断供水时，必须保证水质不受污染。

（四）饮用水污染的认定流程

1. 饮用水的感官性状发生改变

饮用水感官性状发生改变，指饮用水用户或者饮用者有较为一致的物理感官性状反映，即在供水区域内发现饮用水出现异色、异臭、异味、浑浊和肉眼可见物，可以是其中的一项，也可以是其中的若干项。有机污染或生物性污染较多见，特别是人或者是动物粪便污染时较明显，化学污染有时不是很明显。符合卫生要求的饮用水，应透明、不浑浊，无异色、异臭和异味，无肉眼可见物。饮用水的感官性状发生改变有以下几种情况：

（1）饮用水浑浊、不透明。水中二价铁盐含量高，与空气接触后产生氢氧化铁，水出现黄色乳状浑浊；水被工业废水和生活污水污染，浑浊度高。

（2）饮用水出现异色。植物在水中腐烂，使水变为棕色、黄色（金属铬污染也可以出现黄色）；当水中繁殖有大量水生植物而水中又含有铁离子时，水生植物的草宁酸及没食子酸与铁离子化合，使水变成灰白色；水中含有铁盐、锰盐时水可出现褐色或黄褐色，只含锰盐时为纯黑色；水中含有硫化氢氧化物时，水呈浅蓝色；水中含有黏土颗粒时，水呈乳白色；水中藻类大量繁殖时，水呈浅绿色、红色（水变为红色有时是铁污染）；水中含有金属锌，呈白色；水中有铜，可能呈绿色或蓝色。

（3）饮用水产生异臭。人畜粪便、屠宰废水、生活污水、污染水，出现腐败臭；水中生长、繁殖大量的藻类时，出现草腥臭、沼泽腥臭；水中放线菌繁殖时，出现霉臭和土臭；有机溶剂污染水时，出现药物臭；输水管生锈时，出现金属臭等。

（4）饮用水出现异味。水中铁盐的含量大于0.3～0.5mg/L时，有蓝墨水味或铁味；水中含有大量的硫化钙时，有涩味（铁盐污染也会出现涩味）；水被硫酸镁、硫酸钠污染时，有苦味；水被氯化物污染时，有咸味；水中有动物、植物腐烂时，有腐败味；水中含有硫酸钙时，有收敛味；水中有大量腐殖质时，有沼泽味。

2. 饮用水用户或者饮用者有共同的症状或不适反应

这是指饮用水用户或者饮用者，有一定数量的人群出现一系列共同的症状或不适反应。其不适症状和表现出现的时间（潜伏期）若在饮用水后12～24小时发生，则可能是化学性有毒、有害物引起的；若是在饮用水几天后或更长时间内发生，则可能是病原微生物所致。

3. 污染原因确定

经现场调查，明确饮用水水源或饮用水管网受到污染后，要确定主要污染源，确认主要污染物和污染途径。其中，主要污染源的确定是关键，必须在掌握水源防护范围内工业企业的生产情况、废水（污水）的处理及排放情况、垃圾及粪便无害化处理情况等的前提下，对废水排放量比较大的企业和单位的废水量、主要污染物逐一进行调查、监测、比较、分析，然后才能确认。

4. 水质检验

通过测定水源水、出厂水、末梢水及用户水中有代表性的龙头水，可以测出其共同的污染物，若与确定的主要污染源及其排放的废水中所含有的主要污染物一致，则其检出量可能几倍、几十倍地超过生活饮用水卫生标准规定的限值。如果是生物性污染物，可同时在罹患者的排泄物中检出病原微生物，在其家中的水龙头上可检出相同的或者同属的病原微生物。

5. 流行病学调查

经流行病学调查，患者集中分布在同一供水区域内；病例的出现呈现集中暴发的态势；患者的主要症状和反应相似；患者的体征相似、潜伏期相似；患者的主要症状和表现与污染物（病原体）对机体的特异作用一致。

二、物业二次供水管理

《二次供水工程技术规程》在管理上对二次供水企业有以下规定：

1. 一般规定

（1）二次供水设施的运行、维护与管理应有专门的机构和人员负责。

（2）管理单位应制定二次供水的管理制度和应急预案。

（3）二次供水运行管理人员应具备相应的专业技能，熟悉二次供水系统工艺和所有设施、设备的技术指标和运行要求，并持有健康证。

（4）管理机构应制定设备运行的操作规程，包括操作要求、操作程序、故障处理、安全生产和日常保养维护要求等。

（5）管理机构应建立健全各项报表制度，包括设备运行、水质、维修、服务和收费的月报、年报。

（6）采用叠压供水的用户变更用水性质时应经供水企业同意。

（7）管理机构应建立健全室外管道与设备、设施的维修维护档案管理制度。

2. 设施维护

（1）管理机构应建立日常保养、定期维护和大型修理的分级维护检修制度，管理人员应按规定对设施进行定期维修保养。

（2）管理人员必须严格按照操作规程进行操作，对设备的运行情况及相关仪表、阀门应按制度规定进行经常性检查，并做好运行和维修记录。记录内容包括交接班记录、设备运行记录、设备维护保养记录、管网维护维修记录、故障或事故处理记录。

（3）管理人员不得随意更改已设定的运行控制参数。

（4）二次供水设施出现故障应及时抢修，尽快恢复供水。

（5）泵房内应整洁，严禁存放易燃、易爆、易腐蚀及可能造成环境污染的物品。泵房应保持清洁、通风，确保设备运行环境的湿度和温度处于规定范围。

3. 安全运行管理

（1）管理机构应采取安全防范措施，加强对泵房、水池（箱）等二次供水设施重要部位的安全管理。

（2）管理人员应定期巡检二次供水设备、设施运行及室外庭院埋地管网线路沿线情况，严禁在泵房周围及管线上压、埋、围、占，应及时制止和消除影响供水安全的因素。

（3）管理人员应定期检查泵房内的排水设施、生活水池（箱）的液位控制系统、消毒设施、各类仪表等，以保证二次供水系统安全、正常运行；应保证阀门井盖不缺失、阀门不漏水，自动排气阀、倒流防止器运行正常。

（4）管理人员应定期分析供水情况，经常进行二次供水设备安全检查，及时排除影响供水安全的各种故障和隐患。

（5）管理人员应定期检查并及时维护室内管道，保持室内管道无漏水和渗水，及时调整并记录减压阀工作情况，包括水压、流量以及管网的承压情况。

（6）二次供水水池（箱）必须定期清洗消毒，每半年不得少于一次，并应同时对水质进行检测。

（7）水质检测项目至少应包括色度、浊度、嗅味、肉眼可见物、pH 值、大肠杆菌、细菌总数、余氯，水质检测取水点宜设在水池（箱）出水口，水质检测应委托有资质的检测机构进行，水质检测记录应存档备案。

三、物业二次供水应急预案

为及时调查、处理物业二次供水中的突发公共卫生事件，查清事件原因，减少对人体健康造成的损害，必须制订物业二次供水突发公共卫生事件应急预案。

1. 应急预案制度

（1）为防止危害健康的供水场所突发公共卫生事件，应建立单位传染病防治组织和机构，明确组织分工和职责，健全供水场所危害健康事件的报告制度。

（2）积极开展预防传染病的卫生健康教育，积极配合卫生部门开展传染病防治工作，消除各种传染性疾病和其他有碍人体健康的各种因素。

（3）当供水场所发生生活饮用水遭受污染导致介水传染病的流行和人体中毒等突发公共卫生事件时，应立即启动供水场所突发公共卫生事件的应急预案，单位负责人及卫生负责人应按照《中华人民共和国传染病防治法》和《突发公共卫生事件应急条例》的要求及时向卫生行政部门报告。

（4）突发公共卫生事件时，应立即停止供水活动，及时抢救中毒人员（事件病人），并负责保护好事故现场。

（5）积极配合卫生行政部门（卫生监督机构和疾病预防控制机构）进行现场事故调查，控制事故蔓延。

（6）卫生突发事件现场调查处理工作结束后，及时撰写本单位事件总结报告，并上报有关单位和存档备案。

2. 应急预案分级

根据二次供水的条件，结合水污染的性质、严重程度、可控性和影响范围等因素进行应急预案分级，便于更好地进行应急管理。

物业管理小专家

某物业二次供水应急预案分级

（1）因突发性事件造成大范围严重污染，供水必须立即停止或在12小时内停止，停供时间预计在5天（含5天）以上的为特别重大水污染事件。

（2）因突发性事件造成严重污染，预计在12小时后须停止供水的，且停供时间预计少于5天的为重大水污染事件。

（3）因突发性事件造成局部污染，不经适当处置可能影响供水的为较大水污染事件。

（4）因突发性事件造成局部污染，经自然净化或适当处置后能维持水质原状的为一般水污染事件。

3. 应急处理原则

（1）统一。统一指挥，统一使用人力、物力，在统一的任务和目标前提下，明确分工，各司其职，密切合作。

（2）快速。决策快、反应快、行动快，宁可提前一分钟，绝不延迟半分钟。

（3）科学。实事求是，按规律办事，尊重事实，一切结论应该以调查数据和实验室数据为准，一切应急措施，都要以保护人的健康、抢救人的生命为目的。

4. 应急处理程序

（1）报告。饮用水污染事件发生后，必须以最快的速度逐级上报。《生活饮用水集中式供水单位卫生规范》要求，遇生活饮用水水质污染或不明原因水质突然恶化及水源性疾病暴发事件时，集中式供水单位须在发现上述情况后立即采取应急措施，以最快的方式报告当地卫生行政部门、建设行政部门，并及时进行水质检测，报送处理报告。

报告内容包括事件发生的时间，事件发生的详细地址，事件的详细情况（用户和饮用者的反应、饮用水水质情况、饮用者的健康状况），患者的主要症状和表现，发病人数和死亡人数，患者救治情况（在家人数、住院人数），报告者姓名、住址、单位、联系电话等。

（2）核实。物业二次供水部门管理人员应迅速赶赴事件发生现场，核实有关情况，包括生活饮用水的污染现状（污染性质、污染范围和饮用者的分布）、饮用者的健康状况（饮用者的发病人数、病情严重情况、有无死亡病例）、病人的处理情况（在家人数、住院人数）、饮用者对水质的反应（感官性状反应、饮用后身体的不适反应和症状反应），采集有代表性的水样和罹患者的呕吐物、排泄物等留待检验。

（3）现场调查准备。准备采样器材和监测仪器、取证工具，选择对照区域。

（4）水质污染调查。调查内容主要包括以下几个方面：饮用者对水质的反应（饮用前对水质感官性状的反应、饮用时的不适反应和饮用后的主要症状反应）；供水设施调查，主要检查居民区二次供水设施；水箱水源卫生防护与污染调查，主要检查水箱水源卫生防护情况、水源防护范围内的卫生状况、水质净化和消毒情况等。

（5）饮用者健康状况（发病）调查。饮用者健康状况（发病）调查包括以下几个方面：首发病例调查，涉及饮用者的水量、饮水习惯（是否喝生水）、发病情况、主要症状反应等；续发病例调查，涉及饮用者与饮用水的关系、饮水和饮食习惯、续发原因（是否为同一供水区域）、主要症状反应、总发病人数等；患者的主要症状和表现、临床诊断、临床检查及化验结果；患者的性别、年龄，病例发生的时间、空间分布状况。

（6）撰写饮用水污染事件调查和处理报告。

①概况：事件的基本情况，包括发生的日期、时间、地点、污染的严重程度；当地过去和现在的水质状况；污染发展过程和表现；采取的应急措施等。

②现场调查结果：包括饮用水用户、罹患者反映的情况；供水设施、水源、管网等的调查和水质化验结果。

③污染原因分析：主要分析污染事件发生的直接原因和间接原因。

④事件发生的经验教训：主要分析污染事件发生的人为原因。

撰写调查和处理报告的注意事项：要及时，污染事件报告有较强的时限性，应于调查后立即组织撰写（中间针对具体问题发简报）；要突出实事求是，所用材料均是调查所见、用户及罹患者所言、样品化验所得的结果，患者的症状和表现是医生在病例上的记载。总之，要对报告的调查材料和统计数据反复进行核实。

（7）报告单位和报告时限。

5. 处理物业二次供水水污染事故应注意的问题

（1）准备工作应充分。

（2）调查应全面、具体。

（3）忌开“大处方”，即在现场不做初步判断，把所有项目均交由实验室检测，再根据检验结果提出控制、处理措施，这样会造成不必要的人力、物力损失。

（4）处理应及时，措施要得当，报告要及时、全面。

任务二　水景的水源和水质

任务导入

自来水作为人工湖补水水源，难道水质也会有问题？

中水、自然湖水作为人工湖补水水源，由于污染物多，是必须进行水质处理的，这点日前得到了人们一致认可。其实，自来水作为人工湖补水水源，也是需要进行水体维护的。可能你会有疑惑：清澈透亮的自来水进入人工湖，难道水质也会有问题？

答案是肯定的，自来水并不干净。自来水是地表水经过沉淀、过滤、消毒后生产出来的水，主要是去除了水中的颗粒物和细菌，而几乎没有去除水中本来就存在的氮、磷等溶解性物质。这也就是说，自来水原水中有多少氮、磷，自来水中就基本有多少，或者说，原水在湖泊里会发绿变质，那么，自来水放到水池里肯定也会发绿变质。景观水常年在户外，对其的要求是水质清澈透明，这就对其某些指标的要求比自来水还高。

问题与思考：

1. 一般的中水可以用作水景水源吗？
2. 对水景的水质有何要求？

知识探究

一、水景的概念、作用及类型

（一）水景的概念

所谓水景，即水体景观，是以水为主要景观要素营造的环境景观，就是利用瀑布、跌水、水帘、湍流、急流、缓流、静水、膜流、水雾等水的形态形成的各具特色的水道、湖、塘、池、泉等室内外景致。在现代城市居住区中以水为主题，美化、活泼户外景观，改善生态环境条件的水景，皆称居住区水景。常见的居住区水景大致有喷泉、瀑布、池塘、游泳池、溪流等。驳岸也是以水体为背景构筑的一种园林观赏形体，在现实中既起到了防泥土坍塌、防波浪冲刷的作用，又能让人们安全地亲近水边。

（二）水景的作用

1. 美化环境空间

水景是建筑空间和环境空间的一个组成部分，主要由各种形态的水流组成。水流的基本形态有镜池、溪流、叠流、瀑布、水幕、喷泉、涌泉、冰塔、水膜、水雾、孔流、珠泉等，若将上述基本形态加以合理组合，又可构成不同姿态的水景。水景配以音乐、灯光形成的千姿百态的动态声光立体水流造型，不但能装饰、衬托和加强建筑物、构筑物、艺术雕塑和特定环境的艺术效果和气氛，而且有美化生活环境的作用。

2. 改善小区气候

水景可起到类似大海、森林、草原和河湖等净化空气的作用，使景区的空气更加清洁、新鲜、湿润，使人心情舒畅、精神振奋、消除烦躁，这是由于以下三点。

（1）水景可增加附近空气的湿度，尤其是在炎热干燥的地区，其作用更加明显。

（2）水景可增加附近空气中的负离子浓度，减少悬浮细菌数量，改善空气的卫生状况。

（3）水景可大大减少空气中的含尘量，使空气清新洁净。

3. 综合利用资源

（1）利用各种喷头的喷水降温作用，使水景工程兼作循环冷却池。

（2）利用水池容积较大和水流能充氧防止水质腐败的作用，使水池兼作消防水池或绿化贮水池。

（3）利用水流的充氧作用，使水池兼作养鱼池。

（4）利用水景工程水流的特殊形态和变化，结合儿童好动、亲水的特点，使水池兼作儿童戏水池。

(5) 利用水景工程可以吸引大批游客的特点，为公园、商场、展览馆、游乐场、舞厅、宾馆等招徕顾客。

(6) 水景本身也可以成为经营项目，进行各种水景表演。

(三) 水景的类型

1. 按水景的形式分

(1) 景观河道：包含生态型景观河道、人工水渠、季节性水渠等。

(2) 可接触性景观水：包含喷泉、涌泉、跌水等近人的水景。

(3) 景观湖泊：包含生态型湖泊、人工湖泊等。

2. 按水景的使用功能分

(1) 观赏的水景：其主要功能是构成园林景色，一般面积较小。

(2) 供开展水上活动的水景：这种水景一般面积较大，水深适当，而且为静止水。

3. 按水景的状态分

(1) 静态的水景：水面比较平静，能反映波光倒影，如湖、池、潭等。

(2) 动态的水景：水流是运动着的，如涧溪、跌水、瀑布、喷泉等。

4. 按水景常规做法分

(1) 生态水景：利用地势或土建结构，模仿自然水景观的生态循环过程营造的水景。

(2) 人工水景：依靠设备进行循环以及造景的水景设计，如喷泉、跌水、小瀑布等。

二、水景的水源

景观水可以采用自来水、河水、地下水，也可以采用雨水或中水。一般以自来水作为景观水体的初期注入，后期补充水时可将河水、地下水、雨水或中水直接用于景观水体，若利用的是天然河水，则需根据河水的水质情况决定是否对其进行特别处理，同时要考虑相关费用的付出。《绿色生态住宅小区建设要点与技术导则》（试行）提倡景观用水使用中水和雨水，并提出采用循环系统，设置水净化设施。现在多数小区采用自来水作为水源，随着城市自来水供应紧张且水价逐年攀升，高昂的水费使物业管理费用增加，很多水景运行困难，无奈只能断水。相对来说，雨水、中水资源丰富、价格低廉，能真正促进景观水体的循环，且处理系统一旦投资建成会带来持续的经济效益、环境效益，是今后城市居住小区景观用水的发展方向。

1. 雨水收集与利用

与自然状态下的水体依靠大气降水平衡水量一样，雨水径流是居住小区景观水体有效和可靠的补水来源。在排除降水时前期部分受污染的雨水径流后，后续雨水的污染程度较低，经简单处理后可作为景观水体的补水。采用雨水径流作为景观水体补充水源可以间接缓解自然水资源的压力，减少污水排放，既经济又环保。

2. 中水回用

中水指部分优质杂排水经处理净化后，达到《城市污水再生利用　城市杂用水水质》的要求，可以在一定范围内重复利用的非饮用水。

中水回用是指将小区居民生活废水集中起来，经过适当处理达到一定的标准后，再回用于小区的景观用水、绿化浇灌、车辆冲洗、道路冲洗以及厕所冲洗等方面，从而达到节约用水的目的。

中水作为生活杂用水，其水质必须满足以下基本条件：卫生上安全可靠，无有害物质，其主要衡量指标有大肠菌群数、细菌总数、悬浮物量、生化需氧量、化学耗氧量等；外观上无令人不快的感觉，其主要衡量指标有浊度、色度、臭气、表面活性剂和油脂等；不引起设备、管道等严重腐蚀、结垢和不造成维护管理上的困难，其主要衡量指标有 pH 值、硬度、溶解性固体含量等。

资料链接

再生水

再生水是指由废水或雨水经过适当处理，达到规定的水质标准，在一定范围内能够再次被利用的水。在国内，它也常被叫作中水。污水再生利用可以缓解水资源短缺，还可以减少污染排放，对改善水环境有重要意义。

北京是严重缺水的城市，根据北京市的相关规定，公园人工湖的水源只能选择再生水或雨水。

截至 2020 年年底，北京市有大中型污水处理厂和再生水厂共 67 座，污水处理能力达到 679.2 立方米/日，污水处理率达 95%，所有新建再生水厂和升级改造污水处理厂主要出水指标达到地表水四类标准。再生水虽已经不黑不臭，但它依然是劣质水，可以观赏却不可以触摸。例如，因为再生水中有一定量的大肠杆菌，如果河湖中的水仅仅是从远处观赏，它应达到的国家标准是每升不高于 10000 个大肠杆菌；如果是可以用手触摸的河道中的水，其应遵守的国家标准是每升不多于 500 个大肠杆菌，两者相差 20 倍，后者不经过消毒是达不到的。

此外，《城市污水再生利用　景观环境用水水质》（GB/T 18921—2019）对再生水在河道内的停留时间也做了规定：完全使用再生水，水体温度大于 25℃时，景观湖泊类水体水力停留时间不宜大于 10d；水体温度不大于 25℃或再生水补水实际总磷浓度低于规定限值时，水体水力停留时间可延长。

可见，国家鼓励再生水（中水）利用，但是有使用条件限制，如果不注意限制条件，就是违背了国家标准，就会出现水质问题。

三、水景的水质要求

我国住房和城乡建设部在《喷泉水景工程技术规程》（CJJ/T 222—2015）中，对水景工程的水源、充水、补水的水质做了较明确的规定。

（1）水质应符合以下要求：

①人体非全身性接触的水景景观用水水质应符合国家标准《地表水环境质量标准》（GB 3838—2002）中规定的Ⅲ类标准。

②人体非直接接触的水景景观用水水质应符合国家标准《地表水环境质量标准》（GB 3838—2002）中规定的Ⅳ类标准。

③高压人工造雾设备的出水水质应符合现行国家标准《生活饮用水卫生标准》的有关规定。

④在水资源匮乏地区，采用再生水（中水）作为初次注水或补水水源时，其水质不应低于现行国家标准《城市污水再生利用 景观环境用水水质》的有关规定。

（2）当喷泉水景工程的水体水质无法满足上述规定时，应进行水质净化处理。

（3）水质保障措施及水质处理方法应符合下列规定：

①水质保障措施及水质处理方法的选择应经技术经济比较确定；

②宜利用天然或人工河道，且应使水体流动；

③宜通过设置喷泉、瀑布、跌水等措施增加水体溶解氧；

④流动缓慢的静态自然水体宜采取生态修复工程净化水质；

⑤应采取抑制水体中菌类生长、防止水体藻类滋生的措施；

⑥容积小于等于 $500m^3$ 的景观水体，宜采用物理化学处理方法；

⑦容积大于 $500m^3$ 的景观水体，宜采用生态生化处理方法。

四、水景的水质监测

根据景观水的特点，一般的检测指标主要有色、嗅、透明度、溶解氧（DO）、五日生化需氧量（BOD_5）、化学需氧量（COD）或高锰酸盐指数、总氮和叶绿素 a 等。

现阶段进行景观水处理时，主要的检测项目及其标准值如表 7－1 所示。

表 7－1　检测项目及其标准值

检测项目	水质检测标准	备注
色	≤30 度	影响感官的指标
嗅	无不快的感觉	影响感官的指标
透明度	≥60cm	影响感官的重要指标
DO	≥3mg/L	反映水体活性，关乎水体生态及自净能力的重要指标

续表

检测项目	水质检测标准	备注
BOD_5	≤6mg/L	反映水中有机物含量的指标
COD	≤30mg/L	反映水体受污染程度的指标
高锰酸盐指数	≤10mg/L	反映水体受污染程度的综合指标
总氮	≤1.5mg/L	反映水体富营养化的指标
叶绿素 a	≤50mg/m^3	反映藻类种类和数量变化的指标

检测采样点，应选择具有代表性的位置，不得使用瞬时的某一次检测值作为水质判断的依据。在任何情况下，采样频率均不得少于一月一次。对有迹象表明水质可能恶化的水体及游泳季节内天然浴场的水体，均应适当增加采样频率，增加的采样频率由各地监测部门根据水体具体情况确定，并将分析结果连同采样情况一同报告给当地环境保护主管部门。

五、水景的水质净化方法

1. 物理净化方式

（1）定期换水。定期换水是保持景观水水质的基本方法之一，适用于各种不同类型的水景，其主要工作原理为稀释，即在水池中加入新的水体，降低原有水体中有害物质的浓度，使其能发挥出水体原有的生物净化功能。这种方法耗水量大，加之更换又较频繁，对较大面积的水域而言，在经济上是不可行的。再者，换水也只能延缓水体水质变坏、水体富营养化的过程，而不能从根本上解决问题。

（2）曝气法。曝气法的实质是向水体中补充氧气，以保证水生生物的生命活动，以及补充微生物氧化分解有机物时所需的氧量，发挥水体中生物的净化功能，达到净化水体的功效。目前常采用的有自然跌水、机械曝气两种方法：前者充氧效率较低，但无耗能，维护、管理简单，缺点是需要解决水源的问题；后者不但充氧效率高，而且选择也较灵活，是目前被广泛采用的一种方法，但这种方法仍只能延缓水体的富营养化过程，无法对其起到实质作用，因而应考虑同其他水处理方法搭配使用，共同达到最佳的处理效果。

2. 化学方法

敞开式的水体在阳光的照射下，水中的藻类会大量繁殖，布满整个水面，不但影响水体的美观，而且挡住了阳光，致使许多水下植物无法进行光合作用和释放氧气，使水中的污染物质发生化学变化，导致水质恶化，发出难闻的恶臭，水也变成了黑色。所以人们往往投加化学灭藻剂，杀死藻类。但久而久之，水中的藻类会出现耐药性，灭藻剂的效能会逐渐下降，投药的间隔就会越来越短，而投加的量会越来越多，灭藻剂的品种也要频繁地更换，对环境的污染在不断增加，这种污染会影响我们的下一代。用化学方法净化水质，虽然效果立竿见影，但它的危害也是显而易见的。

3. 循环过滤的方式

对水质要求较高、水源紧张和水质腐蚀或结垢倾向明显的水景工程，可以设置水循环净化和水质稳定处理系统。循环过滤的主要目的是减少水的排污损失和换水次数，去除水中的漂浮物、悬浮物，减少浑浊度、色度，清除藻类和异臭。在水景设计的初期，根据水体的大小，设计配套的过滤缸和循环用的水泵，并且埋设循环用的管路，用于以后日常的水质保养。但如果水体面积较大，必定会延长循环过滤的周期，使水质不能达到预期的效果。和引水、换水相比较，循环过虑虽然减少了用水量，但日常的电能耗费增加了，同时也增加了设备的日常维护保养费用。

一套完整的过滤系统不仅可以除去水中的悬浮物和多余的藻类，还可以通过滤材上的生化细菌分解掉水中的有害物质，如氨氮、亚硝酸盐等。因此，过滤系统是保持水质活性的重要一环。水质过滤分为物理过滤、化学过滤、生化过滤和植物过滤四类。

（1）物理过滤：利用各种过滤材料或辅助剂将水中的尘埃、胶状物、悬浮物、树叶等除去，保持水的透明度。比较传统而简便的方法是用沙、石粒使水渗透，以除去肉眼可见的悬浮物。同时，它具有物理过滤与生化过滤的双重作用。

（2）化学过滤：利用滤材将溶解于水中的对鱼类有害的各种离子化合物或臭气等以吸收法除去的过滤方法。常用的滤材有活性炭、麦饭石、磷石以及离子交换树脂等。

（3）生化过滤：利用附着于滤材上的生化细菌，将鱼的排出物（如粪尿）、残余饵料及所产生的含氮有机物或氨等加以氧化处理的方法。它是整个鱼池过滤系统中最重要的一环。常用的滤材有毛刷、纤维棉、生化丝及生化球等。在清洗或消毒过滤槽时，不要冲掉或杀死这些细菌。

（4）植物过滤：亦属于生物净化的一种。它是利用水中植物吸收水中有害因子的水质过滤方法，一般可利用的水中植物有浮萍、石菖蒲等，它们根系发达，除了有过滤的作用，还能吸收水中的铁离子及农药。可在池边栽种一些植物，阻止泥水进入池中，实现对雨水的初步净化，也可在水中种植一些净化功能强、观赏性能好的水生植物，不但可吸收水体中部分的营养盐、有害成分，降低水体中氮、磷的浓度，达到净化水体的功效，而且对水体环境能起到一定的美化作用。

4. 生物净化

生物净化，也就是生物类群通过代谢作用（异化作用和同化作用）使水环境中的污染物数量减少，浓度下降，毒性减轻，直至消失的过程。在水体物理净化的过程中，始终都少不了植物、微生物的参与活动，因而，生物净化在水体的净化过程中就显得尤为重要。生物净化是将废水中的有机物质转化为较稳定的或者矿质形态物质的过程。例如，凤眼莲可吸收水中的汞、镉、砷等，其根系微生物可降解、转化废水中的有机物，使废水得到净化。在氧气充足的条件下，好氧微生物能把废水中的有机物分解成二氧化碳、水、氨氮等，使废水得到净化；在缺氧的条件下，厌氧微生物能把有机物分解成甲烷、二氧化碳、硫化氢等。

5. **微生物方法**

微生物在自然界大量而广泛存在，是生态系统的重要组成部分。它们能将自然界中的动植物尸体及残骸分解，将一些有害的污染物质加以吸收和转化，使其成为无毒害或毒害较小的物质。微生物处理方法是目前国内外快速发展的一种高效、先进的景观水处理技术。微生物方法一般包括投加菌种法、光催化降解法或生物接触氧化法。

（1）投加菌种法。在景观水水质恶化的时候，投加适当、适量的微生物（各类菌种），能够加速水中污染物的分解，起到水质净化的作用。微生物的繁殖速度惊人，成几何级数增长，每一次繁殖都或多或少地会产生一些变异品种，导致微生物处理水质能力下降，而且很难控制其数量，其生长又受环境的影响很大，例如，温度、气压等。同时，微生物的分解物会造成藻类的大量繁殖，再次导致水质变坏。因此，用微生物净化水质，必须定期进行微生物的筛选培育、保存、复壮等一系列专业处理，而且不能保证水质状况长期处于良好的状态之中。投加菌种一般有以下两种。

①投加光合细菌。日本、韩国、澳大利亚等国定期向水中投放光合细菌，光合细菌能利用光能和氧将微污染水或废水中的无机和有机碳源及其他营养物质转化为菌体，从而能起到净化水质的作用。此法具有工艺简单、无须建（构）筑物、节省基建等特点，但菌种所需费用较高，而且解决不了水体富营养化的问题。

②投加生物菌群。投加生物菌群可促进生物链的形成，而且其复合体具有较强的净化作用。在广西南宁市的人大鱼塘、市政府观赏水池和南湖的实验结果表明，有效微生物群对污染水体的透明度、高锰酸盐指数、溶解氧、总氮、总磷、叶绿素 A 均有明显的改善。所谓有效微生物群 EM（Effective Microorganisms）是从自然界筛选出各种有益微生物，用特定的方法混合培养所形成的微生物复合体系，其微生物组合以光合细菌、放线菌、酵母菌和乳酸菌为主。但有效微生物群对富营养化水体中藻类的过度繁殖的抑制效果和机理尚不清楚。

投加菌种法因存在生物安全性问题，公众接受度较差，且致病机理不清楚，需要慎重使用。

（2）光催化降解法。该方法是在水中加入一定的光敏半导体材料，利用太阳能净化污水，提高污染物的降解效率。

（3）生物接触氧化法。生物接触氧化广泛地应用于污染水及微污染水源水的处理。根据国内外报道，生物接触氧化对微污染水体的化学需氧量、铵态氮的去除率可分别达到20% ~30% 和 80% ~90%，因此，将其用于景观水处理也是一种行之有效的方法。

具体来说，就是利用园林环境功能材料及组件建造具有控制水污染效果的微污染水生物处理系统。园林环境功能材料是一种可以附着大面积生物膜的多孔高强度材料，在进行水景设计时，以园林环境功能材料为载体，按生物接触氧化法机理，构筑假山、生态浮岛并置入景观水体，使细菌和真菌类的微生物和原生动物、后生动物等微型动物附着在园林环境功能材料上生长繁育，形成膜状生物污泥，微污染水与生物膜接触时，水中的有机污染物、植物营养物如氮、磷等，会被生物膜上的微生物摄取，使微污染水得到净化，其上部可种植花草，一方面吸收和降解水中的污染物，另一方面还有美化水面景观的作用，表现出立体景观效果。

根据生物滤池原理，用园林环境功能材料构筑跌水瀑布或跌水台阶，能够兼顾景观效果和净化效果。

物业管理小专家

景观水处理技术—生态动植物技术—挺水植物介绍

挺水植物能吸收水、底泥中的氮、磷等营养元素，通过竞争途径抑制同样吸收氮、磷等营养元素的藻类的繁殖。细菌、浮游生物、着生藻类能吸附在挺水植物的枝干上，形成庞大的生物群落，对水质的净化作用很强。

此处介绍以下几种代表性挺水植物：

·荷花：多年生挺水植物。喜欢肥土，花期在 6 至 10 月，塘养无须施肥，如果塘栽，为防止荷花窜满整塘，可将荷花根茎限定在特定范围。冬季将枯败的植物体收割，保留土壤中的藕，来年春天，藕上的芽萌发，会长成新的植株。

·菖蒲：多年生挺水植物。花期在 6 至 9 月，花小，黄绿色，喜欢生于沼泽或浅水，耐寒性不强，冬季地上部分枯死，以根茎潜入泥中越冬。菖蒲叶丛挺立而秀美，并具有香气，可以在春季分株繁殖。

·慈姑：多年生挺水植物。对气候和土壤的适应性很强，喜欢生长在腐殖质丰富且土层不太深厚的黏质浅水土壤中。根茎在泥中越冬，但土面不能干涸，以免泥土冻结。

任务三 水景养护与管理

任务导入

昔日水景，今日为何成为空摆设？

人工湖、喷泉……近年来，随着人们对居住环境品质的追求，小区水景成为购房时的重要参考指标。精明的开发商在规划建设住宅小区时，为满足住户亲水需求，纷纷在小区内建设人工湖等水景。然而，本应“风生水起”的水景，随着时间的推移，很多处于黑绿或干涸状态，甚至成了纳污池、臭水沟。到底是何原因，致使昔日水景成了空摆设，伤透了住户的心呢？

问题与思考：

1. 为何昔日水景成了空摆设？
2. 为何水景的水质会恶化？

知识探究

一、水景养护与管理制度

为保证小区水景景观设施的正常运行，物业公司应有专业人员负责水景的监督检查和景观设施的维护保养工作。一般由物业公司工程部维修人员负责对小区内的水景景观设施设备进行日常维修保养并做好工作记录。

1. 操作流程

（1）使用水景景观前，首先打开各个水池的进水阀，并检查是否渗漏。

（2）当循环水进入集水坑后打开喷泉、瀑布、溪流的阀门。

（3）从设备所在的配电室内开启循环泵。

（4）冬季不使用水景景观时，必须关闭水景景观的所有进水阀并打开水池的泄水阀，放空水景景观内的水，以防管道被冻坏。

（5）水中灯具工作电压不大于24V。

（6）有漏电保护器且工作正常。

（7）在喷泉等水景设施的醒目位置设置“严禁戏水”等警示标识。

2. 维护保养制度

（1）周检：由物业公司工程部维修人员每周对集水坑内的杂物进行清理，对循环泵、控制柜进行巡查，发现问题及时排除，并将结果记录在“设备（设施）巡查记录”中。

（2）月检：由物业公司工程部维修人员对整个系统（管道系统、设备及控制系统）进行维护保养，并将结果记录在“公共设备（设施）维修保养记录”中。

（3）年检：①物业公司工程部维修人员负责在每年停止使用水景景观后，对整个系统进行检修保养并将保养结果记录在“公共设备（设施）维修保养记录”中。②每年设备开始使用前物业公司工程部维修人员负责对系统进行检查并将保养结果记录在“公共设备（设施）维修保养记录”中。

二、水体养护与管理

1. 水质恶化主要原因

（1）前期设计不合理。由于设计不科学，水景景观常出现死角，死角里的水缺乏流动，最容易恶化，进而影响整个景观水系。

（2）水源条件差。景观水水源主要是自来水、河水、中水以及地下水，其中，中水由于氮、磷等营养元素严重超过景观水水质要求，高温季节很容易导致水体富营养化，致使藻类暴发。

（3）污染源多。景观水周围往往种植草坪、花卉和树木，水中常常饲养水禽、鱼虾等，供人们观赏。雨水冲刷和浇灌水的渗透，将氮、磷、碳、钾等营养物和肥料、农药以及树叶、枯草等大量汇集到地势最低的景观水中，使水质恶化。

（4）蓝绿藻的入侵。蓝绿藻的孢子通过空气传播，可以生长在任何有水的地方，并且繁殖速度极快。蓝绿藻在繁殖生长过程中消耗大量的溶解氧，影响水生动植物的正常生长，严重时可能造成水生动植物缺氧。蓝绿藻死亡后会产生有毒物质，当浓度过高时可能会导致水生动植物死亡。

物业管理小专家

水上漂浮的生态处理器——人工浮岛

人工浮岛又被称为生态浮岛，通过利用可用于水域范围的无土栽培技术，引入生物工程技术，在湖面种植生物，使水质得到净化的同时，完善水域内的生态体系等。人工浮岛主要是利用具有净化作用的特定植物以及植物根系附着的微生物净化水体水质，通过植物的吸收以及微生物的分解作用，实现区域水质的改善，降低水体富营养化程度。

2. 水体日常养护

（1）小区水景水质的好坏直接关系到周边居民的生活、娱乐以及健康状况，物业应重点监控、保持小区水景中水的清洁度、透明度及其功能（养鱼、戏水）等。

（2）严格控制和监测补充水水质、源水水质，满足景观水的国家标准要求。

（3）在水系周边设立安全警示、温馨提示等宣传导语，杜绝安全事故和水质污染，比如禁止在水系中玩耍戏水，禁止钓鱼、禁止投喂鱼食等。

（4）鱼类繁殖速度极快，物业每年应及时捕捞，控制鱼的数量。

（5）严禁将割来的草投放到水中喂鱼，以免这些草在水中腐败从而使有机物含量升高，造成水体的严重污染。

（6）岸边绿地的草坪、树木种植过程中尽量少使用农药、化肥，避免其随雨水冲刷流入水中，造成水体污染。

（7）小区中水要直接用来浇灌绿地，而不要将中水注入水景，再从水景中抽水浇地，因为在这个过程中，中水里的高浓度氮、磷肥料已扩散到水景中，会造成水景水的富营养化和蓝藻暴发，百害而无一利。

（8）做好定期的水面固体废弃物（垃圾、树叶）打捞工作。

（9）冬季提早关闭水系，防止树木落叶及枯草污染水系，防止风沙污染水系，防止结冰损坏防水层，如遇雨季、风沙天气，应关闭水系，排放存水。

（10）检修管道设施。不论是自然水体还是人工水体，都会有给水与溢水的管道，还有喷水的喷头、动力设施等。如果发生管道淤塞或漏裂，势必会影响水位、水质和水景造型，因此要经常进行检查，并做到及时修复。

3. 水体设备养护

（1）水泵的日常维护

①进口管道必须充满水，禁止水泵在汽蚀状态下长期运行。

②定时检查电机电流值，不得超过电机额定电流。

③水泵长期运行后，由于机械磨损，机组噪声及振动增大时应停机检查，必要时可更换易损零件及轴承，机组大修期一般为1年。

④如需长期停机，应将水泵内的水放尽。

⑤密封泄漏量上限为3滴/分钟，否则应进行检查。

⑥过滤水泵长期运行时应常打开泵前过滤器上盖，倒掉并清洗滤筒内的杂质后再装上。

（2）过滤器的日常维护

①过滤器长期不用时，应将过滤器内的水放掉。

②过滤器在运行过程中，进水压力不得超过过滤器的最高压力。

③在调节多路阀位置时，应先关停过滤水泵，再按下手柄并转动。

④如手柄按下后转不动，不能用太大的力去转动，应拆开上盖，拿出上转盘并清洗转盘内的沙粒或其他杂质。

4. 故障分析

见表7－2：

表7－2　　故障分析

故障现象	可能的原因	排除方法
（1）过滤器多路阀转不动	过滤泵未停止；多路阀芯进入沙粒	①停止水泵；②拆开清洗
（2）循环水泵漏水	①机械密封漏水；②泵体有砂眼或破裂；③密封面不平整；④安装螺栓松动	①更换；②焊补或更换；③修整；④紧固
（3）循环水泵不出水	①进口阀门未打开，流道叶轮阻塞；②泵体有砂眼或破裂；③吸水管漏气；④泵没灌满水，泵体内有空气；⑤湖泊水位不够	①检查，去除阻塞物；②调整电机方向，紧固电机；③吸水管修复；④拧开排气阀排气；⑤湖泊加水并排气
（4）循环水泵有杂音	①泵内空气未排尽；②轴承损坏；③电机超载，发热运行	①排尽空气；②更换轴承；③检查原因后排除
（5）循环水泵出水不足	①先按（2）检查；②电压偏低；③叶轮磨损	①按（2）排除；②稳压；③更换叶轮

续表

故障现象	可能的原因	排除方法
（6）过滤系统不出水	①过滤泵前毛发过滤器阻塞；②阀门未打开；③过滤砂缸多路阀位置不正确；④管道或回水口堵塞；⑤过滤泵不启动	①清除毛发过滤器内杂质；②打开阀门；③停泵后调整多路阀位置；④清除阻碍物；⑤检查过滤泵电源
（7）过滤系统出水不足	①先按（6）检查；②过滤器阻力太大	①按（6）排除；②反复冲洗

5. 水体清洁养护

（1）水景系统保洁标准：目视水池清澈见底，水面无杂物，池边无污渍。

（2）清洁工应及时用捞筛对水景系统水面漂浮物进行打捞。

（3）水景系统中的喷水池：小喷水池每周清洁一次，大喷水池每月清洁一次。

（4）水景系统清洁前环境管理部主管应通知维修人员做好停电停水工作，然后对水景系统进行清洗，具体步骤如下：①打开水景系统排水阀门放水，等水放去2/3时，清洁工开始清洗；②用刷子由上向下刷洗（必要时使用清洁剂）水景系统的瓷砖；③用板刷刷洗大理石表层的青苔、污垢及底部鹅卵石；④用毛巾抹洗灯饰、水泵、水管、喷头及电线；⑤排尽池内污水并清理干净池底杂物、垃圾；⑥关闭排水阀门，打开进水阀门，通知维修人员供电供水，并清洗周围地面污渍。

（5）遇重大节日、庆典活动，提前做好清洁工作，展示良好、清澈的水系环境。

（6）清洗水景系统时应注意以下几点：①清洗时应断开电源，以防触电；②擦洗电线、灯饰不可用力过大，以免损坏；③清洗时不要摆动喷头，以免影响喷水观赏效果；④清洗底部后应将鹅卵石块理平；⑤注意防滑，以免跌倒。

物业管理小专家

住宅区景观水体水质处理实例

1. ××花园景观水体处理

（1）水质处理前的状态

××花园的景观水体为围绕建筑物一圈的静态水体，水量约300吨，池壁及池底均贴有瓷砖，用消防水作补充水源，水体正面设有喷泉。

喷泉在喷水过程中会把空气中的灰尘洗落下来，同时由于风吹等各种因素的影响，喷水池周围的沙尘等也会进入池中，所有这些都会使水体水质日益恶化，污浊的池水又会促使藻类及细菌繁殖，使水质进一步恶化，造成恶性循环。细菌的分泌物还会使水体表面产生一层泡沫，严重影响观赏效果。

（2）水质处理方式

处理景观水体水质最科学的方法应是人为模拟自然生态系统，往水体中投入鱼类、贝类，种植水生植物，植入混合菌种，形成一个完整的生态圈，使水体具有一定的自净功能。

但××花园现有的景观水体水量太小，且池壁及池底贴有瓷砖，种植水生植物已不可能。由于没有底泥，植入菌种的难度也较高，所以经综合考虑，人们认为只能采用游泳池水的处理方式，把景观水体当作无任何生命的“死水”处理。

游泳池水的处理方式是一种过滤、消毒相结合的方式。因水中含有较高浓度的消毒剂，水中的任何植物都无法存活，但水的透明度、色度非常好。

××花园的景观水体在建造时没有考虑建设过滤系统，因此要设置过滤器、循环泵、出水口、回水口、循环水管道等都有一定的难度，需花时间仔细考察，寻找安装方位。所以××花园的景观水体水质处理分两步走，首先采用投加消毒剂、凝聚剂的方式使水体变清澈，然后再考虑安装过滤器，使水体保持清澈。

（3）水质处理后的现状

清澈的池水碧蓝碧蓝的，在阳光下折射出璀璨的光芒，宛如一颗夺目的明珠。

2. ××小区景观水体处理

（1）水质处理前的状态

××小区正门入口处有一座假山，位于水池中，并有一套水循环过滤系统，目前水质较清，但表面有泡沫，影响观感，且假山上出现锈斑，整个水景未达到预期的效果，整个系统保有水量约30t。

（2）水质处理方式

系统原有的泥沙过滤器可以将水中的杂物过滤掉，但无法抑制细菌的繁殖，细菌的大量繁殖导致水中产生大量的泡沫。因此，在原有水循环系统中加一投药装置，定期投加杀菌剂，以改善水质。同时，检查石英砂过滤器，看内部石英砂有无板结现象，如有则及时更换，以免影响过滤效果。

（3）水处理后的现状

水质清澈见底，水层表面未见大量白色泡沫，给人清新洁净的感觉，假山上的锈斑无扩大趋势。

三、喷泉养护与管理

随着生活水平的不断提高，人们越来越讲究小区环境的舒适、美观。小区内的喷泉不仅能烘托小区景致，还能增加空气中的负离子含量，使空气更清新，使小区充满活力。然而，许多小区内的喷泉因为水质原因，纷纷减少喷水时间，有的甚至变成了旱池，池底长满了藻类，有的水面充斥着肮脏的泡沫，池中的雕塑锈迹斑斑，夏天到了，池水更是蚊蝇滋生的场所。

如何还喷泉以清洁的本来面目，使其真正成为流动的风景？

1. 喷泉系统概述

（1）喷泉的结构。喷泉是现在许多小区中的主景之一，与水景配合得当可以大大增加环境的观赏性，运动的水流形式也可以给人以视听上的享受。一个完整的喷泉系统一般由池体、电源设备、泵机设备、喷头设备、水下彩灯、音乐系统、溢水系统、排水系统、调压阀等组成，通过外增动力装置等，可使水呈现不同的喷洒形状，并且水能循环使用。喷泉根据其喷头数量可分为组合喷泉和单体喷泉，如图7－1、图7－2所示。

图7－1 组合喷泉

图7－2 单体喷泉

（2）喷泉的工作原理：水流在加压的装置下通过设置好的喷头，在水面或空中形成几何造型的艺术景观。在庭院中常见的有三类：涌泉、普通喷泉和瀑布。水流从水底喷出，水柱不脱离水面，只产生涌动而无声音，称为涌泉；若喷泉的喷嘴略高出水面，所形成的水流效果完全呈现于水面之上，水在空中的形态和气势是主要观赏对象，称为普通喷泉；还有一类是将水引到一定的高度而垂直落下或沿壁流下，在垂直面上形成一种水流艺术，称为瀑布。

喷泉在园林中起到增强环境的活性、渲染周边氛围等作用。另外，它还可以保证池体中的水质清洁，有利于池中的动植物生长。

（3）喷头的类别。当前园林中常用的喷泉喷头大概有以下几种：扇形、实心锥形、空心锥形、液柱流、微粒喷雾、雾化喷雾；柱状的有花柱喷头、涌泉喷头、礼花喷头等；象形类的有水晶蒲公英喷头、牵牛花喷头、球状喷头、摇摆喷头、三层花喷头等，部分如图7－3所示。

（4）喷泉设备的材质。喷泉设备从材质上可分为铜质、不锈钢质、合金类、铁质镀层类及硬塑类等几种。其中，铜质最为前卫，性能最为稳定，使用寿命最长，但价格最高。最普通的是合金类，其性价比较高。

（5）喷泉设备对水质、水量的要求。喷泉设备要求水质色度不得超过150，并不得呈现其他异色，混浊度不得超过100，不得含有肉眼可见物；水中杂质含量不大于0.1%，杂质粒度不大于0.2mm，氯离子含量不超过400mm/L，pH值在6.5～8.5，同时还要注意

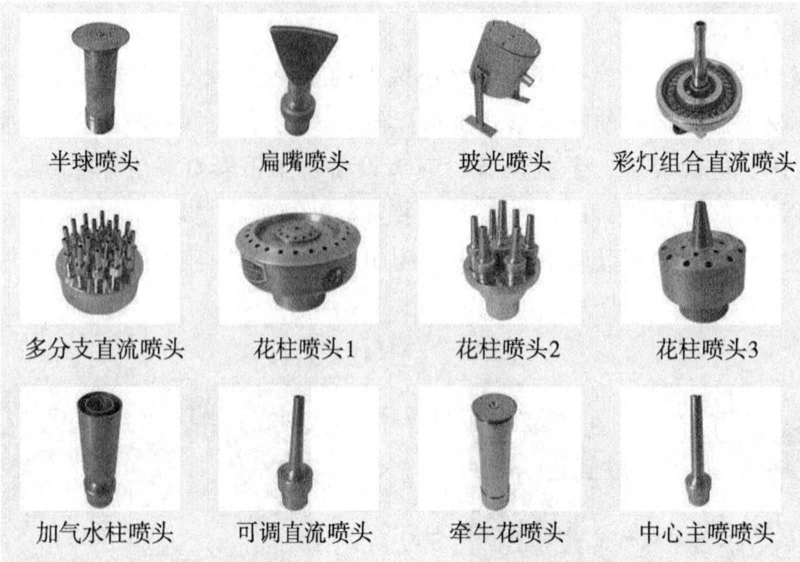

图7-3　部分喷头形式

喷泉设备水的循环运用，当喷嘴对水质有要求时，循环水应经过滤处理。

循环系统的补充水量应根据蒸发、风吹、渗漏、排污等损失确定，一般宜采用循环流量的5%～10%。

2. 喷泉系统养护

（1）维护管理人员：喷泉设备维护管理人员需经过专业培训，电气设备维护人员需持有专业上岗证书。定期对喷泉的操作人员进行考核，加强管理。

（2）电气设备：电气设备的维护检修应在切断电源的情况下进行，如遇特殊情况需要带电作业时，应做好安全防护措施，重要部位要设专人监护。

防水电缆的连接必须在无水的条件下进行，并用防水胶带、绝缘胶带、高压绝缘胶带进行三层防护。

大型音乐喷泉由于水下有大量电线电缆，一定要格外注意防老化、防漏电，确保不发生安全事故。

定期检查不在水里的电线电缆老化情况，避免不必要的损失。

喷泉电气设备要定期维护，每半年要对电气易损设备进行检测并做必要的维护。

（3）喷泉水泵：水泵吸水口要每月清洗，防止因污物堵塞降低工作效率甚至造成设备损坏。

喷泉潜水泵在冬季停用期间必须将冷却水放光，避免结冰损坏泵体（油冷式的需要关闭阀门）。

（4）喷头：喷头要定期清理维护，安装时应注意喷头与管路连接的紧密性，安装喷头时应在管路套丝处缠一层生料带，以免出现漏水现象，影响喷水效果，同时应做好喷头的防盗措施。

为保证喷泉花型美观、一致，要随时对变动角度的喷头进行复位，复位时禁止使用锐利物体敲击，防止损坏喷头。

（5）喷泉水下灯：喷泉水下灯要定期检查，紧固松动的螺丝，避免灯体进水造成短路等故障。水下灯更换必须在无水的条件下进行，并将螺栓拧紧加固。水下彩灯是喷泉设备组件中极易损坏的部件，所以彩灯的日常维护也是极为重要的。彩灯最好用热缩管和热熔胶防水对接好；在组装彩灯的时候要保证彩灯与灯架连接牢固，不松动；管路上焊灯片时，必须将灯片焊紧，防止使用过程中灯片脱落；组装完毕，应将其在浓度为5%的盐水中浸72小时，测量阻值合格后方可使用。

（6）冬季喷泉停用前应将管道中的水排净，防止管道冻裂。

（7）喷泉及喷泉管路要每半年清洗、维护一次，清洗时注意喷头立管及水下彩灯，防止造成损坏。

（8）控制喷泉的电脑每年都要升级，对电脑及程序进行必要的维护。

（9）每年对喷泉的摇摆设备进行维护及保养。

（10）备用设备要定期启动和运行（使用频率高的每天一换，使用频率低的一次一换），防止设备性能减退。

四、驳岸养护与管理

驳岸从严格意义上来说属于硬质景观，但小区中的驳岸在用量和体量上都有别于其他大型绿地，它往往与水景搭配，小巧精致，因此本书把它放到水质景观中来介绍。

驳岸是园林水景中用来维持陆地与水面比例的一种景观，以达到园林水、岸美观并且稳定的效果。驳岸实质上是支撑陆地和防止岸壁坍塌的水工构筑物，可以防止水景岸边被淹或者水景水岸坍塌而使水面破坏性扩大。它在园林造景中的功能主要有安全防护功能、景观亲水功能和良好生态功能。驳岸最重要的功能是减缓水流流速、保护岸坡、减少水土流失等，通常采用配置植物、石块等方式。驳岸还可以通过与亲水平台、木栈道等结合，使人们更易接近水体。另外，驳岸对于大雨、暴雨具有一定的缓冲和抵抗作用，同时对于水体中的污染物也有一定的净化和过滤作用，具有很好的生态功能（见图7-4、图7-5）。

块石驳岸如图7-4所示。它可以采用缓坡式、台阶式、直壁式等多种形式。石材的种类大致有太湖石、黄石、天然卵石、千层石和龟纹石等。水景中的驳岸在结构上主要是重力式结构，它主要是依靠墙身自重来保证岸壁稳定，可抵抗墙的背土压力，这种重力式结构的驳岸也称挡土墙。重力式驳岸按墙身的材质可分为浆砌块石驳岸、钢筋混凝土驳岸等。园林水景中的驳岸高度依水体深度而定，一般为1~2.2m，块石驳岸一般不超过2m。考虑到驳岸的挡土作用，超过2m的驳岸，通常是整体性好、强度高的钢筋混凝土材质；较低的驳岸，一般是采用浆砌块石。还有一种是顺着水体的自然边坡而做的驳岸，比较确切地说是护坡。护坡如图7－5所示，主要是防止水体与陆地边缘处的泥土被水冲刷成硬地面，坡度的陡缓因造景的需要而定。在园林水景工程中，有各种形式的驳岸，这些不同形式的驳岸有着不同的养护方法，按不同的养护方法可将其分为如下几类。

图7－4　块石驳岸

图7－5　护坡

1. 按立面养护分类

驳岸按立面养护可分为地基部分、常水位以下部分、常水位至最高水位部分和最高水位以上部分，不同部分有其不同的破坏因素。

（1）地基部分由于池底地基强度和岸顶荷载不一，容易造成不均匀的沉陷，使驳岸出现纵向裂缝甚至局部塌陷。这部分长期处于水底，出现这样或那样的问题难以及时发现，因此，养护时要在水体换水时加以仔细检查。较为常见的问题就是漏水，产生的原因还与季节有关。在高温的夏季，水位不深的情况下，水的温度与池底地基温度相差太大而引起伸缩不均，使得驳岸石与地基部分分离；在寒冷的冬季，也是在水位不深的情况下，可能由于冰胀而引起地基变形。用木桩做的桩基则因腐蚀或水底一些动物的破坏而容易朽烂。同时，在地下水位很高的地区会产生浮托力，影响地基的稳定。

（2）常水位以下部分因常年被水淹没，其主要破坏因素是水的浸渗。在寒冷的冬季水渗入驳岸因冻胀使驳岸胀裂，有时会造成驳岸倾斜或位移。常水位以下的岸壁又是排水管道的出口，如果安排不当，也会影响驳岸的稳固。

（3）常水位至最高水位这一部分会被周期性淹没。如果水位变化频繁，也会对驳岸形成冲刷腐蚀等破坏。

（4）最高水位以上部分虽然不会被淹没，但会遭受外物撞击、长期日晒和风化剥蚀。驳岸顶部则可能因超负荷和地面水的冲刷而受到破坏。另外，驳岸下部的损坏也会引起这一部分的损坏。

了解破坏驳岸的主要因素以后，可以结合具体情况采取防止和减少破坏的措施。

2. 按外表养护分类

（1）水位或涨或跌，往往会在驳岸的外表留下一道道印迹，严重时有杂质附在其表面，养护时要及时用塑料扫帚或清洁球等工具将其擦洗干净。

（2）有时候受水质的影响，在驳岸的表面会生长藻类或青苔等，既不利于庭院环境美观，也不利于亲水时的人身安全。同样，要结合水体养护将其清理干净。

（3）为了驳岸的整洁美观，不管是块石驳岸还是碎石驳岸，接缝线条都要均匀密实，养护时保证做到不凸不陷、不糊不漏。

（4）驳岸在使用过程中，如果发现石材表面有开裂、断板、爆裂等现象，养护时要尽快更换或用同质地的材料加以修复。

3. 按材质养护分类

（1）太湖石属于石灰岩，多为灰白色，经大自然精雕细琢，形状怪异多变、曲折圆润等。“瘦、皱、漏、透”是其主要审美特征。养护时，“瘦”要当心重物的撞击，因其易断易裂；“皱”则平时易积落叶或尘埃，要时常清理；“漏”指雨水不会积存在石头上，顺着孔隙很快就会流下来，因此要保证纵向纹理的通畅性；“透”指石头上有很多孔洞，要注意它的穿透性，不要被杂物所堵塞。

（2）天然溪坑石又称鹅卵石，是经过河流冲刷，受到水的搬运和相互摩擦作用，形成的不同形状的鹅卵石。鹅卵石因其形状多变（无规则）、表面光滑（摩擦系数小）、重心很不稳定等诸多不利因素，在养护时要保证接缝无漏等现象，并要当心石块松动或错位。修复时要从内壁掏空并用大小相当的石块塞紧，再加灌混凝土密封。一旦产生松动或错位，要及时请专业人员修复。

（3）块石包括黄石、千层石和龟纹石等，具有纹理清晰、线条流畅、富含韵律的特点，并且其色泽与纹理比较协调，显得自然光洁、造型奇特、变化多端，既有具象的，又有抽象的，神韵秀丽静美、淡雅端庄。这类石材因表面外露平坦、与外界接触面较大，故要防止其表面的脏污沉积；因施工时采用台阶式较多，故层与层之间的台阶要当心松动并做好防滑、保洁工作；此外，要杜绝超重负荷，以免造成塌陷。

4. 按季节养护分类

季节养护主要是冬、夏两季养护。收缩缝在骤冷骤热的情况下会产生伸缩比不同步的情况，轻微时出现裂缝，重则产生断层，因此养护时有效的措施是在高温时多浇水，霜冻时尽量将其覆盖。另外，为了防止驳岸出现冻胀、浮托、风浪淘刷等情况，要根据季节需要做好给水排水工作，一般在高温期白天灌满晚间换水，冬天以低水位或排空为好，台风季要根据天气预报决定水量的多少，雨前应放掉一半水。梅雨季要做好防滑工作，以及防止青苔等的生长，并要防止蜗牛等害虫的泛滥。

物业管理小专家

人工湖水处理技术发展

第一代：这一代是人工湖水处理的起步代，当人们开始认识到人工湖也会发生水质发臭、恶化等现象，严重影响其美观时，一些技术人员便逐渐开始探索合适的技术进行治理。常用的大致有水泵循环、跌水、沙缸过滤、投撒化学药剂、增氧曝气等简单的方式，这些方法大都比较单一，治理效果甚微。

第二代：随着时间的推移及技术的进步，部分公司在第一代技术的基础上适当改进，推出了第二代技术，这一代主要的技术有全自动精滤机、气浮、生物制剂、人工湿地以及生态基等。这些技术相对第一代的技术在技术含量和处理效果方面有很大的进步，但大多是从其他水处理技术转型过来的，对人工湖水处理并没有针对性，有些时候（水面较小时）处理效果较好，有些时候（特别是水面较大时）处理效果很差。

第二代技术大多没有考虑土建、循环周期及二次污染等严重问题。比如，传统的沙缸过滤方式，只对悬浮泥沙有效，对藻类、溶解性污染物、沉底泥沙起不了作用，而且循环周期相当漫长，几天才循环一次。夏季湖水污染快，还没等处理一遍湖水又变脏了，即使处理机房的出水水质再好，与大湖中的水混合以后整个湖水还是较脏。同时，将水从湖中抽出需要消耗大量的电能，处理机房的建设也需要较多费用。

第三代：这一代技术对人工湖的治理效果较第二代技术又有大幅提升，对大水面及污染严重水面都有很好的治理效果，治理后能达到三类甚至二类水质标准，主要代表技术有动植物综合调控技术和 HDP（微生态活水）直接净化技术。

动植物综合调控技术通过对鱼类品种、鱼虫品种、水草品种的精心筛选和调控，以及各种化学药剂、生物制剂的应用，最终实现沉水植被大量健康生长，形成“水下森林”的效果，调控过程非常复杂。而且杂草的清除、所培育水草的定期收割都需要耗费大量人力，虽然没有电耗，但人力、生物制剂、鱼虫的消耗使得其维护成本并不低。

HDP 直接净化技术通过提供载体的方式在水中大量培养土著微生物，大量微生物在充足的溶解氧和动水的环境下对水中有机污染物进行好氧分解，进而实现污水净化。这种技术弥补了其他各种方法的短板，一方面，既有污水处理厂的处理能力和速度，又没有土建、管网的烦恼，更没有湖外治理时水泵循环带来的循环周期限制。另一方面，以土著微生物为种源，用生物载体促使其大量繁殖，避免了外来生物制剂数量的快速衰减和种源的快速退化难题，而且施工和维护简单方便。

项目小结

水景对于美化环境、提高居民小区的生活品位，无疑起到了巨大的作用。俗话说“三分建设、七分管理”，水景的水质清洁与维护管理一直是物业服务企业头疼的问题之一，对于水景水质的保障可以采取一些传统的方法，但一些新技术也将会因其具有较大的优越性而越来越多地被应用在水质控制中，物业服务企业在水景管理维护时还应遵循开发水资源、节约水资源、合理利用水资源的原则，这对物业服务企业长效管理水景极为重要。

走进物业公司

实训项目：某物业（或校园）水景调研

［**实训目的**］了解物业（或校园）水景现状。

［**实训内容**］全班现有人员，每5人一组，编制调研报告。

［**实训考核**］每组交一份调研报告。

考考物业管理员

一、简答题

1. 水体在园林造景中的主要作用是什么？
2. 常用补水水源有哪些？
3. 水质净化的方法有哪些？
4. 物业管理在水体养护方面有哪些具体工作？
5. 物业管理在喷泉养护方面有哪些具体工作？
6. 物业管理在驳岸养护方面有哪些具体工作？

二、案例分析

北大校园重现水景——通过污雨水再利用解决湖区补水问题

2000年，北大校园水系未名湖仅能靠地下水勉强维持水面，位于北大北面的后湖则无水可补，连年干涸。2013年，北大燕园开始景观与环境的综合整治，主要内容包括北大部分湖底减渗及驳岸整治、水系连通循环及水质保障、污水处理及回用、雨水利用四部分。

北大水系以再生水为主要水源，用人工湿地对再生水进行深度净化，然后打通水系，实现各湖区互联互通，主要措施如下。

措施一：“减渗衣”　湖面每天最多下降两厘米

北大在已经干涸十多年的后湖湖底铺设减渗层。这种减渗层，采用湖底原有的土壤，配以部分矿物质后，混合、压实。以前几天就能漏完的湖水，现在每天最多下降两厘米。

措施二：架设雨水管网　680 米管线运输雨水

北大建立了一个雨水收集、利用体系，采用地表高程低点单独收集回用的方式，铺设透水砖 3000 平方米、雨水管线 680 米。

措施三：建设地下污水处理站

在校内建设一个地下污水处理站，根据景观水系需水量和污水收集量进行平衡计算。同时考虑将再生水管线引入北大校园，使清河再生水厂生产的再生水进入北大，这样就可以让北大的景观用水形成双水源了。

措施四：人工湿地　隐身池底过滤水质

北大西侧的荷花池，改造成景观式隐形人工湿地，人工湿地对再生水进行深度净化，即在荷花池池底建设过滤层，对水质进行有效过滤。这样既维持了原有的荷花景观，也起到了净化水质的作用。

措施五：安装微扬程推流器

在水系整治工程中，为了让水系循环起来，北大安装了两处大流量微扬程推流器，其作用类似于水泵，能使整个水系中的水流动起来。

北大通过污水收集、处理及回用，提升水资源利用效率、节约清水；建设雨水管线、雨水收集池等，利用雨水资源，构建绿色“海绵校园”，使水资源循环利用、水系流动与水质生态净化有机结合，促进校园水系微循环。

问题：北大校园重现水景，哪些措施值得借鉴？

项目八　物业安全管理

动脑筋

在任何一个行业，安全管理都至关重要，物业行业也不例外。在物业管理过程中，物业人员除了要掌握扎实的物业管理基本知识，还应该特别掌握哪些安全管理方面的知识呢？在面对实际发生的各种安全事件时，物业人员该如何有效应对呢？

任务导读

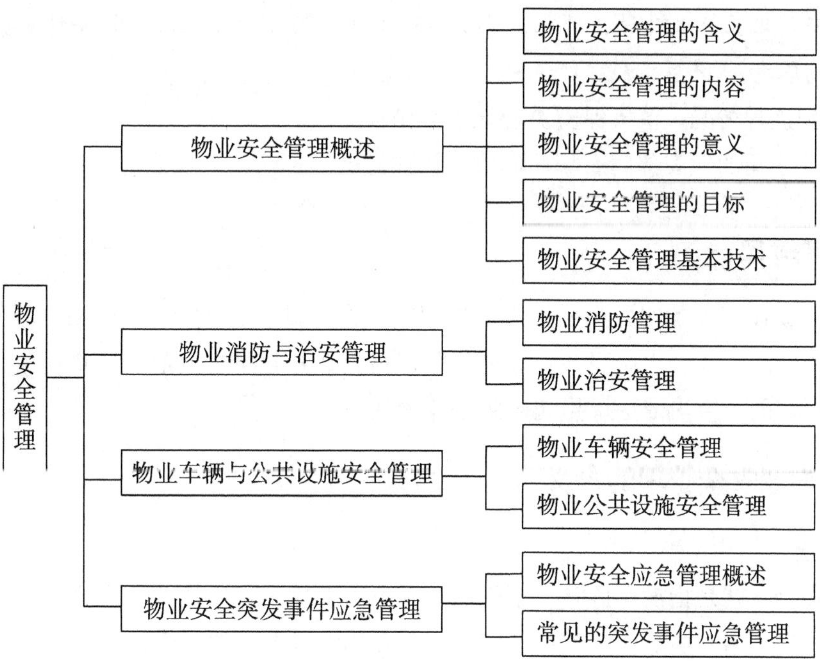

本章学习目标

知识目标：了解物业安全管理的含义、内容、意义和目标，掌握物业安全管理的基本技术，熟悉物业消防与治安管理、物业车辆与公共设施安全管理以及物业突发事件应急管理的具体内容。

能力目标：能够运用所学知识解决物业管理中遇到的各种安全事件。

任务一　物业安全管理概述

任务导入

业主请来的装修人员要强行闯入怎么办？

一天傍晚，某小区来了四位陌生人，四人手提工具，旁若无人地径直朝大堂闸门走去。值班保安员立即走出值班室，开口问询："先生您好，请问上楼找哪位？"其中一位说是去A座7楼装修。保安员要求他们出示装修出入证，对方敷衍说装修已经搞完，只是来收一下尾。保安员坚持让其出示装修出入证或其他有效证件，并提示按照房屋装修管理相关规定，晚6时后应停止装修，请予以合作和谅解。

这四人见保安员不放行，便破口大骂，说是楼上住户请他们来的，若不放行就强行冲上去。保安班班长赶来劝说、制止，他们不理不睬，怒气冲冲地围过来要动手。

问题与思考：

1. 遇到这种情况，值班保安员应该怎么做？
2. 物业公司的保安部门有哪些职责？该如何做？

知识探究

根据《物业管理条例》第三十五条的规定：物业服务企业应当按照物业服务合同的约定，提供相应的服务。物业服务企业未能履行物业服务合同的约定，导致业主人身、财产安全受到损害的，应当依法承担相应的法律责任。

一、物业安全管理的含义

1. 安全

所谓安全，就是指没有危险，不受威胁，不出事故。它包括两层含义：其一指自然属性的安全，其二指有明显人为属性的安全。自然属性或准自然属性的安全被破坏主要不是人有目的地参与造成的，如地震、海啸等；社会人为属性的安全被破坏主要是人有目的地参与造成的，如生产事故、侵犯等。

2. 物业安全

物业安全一般指物业区域内没有危险，不出事故，也没有可能发生危险的状态，具体表现为物业区域内的人身和财物安全不受侵害，物业区域内部生活秩序、工作秩序和公共场所秩序保持良好的状态。

影响物业安全的因素很多，变化也比较快，归纳起来主要有两大类：①人为侵害因素，如失火、偷窃、打架等；②自然侵害因素，如台风、洪水、物业机械设备故障等。这些因素会降低物业安全程度。

3. 物业安全管理

物业安全管理是指物业公司采取各种措施和手段，保证业主和使用人的人身和财产安全，维持正常的生活和工作秩序的一种管理工作。物业安全管理包括防与保两个方面，防是预防灾害性、伤害性事故发生，保是通过各种措施对万一发生的事故进行妥善处理，防是防灾，保是减灾，两者相辅相成，缺一不可。物业安全管理本质上是一种安全服务，因此也可称为物业居住安全服务。物业居住安全服务是指在物业管理活动中，从业主居住安全的需求出发，尊重客户和他们的隐私权，保护其居住权，促进物业区域环境的最优化、居住场所的有序化、人际关系的和谐化，最终使他们获得心理上安全需求的满足，物业公司所提供的一种系统的、综合的、连续的服务。

物业安全管理作为一项职业性的服务工作，是介于公安机关职责和社会自我防范之间的一种专业保安工作，是社会治安管理两种形式的补充，具有能够补充国家安全警力、减轻国家财政负担及工作职责范围具有针对性的优点。

物业是业主的重要财产，也是业主的主要活动空间，如何保护业主的财产安全和人身安全，是物业管理活动的核心内容。离开安全，物业管理的一切活动就成了空中楼阁。

二、物业安全管理的内容

广义的物业安全管理涵盖的服务有居住物业的安全服务、居住环境的安全服务、居住活动的安全服务、居住者心理的安全服务四个方面的内容。居住物业的安全服务，包括房屋本体及配套设施在其生命周期内的安全服务以及使用过程中的安全服务。居住环境的安全服务，包括卫生保洁服务、绿化管理服务、装修管理服务，以及物理、化学、生物等因素造成的环境污染的预防和治理等。居住活动的安全服务，包括公共场所交通秩序维护、车辆管理、消防管理、治安防范服务等。居住者心理的安全服务，是满足居住安全需求的更高层次的综合反映，包括满足居住者对隐私权的保护和尊重需要，满足居住者对物业区域的归属需要和认同需要，满足居住者对物业区域内人与人、人与自然和谐相处的心理需要等。

狭义的物业安全管理主要是指居住活动的安全管理，包括公共场所交通秩序维护、车辆管理、消防管理、治安防范服务等。一般来讲，物业的安全管理主要包括以下几方面的内容：

（1）物业消防安全管理。主要是预防和控制火灾的发生，协助消防部门灭火。

（2）物业治安安全管理。主要包括治安维护管理、公共秩序维护管理，治安维护管理是指对扰乱社会秩序，妨碍公共安全，侵害公民人身权利，侵害公、私（他人）财产，尚不构成刑事处罚的行为和事，进行强行管理的过程；公共秩序维护管理是指为维护物业的公共环境和秩序而采取的管理措施，如对乱摆卖者、乱张贴者、拾荒者和推销人员进行管理，对业主纠纷进行协调和劝解等。

（3）物业车辆管理。主要包括交通管理和车辆管理，交通管理的主要任务是保证物业管理区域内交通安全、畅通，维护物业管理区域内交通、环境和车辆停放秩序；车辆管理的主要任务是防盗、防损、保证车辆停放有序等。物业车辆管理的目的是保证车辆和行人的安全。

（4）物业公共设施安全管理。主要是对设备设施规范地使用、操作，对设备设施及时地维修、保养，使设备设施正常运行，始终处于良好状态，没有安全隐患，避免事故的发生和对业主的危害。比如对水泵房、配电房、仓库等的安全管理。

（5）物业突发事件应急管理。主要要求物业公司管理人员针对一些常见的突发事件做好应急预案，这样就能在关键时刻从容应对。物业公司面对紧急状况所采取的应对措施对广大业主而言是一种十分重要的保护，它能尽可能避免突发事件给业主带来的危害。为确保及时、有效地解决问题，物业公司建立健全各种应急处理预案的同时，还要提前培养、打造有应急服务技能的队伍，并能够对事件的起因和发展都做调查分析，以不断丰富应急处理预案，确保为业主提供使其更满意的应急服务，这种把充分准备做在事前的服务，无疑是高水平、高质量的物业服务。突发事件主要有火灾、气体泄漏、水浸、电梯困人、小区突然停电、高空坠物、抢劫盗窃、地震等。

三、物业安全管理的意义

（1）物业安全管理是保证国家和城市社会稳定、维护社会安定团结、保障人民安居乐业的前提条件之一。整个国家和城市是由千千万万个社区所组成的，只有做好各个社区的安全管理，才能实现社会稳定、人民安居乐业的目标。

（2）物业安全管理能为业主和使用人的人身、财产提供安全和保护。

（3）物业安全管理是物业公司提高信誉、增强市场竞争力的一种重要途径。物业的安全管理做好了，物业才能少受或不受损失和侵害，其价值才能得到保持，人们也才会更乐意购买该物业，物业才会增值。

（4）物业安全管理由于强调以物业风险责任为主体的安全防范与服务，突出对业主心理安全需求的认知和理解，使居住安全服务观念与以人为本、构建和谐社会的时代要求形成了有机而紧密的联系。

四、物业安全管理的目标

物业安全管理的目的是保证业主和使用者有一个安全舒适的工作和生活环境，以提高生活质量和工作效率，为了实现这一目的，物业公司应根据物业安全管理实际需求来制定所管物业的安全管理目标。

1. 物业安全管理目标设定的基准

（1）应达到国家和地方相关法律法规对物业安全的基本要求；

（2）应满足业主或使用人对安全的委托要求，即物业服务合同的规定；

（3）应以物业管理行业安全管理优秀标准为榜样。

2. 制订物业安全管理目标注意事项

（1）安全管理目标应与物业管理总体目标相适应；

（2）目标应具体，方便考核、检验，并方便制定相应的管理措施，如治安管理和消防管理目标，应以治安案件发生率和火灾事故发生率来表述；

（3）目标应切合实际，并以现有的条件通过努力能够实现；

（4）在制订目标时应考虑成本因素。

五、物业安全管理基本技术

（一）事故调查、记录与分析报告

不论用途如何，根据调查做出的报告都必须能够回答下面的有关问题：事故的直接原因是什么？造成事故的其他因素有什么？必须采取的控制事故的整改措施是什么？在政策及方法上应做哪些改进（如风险评估）？

1. 调查报告内容

（1）对于所发生事故的总结；

（2）事故发生前的状况简述；

（3）事故调查中所收集到的信息；

（4）目击者陈述的详细情况；

（5）有关伤亡、损失的信息；

（6）结论；

（7）建议；

（8）支持材料（照片、图、表）；

（9）日期、调查者签名。

2. 事故分析

根据事故调查所提交的报告，需要对其进行分类及统计，从而得到关于事故原因及发生趋势等多方面的信息。开展事故分析可以有多种办法，包括对伤害性质的分类。分类进行事故分析有利于在企业间、不同阶段间、行业间进行比较。其中一种很有用的分类方法是根据事故原因来分类，如偷盗、火灾及爆炸等。对上述原因进行分类后，可按一定时间或年份对事故进行统计。

3. 结果显示

调查、记录、分析事故后，对其进行分类及统计、查找原因，预测事故发展趋势，为消除和控制事故提供整改方法和有关信息，同时为处理同类事故或预防同类事故的发生提供科学依据。

（二）安全检查

1. 安全检查的任务

安全检查的主要任务是找出危险，指出消除或控制事故的方法，因此，安全检查后，有两点要求：一是指明危险的状态并进行处理；二是提出改进方法。

2. 检查的类型

安全检查是预防事故、发现隐患、指导整改的实用方法，采用的方式、方法很多，常用的检查类型可分为6种。

（1）法定检查：遵循安全法则的要求进行的检查。

（2）外部检查：由执法、保险、咨询部门开展的检查。

（3）行政检查：上级管理人员巡视检查。

（4）例行检查：由主管在适当的时间内按计划开展的检查。

（5）投产检查：对新的或重新调试的设备进行的检查。

（6）连续检查：由工人及主管进行的，正式的、预先计划的或者非正式的检查。

开展任何一种检查，都要有关于工作内容及硬件的知识，要有关于所应用的法规、规程及标准的知识。检查之后，要保证所有有关的问题都已检查并且采用统一的报告系统。这样能够采取必要的纠正行动，检查的结果能够在管理上体现出来。

3. 检查的原则

在任何检查开始之前，都要对下面的重要问题做出规定。这些规定，对于检查的质量及检查能否达到其目的，有极其重要的影响。

（1）哪些事项需要检查。有一些内容来自检查项目清单，这种专门为检查设计的表格是有用处的，它能够提醒执行检查工作的人员有关需要检查的主要事项并且可作为记录保存。

（2）表中所列项目的哪些方面需要检查。外因、内因等所造成的不安全现象，都有可能引发危险，故应全部列入受检的范围。

（3）什么样的状态需要检查。关于这个问题，最好在检查表上说明。如果没有相应的技术标准，就要用文字说明需要检查的状态。

（4）需要多长时间进行一次检查。在没有法定要求或者标准、规范指导的情况下，这个问题的答案取决于相关项目失效的后果严重性，要注意所检查的事项以某种形式失效而造成伤害的可能性。另外，检查的时间间隔也取决于受检事项可能出现不安全因素的频率。

（5）由谁来进行检查。每个工作人员都有责任对他所在的工作场所进行非正式检查。主管应为总的检查做出计划，并周期性地参与到作业中。关于前面说过的重要事项的检查，产品或服务使用人代表也应当有检查的权力，在有可能的情况下，应鼓励他们参与进来。物业经理应该参与周期性检查，在开展正式的依法检查时，其应该在场。

4. 检查的技术

掌握以下几点将有助于改进检查的技术。

（1）必要的知识和经验。执行检查工作的人员，必须配备必要的设备，具有必要的知识和经验，对技术标准及法规要求有足够的了解。他们还必须能完全遵守现场的规则，包括正确地穿戴及使用个体防护用具，做到以身作则。

（2）制定并使用检查表。检查表用来确定要点并记录结果，但其内容必须与检查的内容一致。

（3）会记笔记。不能只靠记忆，也要做笔记，然后将其整理到检查表中去，即使在检查后要做书面正式报告，在现场也要记录。

（4）善于查阅和应用存档报告。在开始一个新的检查之前，最好能够了解一下过去所发现的问题，这种做法将有助于检查那些过去的检查评述是否已按要求采取了行动。

（5）善于思考和提问。在检查中不仅要看，还要问。“出现了情况应该怎么办”之类的问题，是最难回答的。在实际的操作方法及可能的改进意见方面，人们往往过低地估计工人意见的价值。此外，在有关工作系统及方法方面，很难仅靠看来检查。对于这些方面的检查，有赖于正确地向有关人员提问。

（6）善于发现和跟踪。在发现有丢失及损坏的物件时，要追查而不能只是将其记录在表上。

（7）随时纠正危险。在检查中凡是碰到危险的情况并对人员及其财产构成严重风险时，应及时纠正而不要等到有书面报告后再处理。

（8）尽量做定量测试。在适当的地点，应对作业场所的状态做定量测试。这些测试结果可以作为今后检查时进行比较的依据。没有定量的结果就难以管理。

（9）随时纠正不安全行为。在检查过程中，对于不安全的行为要随时记录在案并进行纠正，如不使用安全装置、不使用个体防护用品及在禁烟区吸烟等。

（10）检查风险评估。在检查过程中，对风险评估进行核查应是其中的一部分内容。

（三）安全管理

1. 目标

安全管理的目标是取得全体有关人员对安全行动的支持；开展宣传、教育和培训，使全体人员能够认识并防范危害。

通过预防及进行风险评估，对危害进行控制，并且及时收集反馈信息，确保危害得到有效控制。

在风险评估的基础上，采取控制措施，全体有关人员都要遵守相关标准及规范。

2. 保障措施

完整的安全管理保障措施由以下五个方面组成。

（1）安全政策保障。需要有全面的安全政策，并且应在所有的业务活动及决策中有效实施。对于各个管理层，要用书面文件详细规定其所应负的责任，然后定期检查这些责任是否得到了恰当履行。

（2）组织保障。为使安全政策能够得到有效贯彻，员工都要积极参与安全管理并做出承诺，从而在物业公司形成一种“安全文化”氛围，建立并保持一种组织保障结构和系统。

（3）计划与执行保障。通过计划保证安全工作的有效性，建立及维持一个计划系统并使其正常运行。这个系统的特点应有三点：一是明确任务和目标，这些任务和目标应能够完成和互相联系；二是对管理和风险的控制应建立相关标准，而这些标准的建立是以危害识别和风险评估，以及符合法律要求为基础的；三是考虑风险因素并加以控制。

（4）实施情况监测保障。要对安全管理活动进行监测，从而建立起有效的度量体系。

（5）实施结果评估并审核保障。实施结果评估并审核可以保证相关政策及计划得以执行，并收到理想的效果。

任务二　物业消防与治安管理

任务导入

遇到火警消防栓不出水怎么办

胡女士入住某高层住宅小区还不到1个月，一天，胡女士家厨房起火，其家人急忙跑到楼层消防栓处，打开水源开关，拉着软管一边向屋里跑一边打开喷枪开关，结果喷枪内滴水未出。幸亏楼层灭火器箱内有几只灭火器，在闻讯赶来的周围邻居和物业公司值班保安员的帮助下，火焰被及时扑灭。后经了解，消防栓喷不出水，是因为小区内有居民盗用消防栓里的水，物业公司担心水费超标，所以擅自将消防栓的阀门关掉了。据此，胡女士向物业公司提出赔偿其经济损失的要求。

问题与思考：

1. 针对胡女士的具体情况，物业公司该如何做？
2. 在事情处理完毕之后，物业公司应该做哪些后续工作？

知识探究

一、物业消防管理

消防管理在物业管理中占有头等重要的地位。物业管理中最常见的意外事故是火灾，给业主的生命和财产带来最大危害的也是火灾。搞好消防工作，是物业安全使用和社会安定的重要保证。

1. 物业消防管理的含义和目的

（1）含义。消防管理就是遵循火灾发生和扑救活动的客观规律，依照消防法规和消防工作方针、原则，运用科学管理的理论和方法，通过一系列的管理职能，合理而有效地使用人力、物力、财力、时间和信息等资源，为达到预定目标而进行的各种消防活动。

做好消防工作，需要消防设施到位、技术到位和管理到位，既需要一定的消防技术、优良的防火硬件设施，更需要有效的管理。只有进行有效的管理，消防设施、消防技术才能最大限度地发挥其应有的作用。

（2）目的。消防管理是物业管理中的一项重要工作，它直接关系到用户的生命、财产安全。物业消防管理的目的是预防物业火灾，最大限度地减少火灾损失，为用户提供安全环境，保障其生命及财产安全。

2. 小区常见的火灾起因

（1）业主外出，但家中厨房忘记关火；

（2）冬季不正确使用烤火炉、电热毯，夏季不正确使用空调、电风扇等；

（3）家中小孩玩火；

（4）私自烟熏和烤制腊肉、香肠等。

管理处工作人员一旦发现有火灾事故发生，如果火势不严重，应立即用就近灭火器将其扑灭；如果火势严重，应立即拨打119求救，并通知业主，告知业主情况，在消防部门赶到之前，物业公司应组织人员采用灭火器先行扑救。

3. 预防火灾的基本措施

（1）控制可燃物。具体方法：控制可燃物品的储存量；以难燃或不燃材料代替易燃或可燃材料；用防火涂料浸涂可燃材料，提高其耐火极限；保持可燃物处于良好的通风状态等。

（2）隔绝助燃物。破坏燃烧的助燃条件，具体措施：将易燃、易爆物的生产置于密闭的设备中进行；将容易自燃的物品隔绝空气存放；变压器内充惰性气体进行防火保护；关闭防火门、窗，切断空气对流；用沙、土覆盖可燃油液等。

（3）消除着火源。具体措施：安装防雷、防爆装置；控温、遮阳；在建筑物之间构筑防火墙，在同一大厦不同楼层之间及同一楼层的不同区域安装防火卷帘等。

4. 火灾扑救的基本方法

（1）窒息灭火法。根据可燃物燃烧需要足够的空气（氧气）这一条件，采取适当措施阻止空气流入燃烧区，或采用不燃物、惰性气体降低空气中的氧气含量，使燃烧物缺乏氧气的助燃而熄灭。这种灭火方法适用于扑救密闭的房间和生产装置、设备容器内的火灾。

（2）冷却灭火法。根据可燃物燃烧必须达到一定温度这一条件，将水或灭火剂直接喷洒在燃烧物上，使燃烧物的温度降低到燃点以下，从而终止燃烧。此法还可用于冷却尚未燃烧的物体，如建筑构件、设备等，避免它们受热辐射影响而燃烧或爆炸。

（3）隔离灭火法。根据燃烧必须具备可燃物这一条件，将与燃烧物邻近的可燃物隔离，阻止火灾进一步扩散。

（4）抑制灭火法。将灭火剂喷在燃烧物上，使其参与燃烧反应，使燃烧中产生的游离基消失，形成稳定分子或低活性游离基，从而终止燃烧。

5. 常用消防设施、设备和器材

（1）灭火器。灭火器是一种可由人力移动的轻便灭火器具，它由筒体、筒盖、瓶胆、喷嘴等部件组成。灭火器种类较多，按其移动方式分主要有手提式和推车式灭火器。

（2）火灾自动报警系统。火灾自动报警系统的作用是尽早地探测到火灾的发生并发出警报，以便采取措施，预防和减少火灾的发生和火灾造成的损失。按监测的火灾特性不同，火灾探测器常分为如下几种：①感烟式火灾探测器；②感温式火灾探测器；③感光式火灾探测器；④可燃气体火灾探测器。

（3）自动喷淋灭火系统。自动喷淋灭火系统是按适当间距和高度，装置一定数量喷淋头的供水灭火系统，主要由喷头、阀门、报警控制装置和管道等组成。

（4）消火栓系统。消火栓系统主要由供水泵、管网、消火栓、水带、水龙头、喷水栓、报警按钮及报警电话等组成。

（5）排烟系统。现代化的高层楼宇里在安全通道附近都安装有排烟系统。

（6）加压送风系统。发生火灾时，为防止烟雾、毒气进入疏散通道及消防电梯厅，除要安装防火门外，还要在每一层的疏散楼梯及消防电梯前安装百叶式加压送风系统，以供应充足的新鲜空气，确保人员疏散和消防电梯的正常运行。

（7）安全通道与消防电梯。当发生火灾时，人员可通过安全通道（防火楼梯）进行紧急疏散，直达室外或其他安全处（如避难层、平台等）。消防电梯是供消防灭火、抢救伤员、运输消防器材用的专用电梯。

6. 物业消防管理组织机构

物业消防管理应设立三级消防机构，任命三级消防机构责任人。三级消防机构组织人员由物业公司总经理根据实际需要确定。

（1）一级机构。物业公司总经理为公司消防责任人（由当地政府消防安全部门任命），负责消防组织机构的建立和消防工作的组织及安排工作。总经理要负责组建公司防火安全委员会，确定委员会成员，并明确其职责，负责有关消防法规的贯彻和消防规章制度的建立，研究解决消防人员、设备存在的重大问题，定期组织消防安全检查及消防演习。

（2）二级机构。管理处负责人作为二级消防机构的责任人，负责管理处各部门消防责任的制定和日常消防工作的监督、指导。

（3）三级机构。物业部（或其他部门）主管作为三级消防机构的责任人，负责部门消防的监督、检查和日常管理工作。比如工程部负责对疏散出口指示灯、应急灯、灭火器、防火门进行维修、保养，负责建立“消防设备设施一览表”。物业公司还可以委托专业的消防公司负责消防设备设施的维护、保养、检修、试验，物业部则负责对专业消防公司的上述工作进行监督、检查。

7. 物业消防管理措施

（1）贯彻落实“谁主管，谁负责”的消防原则

①“谁主管，谁负责”原则的中心就是层层落实防火责任制，从而调动各部门、各岗位和全体员工搞好消防工作的积极性；

②物业公司的法人代表是本单位的防火安全工作第一负责人；

③物业公司各部门各管理处负责人是本部门的防火安全负责人；

④各班组负责人以至每个职工都要对自己工作管辖范围内的防火安全负责。

（2）建立健全消防安全制度

①消防中心值班制度：消防值班人员必须树立高度的责任感，严肃、认真地做好消防中心的值班监控工作。

②动用明火管理制度。

③施工防火安全管理制度：凡是进入物业辖区的室内装修施工单位，都必须遵守物业公司的装修安全管理规定，以确保施工中的防火安全。

④重点部位防火管理制度。

⑤消防安全检查制度。

（3）加强防火管理

防火管理是消防工作的重中之重，尤其是机房、油库、仓库、厨房、商场、资料室、娱乐场所等物业重点区域，更要做好防火管理。为此须在以下方面加强管理：

①消防中心24小时对各区域实时监控，认真落实巡逻制度。

②合理设置防火分区，以防火门或卷帘为分隔，每个防火分区均设防火责任人，加强监控中心的监控和日常巡视检查，发现事故隐患及时排除，保持消防设备设施完好。

③区域内禁止吸烟，严禁携带火种进入，在醒目位置设置“严禁吸烟”“严禁烟火”“严禁火种入内”等醒目的标识牌。

④杜绝管辖区域电气设备超负荷工作，排除一切火灾隐患。

⑤对于公共区域，按防火分区设置责任人，定时、定期检查、保养消防设备设施和其他电气设备。

⑥对食堂、厨房等重点防火区域，除严格按规章制度实施管理外，还应加大消防检查力度。

（4）加强消防教育培训

①对员工的培训教育。

②对业主的宣传教育。

物业管理小专家

家庭火灾逃生知识

（1）防盗网一定要留逃生口，逃生口钥匙要放在固定和易取的位置，以便逃生使用。

（2）火灾袭来时要迅速逃生，不要贪恋财物。

（3）家庭成员平时就要了解、掌握火灾逃生的基本方法，熟悉几条逃生路线。

（4）受到火势威胁时，要当机立断披上浸湿的衣物、被褥等向安全出口方向逃生。

（5）穿过浓烟逃生时，要尽量使身体贴近地面，并用湿毛巾捂住口鼻。

（6）身上着火千万不要奔跑，可就地打滚或用厚重的衣物压灭火苗。

（7）遇火灾不可乘坐电梯，要向安全出口方向逃生。

（8）室外着火，门已发烫时，千万不要开门，以防大火蹿入室内，要用浸湿的被褥、衣物等堵塞门缝，并泼水降温。

（9）若所在逃生路线被大火封锁，要立即退回室内，用挥舞衣物、呼叫等方式向窗外发送求救信号，等待救援。

（10）千万不要盲目跳楼，可利用疏散楼梯、落水管等逃生自救。也可把床单、被套撕成条状连成绳索，紧紧拴在窗框、暖气管、铁栏杆等固定物上，用毛巾、布条等保护手心，顺绳滑下，脱离险境。

二、物业治安管理

（一）物业治安管理的含义

1. 治安

治安的含义有两个：一是指社会治安秩序，我们常说某某小区治安好，就是说这个小区的社会秩序和公共安全比较好，通俗地说就是这里的人身和财产安全有保障；二是指维护治安秩序的社会活动，例如，“要搞好办公楼的治安工作”，这里的治安就是指一切维护治安秩序的行为。从行为角度来看，广义上的治安工作包括治安立法、治安执法和治安司法等内容，狭义上我们常说的治安工作主要是指治安行政执法行为，即治安行政管理工作。

2. 治安管理

治安管理是国家为维护公共秩序和社会治安而依法组织的行政管理工作，它是国家行政管理的重要组成部分，是维护社会秩序的重要手段。

违反治安管理的行为很多，根据长期同违反治安管理行为作斗争的实际情况，《中华人民共和国治安管理处罚法》将违反治安管理的行为归纳为以下几大类：①扰乱公共秩序的行为；②妨害公共安全的行为；③侵犯人身权利、财产权利的行为；④妨害社会管理的行为。

物业管理小专家

违反治安管理行为与犯罪行为的区别

违反治安管理行为与犯罪行为有以下三方面的不同：

第一，情节轻重和对社会危害大小不同。犯罪行为重于违反治安管理行为，社会危害性大于违反治安管理行为。

第二，触犯的法律不同。犯罪行为触犯《中华人民共和国刑法》，违反治安管理行为触犯《中华人民共和国治安管理处罚法》。

第三，应当受到的处罚不同。犯罪应受刑法处罚，违反治安管理行为应受治安管理处罚法处罚。

3. 物业治安管理

物业治安管理是指物业公司依照我国治安管理的法律、法规和规章制度，运用物业管理的手段和方法，为维护物业管理区域内的治安秩序，预防各种治安危害的发生，针对所管物业实施的一系列管理活动。

物业治安管理的目的是保障物业公司所辖物业区域内的财产不受损失，人身不受伤害，工作、生活秩序正常。

物业治安管理是我国治安管理制度中群防群治的重要环节，是在物业管理组织和公安部门的双重指导下进行和开展的，但不得行使公安部门所拥有的治安管理权力。

物业治安管理一般由专业的保安公司或物业公司的保安部门来实施。根据工作性质，物业保安又可分为门卫保安、巡逻保安和守夜保安等。

（二）物业治安管理的主要内容

1. 预防和制止违反治安管理的行为及犯罪行为

（1）预防和制止扰乱公共秩序的行为；

（2）预防和制止妨害公共安全的行为；

（3）预防和制止侵犯人身权利、财产权利的行为；

（4）预防和制止妨害社会管理的行为。

2. 维护小区正常秩序

（1）保护各类治安事件现场，疏导群众，维护秩序；

（2）维护小区内交通秩序；

（3）协助小区内住户报警；

（4）为行人、住户指引带路，救助突然受伤、患病、遇险等处于无援助状态的人，帮助遇到困难的伤残病人、老人和儿童；

（5）受理拾遗物品，设法送还失主或上交；

（6）巡视小区内的安全防范情况，提示公司的有关部门、商铺、住户，清除隐患。

（三）物业治安管理的基本方法

物业治安管理方式根据物业使用性质的不同而有所不同，主要有两种：一种是封闭式管理，另一种是开放式管理。也有一些物业管理是将两种方式结合起来进行的。

1. 封闭式管理

封闭式管理的特点是将整个物业管理区域作为一个封闭体系，通过建立一整套登记、巡逻、审查等管理程序来实现封闭式管理。封闭式管理要求物业公司的保安人员每天24小时巡逻、看守，用户通行要有专用通行证件，外来人员征得物业内住户同意并办理登记手续方可入内。这种治安管理方式比较适用于一些特殊行政管理部门或一些住户有特别要求的居住小区和写字楼等。

2. 开放式管理

一些大的住宅小区、宾馆、商厦、写字楼等无法实行封闭式管理，可采用开放式管理方式，这些场所外来人员一般可以自由进出，无须办理专用通行证件。

（四）物业治安管理设施和装备

要做好物业安全环境管理工作，离不开保安设施和工具，近年来，发展迅速的智能化、现代化设施在物业安全管理中发挥了重大作用。保安常见的设施有电视监控系统、电子报警系统、出入口控制系统、电子巡更系统等，保安人员常配备的装备有各种交通工具、对讲机、警棍等一些可防御、自卫的装备。本书简要介绍以下几种。

1. 电视监控系统

电视监控系统是在建筑物内的主要公共活动场所、通道、电梯及重要部位和场所等安装摄像机并进行有效监视和记录，该系统对重要部门和设施的特殊部位应能进行长时间录像，在接到报警系统和出入口控制系统的示警信号后要能够实时录像。组成电视监控系统的主要设备包括电子摄像机、屏幕显示器、录像机、中央微处理机、中央供电器等。

2. 电子报警系统

电子报警系统是在物业管理区域内重点部位安装的系统，主要用于防盗、防火、防破坏、防意外事件等。根据各类建筑安全防范部位的具体要求和环境条件，可分别或综合设置周界防护、建筑物内区域或空间防护、重点实物目标防护系统。

3. 出入口控制系统

出入口控制系统主要是在楼内（外）通行门、出入门、通道、重要办公室门等处设置出入口控制装置。系统应对被设防区域的位置、通过对象及通过时间等进行实时控制并设定多级程序控制；系统应有报警功能。其主要装置有以下几类：

（1）密码钥匙。这是一种特殊而有效的安全保护装置，它不但靠钥匙的形状不同打开锁，而且靠密码的差异来区分每把钥匙所能打开的锁。这种锁具有记忆功能，它能记录开锁的时间和持有钥匙的人。

（2）安全卡。安全卡实际上也是一种钥匙，它的作用与密码钥匙相同，只是安全卡是一种磁性卡，比密码钥匙更难仿造。

（3）远距离控制门锁。这类门锁适用于高层或多层住宅。有来访者时，来访者可以通过通信装置接通要拜访的住户，当住户通过对讲装置或电视监视器确认可以放行时，住户在自己家即可打开入口的门让来访者进入。

4. 电子巡更系统

电子巡更系统是在物业管理区域内各个重要地点和部位设置的专门的巡更确认点，它可以弥补监控不到的部位（死角）的安全防范问题，保证巡更人员能够按巡更程序所规定的路线与时间到达指定的巡更点进行巡视，不能迟到，更不能绕道。其作用是一方面可以对巡更人员出勤进行准确的管理，另一方面可以充分保证巡更人员的安全。目前，比较先进的巡更系统由手机、墙机、打印机等组成。墙机主要安装在需要巡视的部位，手机主要由巡更人员掌握，在到达指定部位时，将手机插入墙机方孔，手机即可记录巡更人员巡逻的信号、日期、时间，监督人员即可通过手机显示屏或专用打印机输出记录内容，以便查阅巡逻状况。

5. 对讲机

它是目前专职人员常用的寻呼、联络、通信设备，一般由电源板、主机、天线三部分组成，主机上设有寻呼频道旋钮与音量旋钮。需对讲、联络时，双方必须把旋钮调到同一频道。一般对讲机有多个频道。

6. 警棍

警棍按其制造材料和外形，大致可分为木质警棍、塑料警棍、橡胶警棍、气动警棍、铝制警棍、直式警棍、爪式警棍、垂直手柄警棍、隐蔽式警棍、伸缩式警棍、电击警棍以及催泪警棍等。它们主要作为公安人员执行公务时逮捕、制服罪犯和自卫的武器。通常情况下，保安人员不得佩带警棍。对于承担易燃、易爆物品守卫、巡逻、守护和押运任务的保卫干部、经济民警，可以由所在单位向市（县）以上主管公安机关提出配置警棍申请，经批准后，到公安部指定的经销单位购置。

（五）物业治安管理的机构设置

物业治安管理的机构设置与所管物业的类型、规模有关，物业管辖的面积越大，配套设施越多，班组设置就越多、越复杂。物业公司可以聘请专业的保安公司具体实施安全管理，也可以设置保安部来负责物业的安全管理。

大型物业公司一般在保安部下设立办公室、门卫室、巡逻班、电视监控班、车辆保安班等。这种分班方式的特点是每个班的治安任务比较单一，便于班内的管理，便于治安设备的管理，但这种分班方式的缺点是每个专业班成员（如门卫保安员）不能同时上班，要分成早、中、晚班等，因而不利于治安工作的统一管理。

还有一种机构设置称为“四班三轮转”，即将不同工作性质的保安人员按照每一班次的工作需要分成四个班组，每天有三个班组分别上早班、中班、晚班，一个班轮休，每个班都有消防、巡逻、门卫、电视监控、车场、内巡等保安人员。这种分班方式便于治安工作的统一管理，但是要求班长具有较全面和丰富的保安工作经验。

（六）物业治安管理措施

1. 预防为主、防治结合

治安工作的关键是做好预防工作，防患于未然。

2. 坚持物业治安与社会治安管理相结合的原则

物业安全离不开治安大环境的改善，同样地，社会治安也不能失去物业区域内治安工作的支撑。物业区域内的治安工作有赖于社会力量和公安部门的支持。

3. 坚持“服务第一，以人为本”的服务宗旨

管理就是服务，治安管理也是一种服务。治安管理者必须紧紧围绕努力为业主、使用人提供尽善尽美的服务这一中心来开展治安管理工作。

4. 坚持治安工作硬件与软件一起抓的原则

物业管理中治安工作的好坏既要靠治安工作的软件管理，也要靠治安防治的硬件设施。

任务三　物业车辆与公共设施安全管理

任务导入

提供停车位后客户轿车丢失怎么办？

近日某商业大厦内的客户轿车丢失，但客户进入大厦时，大厦停车场的车辆管理员为该车辆发放的停车卡上写有“本大厦停车场只提供车辆的停放场地，不负责车辆的保管，请各位车主自行保管”。现该客户因车辆丢失向物业公司索赔，物业公司拒绝赔偿，双方发生激烈争执。

问题与思考：

1. 你认为物业公司的做法正确吗？
2. 物业公司应该给予客户赔偿吗？为什么？

知识探究

一、物业车辆安全管理

（一）物业车辆安全管理的必要性

（1）物业管理区域内车辆在逐年增加。

（2）城市规划远远跟不上房地产开发的步伐，不少物业没有停车场或停车位严重不足。

（3）有的物业公司管理不善，造成物业区域内车辆乱停乱放。

（4）物业管理区域内车辆被盗现象时有发生。

（5）物业管理区域内时常会发生行车事故。

（二）物业车辆安全管理的内容

物业车辆安全管理包括道路管理、交通管理、车辆管理、停车场管理四部分。

1. 道路管理

道路管理的主要任务就是制定物业道路设施的管理办法，负责物业道路的养护维修和设施的日常管理，对非法占用道路的行为进行纠正和处罚。物业公司应建立专门的道路及设施养护、维修队伍。其主要工作内容如下：

（1）掌握各类设施的布局、结构情况。

（2）负责对道路进行日常巡查，随时发现和纠正违反物业管理规定的现象，并根据物业道路管理规定作出相应的处理。

（3）执行物业公司道路维修计划。

（4）负责道路设施的日常养护工作，随时了解设施的运行状况，发现异常及时上报和处理。

2. 交通管理

交通管理的任务是正确处理人、车、路的关系，在可能的情况下做到人车分流，保证居住区内交通安全、畅通，重点是机动车行车管理。物业公司除应加强对司机和广大住户的宣传教育外，还要制定居住区道路交通管理规定，其主要内容如下：

（1）建立机动车通行证制度。

（2）根据区内道路情况确定部分道路为单行道，部分交叉路口禁止左转弯。

（3）禁止车辆乱停乱放，尤其是道路两旁。

（4）限制车速，铺设减速带，确保行人安全。

（5）在物业管辖范围内发生交通事故，应报请公安和交通部门处理。

3. 车辆管理

车辆管理包括机动车、电动车、自行车的管理，应实行物业公司与公安交通部门管理相结合的原则。物业公司的主要职责为禁止乱停乱放和防止车辆丢失、损坏。

（1）机动车管理。机动车管理是通过门卫管理制度和车辆保管规定来落实的，门卫包括停车场门卫和物业区域大门门卫。门卫对进出的机动车必须坚持验证放行制度，对外来车辆要登记。对车辆的保管，物业公司应与车主签订车辆保管合同或协议，确定停车地点，收取停车费，明确双方责任。

（2）电动车、自行车管理。居住区内为确保电动车、自行车的存放安全，应设有专人看守的存车处。车主需委托保管车辆时，先办理立户登记手续，领取存车牌，并按指定位置存放，物业公司负责其安全。

4. 停车场管理

无论是住宅小区还是商贸楼宇，一般都设有专用的机动车停车场。停车场分地上停车场（停车楼）和地下停车库两大类，其管理要点基本相同，主要有以下四点：

（1）场内车位划分要明确。为安全有序地停放车辆，避免乱停乱放，停车场内应用白线框明确划分停车位。停车位分固定车位和非固定车位、大车位和小车位。车主必须按类使用车位，需经常停放的车辆，应办理手续有偿使用固定车位，外来车辆和临时停放的车辆有偿使用非固定车位。

（2）场内行驶标识要清楚。为便于管理，停车场一般只设一个进出口，进出口的标识一定要明确，场内行驶路线要用扶栏、标识牌作引导，地面白线箭头指示要清楚。

（3）进出停车场管理要严格。车辆进入停车场要验证发牌，并做登记，驶离停车场时要验证收牌，对外来车辆要计时收费。在车辆进出高峰期，管理人员还要做好现场的车辆引导、行驶、停放与疏散工作。

（4）车辆防盗和防损坏措施要得力。为避免在场内发生车辆被盗和被撞等事件，一方面，管理人员要加强车辆进出登记管理并对车况进行检查，实行24小时值班制度和定期（如每隔15分钟）巡查制度；另一方面，要提醒车主在场内要服从管理人员的指挥与安排，缓慢行驶，注意安全，按规定车位停放车辆，离开时锁好车门，调好防盗系统，随身带走贵重物品。

（三）物业车辆安全管理的目标

为了物业管理区的宁静与安全，规范辖区内的车辆停放，为业主提供高效且安全的服务，保障车辆停放有序、交通顺畅，避免交通事故、车损事故、车辆丢失事故的发生，物业车辆管理目标一般如下：

（1）交通组织规划合理、交通设施标识完好。

（2）交通通行顺畅，无事故发生。

（3）机动车和非机动车分类停放，停车场整洁有序，无车损和偷盗事故。

（四）物业车辆安全管理岗位设置及职责

1. 车辆管理人员岗位设置

车辆管理一般设置门岗、巡逻岗、车场管理岗。

2. 车辆管理人员岗位职责

（1）熟悉物业管理区域内的车辆流通情况、车位情况，全力引导，优先保证业主使用车位。

（2）负责停车场（库）的汽车、摩托车以及保管站内的自行车管理。

（3）24 小时轮流值班，服从统一安排和调度。

（4）按规定着装，佩戴工作牌，对出入车辆按规定和程序指挥放行，并认真填写“车辆出入登记表”。

（5）遵守规章制度，按时上下班，认真做好交接班手续，不擅离职守。

（6）按规定和标准收费，开具发票，及时上交营业款。

（7）负责指挥小区内的车辆行驶和停放，维持物业管理区域的交通、停车秩序。

（8）负责对停车场的停放车辆进行巡视查看，保证车辆安全。

（9）发生意外事故时，负责维护现场，报告并配合相关部门进行处理。

（10）负责停车场（库）值班室的清洁卫生。

（11）定期检查车库（场）内治安设施是否完好，如有损坏，要及时报告管理处。

（五）物业车辆安全管理制度建设

为加强对出入小区车辆的管理，维护小区正常生活秩序，确保住户的人身财产安全，对出入小区的车辆、停车场等建立一些制度。

1. 门卫管理制度

这里的门卫包括停车场的门卫和物业区域大门的门卫。

2. 车辆保管制度

物业公司应与车主签订车辆停放管理合同或协议，明确双方的责任。对外来车辆也应有相应规定。

物业管理小专家

某小区车辆管理制度

（1）凡装有易燃、易爆、剧毒等危险性物品的车辆，严禁驶入小区。2 吨以上的卡车一律不得进入小区，特殊情况除外。

（2）本小区有车辆的住户，应向本公司申请办理通行 IC 卡（集成电路卡），车辆凭 IC 卡出入大门及在小区停放，按规定收取 IC 卡工本费、停车费。

（3）本小区住户车辆进入小区后，有车库的住户必须将车停放在车库内，无车库住户必须将车停放在指定停车位置，严禁乱停乱放。

（4）非本小区住户的车辆，进入大门时应主动向门卫出示证件，讲明进入原因，符合进入条件的领取临时通行IC卡，并做好登记，方可进入小区，严禁冲闯大门。出小区时收回IC卡，并按停车时间收取停车费。遗失、损坏IC卡，照价赔偿。

（5）进入本小区的货车，卸完货物后应及时离开小区，因故不能离开的，应将车停放在指定停车位置。

（6）进出、停放车辆必须服从小区管理人员的管理。进小区的车辆应减速行驶，时速不得超过5千米，不得鸣笛，如车辆损坏路面或公用设施，应照价赔偿损失，并视情节处以罚款。

（7）车辆在小区内应当在划定的停车位内按序停放，并不得有下列行为：①车辆停放在小区治安通道口；②阻碍物业管理区域内的主要交通道路；③车辆停放在绿地上；④影响其他业主使用物业或公共设施设备。

（8）管理人员必须坚持原则，严格执行车辆出入、停放管理规定，发现可疑情况及时报告。不得利用工作之便与车主拉关系，收受贿赂，放松管理，违者从严处理。

（9）违反以上规定者，按小区有关规定处理，情节特别严重的，移交公安部门处理。

停车场（库）管理规定

（1）停车场（库）必须有专职保安人员24小时值班，建立健全各项管理制度和岗位职责，将管理制度、岗位责任人姓名和照片、保管站负责人、收费标准悬挂在停车场（库）的出入口明显位置。

（2）停车场（库）内按治安要求设置治安栓，配备灭火器，由服务中心治安负责人定期检查，由车管员负责管理使用。

（3）在停车场（库）和小区车行道路做好行车线、停车位（分固定和临时）、转弯、减速、治安通道等标识，并在主要车行道路转弯处安装凸面镜。

（4）在停车场（库）出入口设置垃圾桶（箱），在小区必要位置设路障和防护栏。

（5）机动车进场（库）时应服从车管员指挥，遵守停车场（库）管理规定，履行机动车进出场（库）有关手续，按规定交纳保管费。

（6）集装箱车、2.5吨以上的货车（搬家车除外）、40座以上的客车、拖拉机、工程车，以及运载易燃、易爆、有毒等危险物品的车辆不准进入小区（大厦）。

（7）不损坏停车场（库）治安、通信、电气、供水等场地设施。

（8）保持场（库）内清洁，不得将车上的杂物等垃圾丢在地上，有漏油、漏水情况时，车主应立即处理。

（9）禁止在停车场（库）内洗车（固定洗车台除外）、修车、试车、练习。

（10）根据公司规定，如因车主不慎造成车辆损坏或丢失，停车场（库）概不负责；

如车主有特殊保管或保险需求，可另行协商拟定收费标准，签署协议。

收费人员管理制度

（1）举止文明，姿态端正；热情服务，礼貌待人，耐心解释客户提出的各种问题，树立公司的良好形象。

（2）加强学习，不断提高业务技能，熟练掌握收费系统的操作。

（3）坚守岗位，认真履行职责，做好车辆出入登记，对临时出入本小区的车辆要严格进行对比检查，收回IC卡后才可放行。遇车辆丢失，根据电脑资料追究当班人员的责任。

（4）坚持原则，严格执行收费标准，按照票额开具发票，不得徇私舞弊，不得利用工作之便与车主乱拉关系，收受贿赂，放松管理，严格控制出口人工报闸，违者从严处理。

（5）爱护设备，不得擅自修改系统各种设置、删除资料和进行非法操作，严禁私自在电脑上安装各种软件，不得进行玩游戏、打字等其他操作，违者从严处理，并承担一切后果。

（6）如停电或设备出现故障，应及时报告上级，维持好车辆出入秩序，认真做好登记，防止IC卡丢失。对此期间所收回的未付款IC卡应分类保管，交收费管理员处理。

（7）认真交接班，如实做好各项登记。

（8）维持收费岗亭良好秩序，保持收费岗亭及出入车道的卫生整洁。

二、物业公共设施安全管理

1. 物业公共设施的概念

物业公共设施是指为物业的公共利益或公共服务而在物业所属地块范围内装设的供所有业主享用的各种设备、装置、器械、场所等，包括大堂及通道、电梯、楼梯间、人行道、行车道、梯台、绿化区、休憩地、监控室、电表房、锅炉房、电闸控制房、泵房、给排水管道、治安及保安设备控制房、水箱、升降机房、发电机房、空调机房及游泳池、健身房等。

物业公共设施对于丰富物业的使用功能必不可少，然而这些设施设备若缺乏维护管理、缺少警示标识、经常“带病工作”或一旦出现故障，将会给使用人带来很大安全隐患。

2. 物业公共设施的安全隐患

（1）电梯系统运行故障。

（2）给水排水设备故障。

（3）燃气输送系统故障。

（4）供配电设备故障。

（5）健身设施和游乐设施破损。

（6）水景、假山、雕塑缺少警示、防护措施。

（7）井盖挪移偷盗。

（8）用玻璃幕、面砖、大理石等装饰的外墙破损坠落。

（9）空调室外机、花架、晒衣架、防盗窗等室外悬挂物破损坠落。

（10）玻璃大门、旋转门伤人。

物业管理小专家

某物业公司公共设施日常维修计划

序号	类别	项目	日常维修			
			计划	方案	标准	实施效果
1	区内道路	路面、人行道、道牙等	每天检查两遍	由养护处维修工按项目维修规程实施	路面修缮质量标准、人行道铺设修缮标准等	平整、无坑、无尘洼、无积水、无缺损
2	室外照明	道路灯、庭院灯、高杆灯、投光灯、其他照明灯	每天检查一遍	由养护处维修工按专业操作规程实施	电气作业安全操作规程、灯具施工技术标准	灯泡正常使用，灯罩完好、清洁，灯杆及灯座无破损
3	园林绿地	绿化、雕塑小品、循环水池	每天检查一遍	由环境管理部进行绿化补种、园艺维修	绿化工作标准、园林工作标准	绿化管理设施、设备齐全完好；雕塑小品等园艺完好；绿化完好；循环水系统畅顺
4	活动中心	—	每天检查一遍	由养护处专业维修工按相关维修规程实施	活动中心维修工作标准	各项设施、设备完好，正常使用
5	车库	—	每天检查两遍	由养护处专业维修工按相关维修规程实施	灯具照明亮度达到要求；停车场地（路）面修缮标准	车库内照明无死角，灯具无损坏
6	消防设施及排水管网	排水管、室外消防栓、水泵结合器	每周检查一遍	由养护处专业维修工按相关维修规程实施	排水管施工技术标准、消防设施施工技术标准	管道畅通，无堵塞、无泄漏；消防设施正常有效

续表

序号	类别	项目	日常维修			
			计划	方案	标准	实施效果
7	公共标识设施	标识牌、警示牌	每周检查一遍	由养护处专业维修工按相关维修规程实施	标识清楚，无污渍、损坏；安放牢固	标识设施完好
8	景观廊架	—	每周检查一遍	由养护处专业维修工按相关维修规程实施	无翘边、损坏的木结构	无乱搭乱建，整洁、通畅，外观完好
9	其他公共设施	垃圾堆放点及围栏、围墙	每周检查一遍	由养护处人员按相关维修保养规程实施	无破损、脱落；泄水通畅	确保垃圾转运站正常使用
10	公共智能化系统	摄像监控系统、电子巡更系统、车辆管理系统、智能控制中心	每天检查一遍	由养护处人员按智能化系统维护、保养标准实施	—	系统性能良好，正常运行；设施完好，整洁有序，无破损
11	背景音乐	音响、播放器	—	由养护处人员和保安队不定时对小区内的背景音乐进行检查	音响效果完好、正常播放	音响效果完好，播放器正常播放背景音乐
12	管理及商业用房	—	每周检查一遍	由养护处人员按相关维修保养规程实施	相应建筑部分维修保养规程；电气设备维修保养规程	各项设施、设备完好，正常、安全使用

3. 物业公共设施安全管理的意义

（1）物业公共设施安全管理在为人们提供良好的工作、学习和生活环境时，起到基础性的管理作用。

（2）物业公共设施安全管理是物业高效率发挥功能，促进物业与设备现代化、规范化的强有力手段。

（3）物业公共设施安全管理是提高现有设备、设施性能与完好率，延长使用设备寿命，节约资金投入，保障设备安全运行的保证。

（4）物业公共设施安全管理是城市现代化建设的需要，能够为文明卫生、环境建设保驾护航。

（5）物业公共设施安全管理是强化物业公司基础建设的重要手段。

4. 物业公共设施安全管理的目标

用好、管好、维护好、检修好、改造好现有公共设施，提高公共设施的完好率及利用率。

5. 物业公共设施安全管理的注意事项

（1）物业公共设施安全事故可能造成或已经造成人员被困或人身伤害的，物业公司应坚持“解救人员第一，保障财产安全第二”的原则，立即解救被困人员，并通知医疗机构对伤员进行抢救。

（2）排除物业公共设施安全事故时，应注意保全证据，对事故原因进行调查取证，以便事后确定事故责任方。

（3）对电梯等特种物业公共设施事故的处理，应在专业维保机构的指导下进行，当专业维保机构人员到达现场后，应立即向其叙述事故的起因、严重程度、危害范围、紧急处置过程等详细信息，并积极协助其进行处理。

任务四　物业安全突发事件应急管理

任务导入

酗酒访客自伤怎么办？

一天晚上10点多，某大厦A幢值班人员通过监视器发现正在下降的1号电梯内情况异常：两位年轻访客斜倚着电梯轿厢，身上有明显的血迹。电梯落到一层，电梯门打开，两位年轻访客身上带着血渍，踉踉跄跄地走出来，其中一人的手背还在流血，所过之处血迹斑斑。后经查明：两人是×层×座业主带回来的朋友，业主临时有事外出，两人醉酒后打碎了楼道的消防橱窗，被玻璃划伤。

问题与思考：

1. 遇到这种突发事件，物业管理人员最应该具备的素质是什么？
2. 遇到这种情况，物业管理人员具体应该如何做？

知识探究

一、物业安全应急管理概述

物业安全突发事件应急管理，主要是要求物业公司管理人员针对一些常见的安全突发事件做好应急预案，这样就能在关键时刻从容应对了。物业公司面对紧急状况所采取的应对措施，对广大客户而言实质上是一种十分重要的保护，它能尽可能地避免突发事件给客户带来的危害。为确保及时、有效地解决问题，物业公司在建立健全各种应急处理预案的同时，还要提前培养有应急服务技能的队伍，并要能够对事件的起因和变化做调查分析，以不断丰富应急处理预案，确保为客户提供更满意的应急服务。这种把充分准备做在事发前的服务，无疑是高水平、高质量的物业服务。突发事件主要有火警误报、失火、泄漏气体、水浸、电梯困人、高空坠物、抢劫盗窃等。

二、常见的突发事件应急管理

1. 火警误报

（1）当消防监控中心收到火警信号后，消防监控室当值人员应立即用对讲机通知火警附近的秩序维护员赶到报警现场。

（2）到达现场后检查火警是否属实，如属误报，应立即用对讲机通知消防监控中心，并调查误报原因。

（3）消防监控中心作好记录。

2. 失火

（1）消防监控中心接到火警或任何员工于园区范围内发现火警时均应保持冷静。

（2）立即用对讲机或电话请求增援。

（3）到就近的消防火箱内提取灭火器前往火场扑救。

（4）消防监控中心将发生火灾情况通报给相关责任人，立即拨打119报警求助。

（5）义务消防队到场扑救。

（6）消防监控中心详细记录相关负责人到达现场时间，并将之作为日后调查依据。

（7）向秩序维护主管请示是否通过消防广播系统通知所有业主全面疏散。

（8）通知消防监控中心或工程部将所有的电梯迫降在首层，切断总电源。

（9）组织疏散队伍，协助业主疏散至指定安全地点。

（10）提供园区平面图，供公安、消防人员制订营救计划。

（11）维持现场秩序，禁止任何人进入园区，消防员除外。

（12）在指定安全集合点，要求各单元的消防责任人清点人数，以确保所有人均已安全撤离。

（13）火扑灭后，公安、消防部门解封小区后才可安排业主分批进入。

（14）及时通知保险公司。

（15）评估损失情况。

（16）拍照存档并填写损失清单。

3. 泄漏气体

（1）当接获泄漏气体报告或察觉有异味时，应迅速穿戴防毒面具、消防服装前往现场查看，同时关闭气体总开关。

（2）查看人员在离场50m时，应先用对讲机通知控制中心准备进入危险范围，然后关闭对讲机、手机及传呼机。

（3）到达现场后，切勿按动门铃或触动任何电器，以免产生火花而发生爆炸。

（4）缓慢打开现场窗或门让空气流通。

（5）封锁现场，禁止任何人进入现场，同时通知其他业主撤离。

（6）如有人晕倒，应立即将其搬运到户外空气流通处急救，并等待救援。

（7）通知工程部或有关部门进行抢修。

（8）拍照存档。

（9）及时通知保险公司。

4. 水浸

（1）暴雨洪水

①当接到有关政府部门暴雨洪水预报后，物业公司服务处应立即成立临时应急小组。

②对重点保护部位（包括但不限于变电所、空调主机房、水泵房、电梯和地下车库等）采取紧急防范措施。

③在各机房门口放置手提式抽水泵应急。

④工程部需做好相关准备。为免雨水倒灌，可先放下停车场入口铁闸封住倒灌口。同时，工程部主任需安排人员到负一层集水井和车库巡查，观察集水井处积水情况，并将情况反馈给客服部。客服部需安排人员巡查车库及主干道地漏去水情况并做好初步防洪处理，将了解的情况及时向上汇报。

⑤将抽水泵和接驳管准备好，入口水渠满时，应立即连接抽水泵并启用，当值主管在必要时应马上组织本部、工程部及清洁公司做好防洪闸。若发现马路上的雨水涌入停车场入口，可调动人员在入口最顶处堆放沙包，以阻挡水流。

⑥停车场入口开始做防洪工程时，应事先通知停车场员工，并安排人员到入口和出口指引车辆暂由出口进出，同时在入口处摆放告示牌。

⑦当负一层集水井开始有水倒灌时，除通知不要安排车辆停泊负一层外，还要通知各车主将停泊于负一层的车辆驶走，将情况反馈给值班人员处理。

⑧雨水倒灌入停车场时，应把电梯停在首层，以免电梯受淹而引发故障。

⑨各部门需按实际情况调配人手协助抢险工作。

⑩检查及修缮各设备的控制及接电部分是否遭受水淹，尽量避免损坏，在必要时可先关闭设备及切断电源，以免发生意外。检查各排水系统及设施是否处于待命状态。

⑪派人留守值班。

⑫如有受损情况，做好记录并现场拍照，提交给保险公司。

（2）水管爆裂

①当发现有水浸现象时，应立即通知工程部当值人员关闭相应的总阀，并将浸水情况

通报给服务处主任。

②将电梯升至顶层并关闭电梯。

③用沙包筑墙以遏止水势蔓延，避免给其他业主及公共设施设备造成更大损害。

④通知保洁应急人员赶往现场，用吸水机清理、抽干积水。

⑤通知受损单元业主赶往现场，以避免造成更大的损失。

⑥工程部抢修。

⑦现场拍照并做好相关受损物品的登记工作。

⑧提交保险公司。

5. 电梯困人

（1）接报有人困梯，应立即查看监控中心闭路电视和显示信号。

（2）确定所困人的电梯编号及所停位置。

（3）通知值班电工立即赶往发生故障的电梯，从闭路电视中观察轿厢内的情况，通过轿厢内设置的对讲机与被困者保持联络。尽量安抚被困者，使其冷静，并告知最新的施救情况。

（4）向被困者询问轿厢内的照明和排气是否正常。

（5）劝说被困者坐下休息。

（6）查探被困者中有无人员患有心脏病等，若有应致电 120。

（7）若电工不能在短时间内救出被困者，应立即致电有关维修商寻求支援。

（8）当被困者被救出后，应询问其是否需要帮助。

（9）督促电梯维修公司排查故障原因，尽快修复。

（10）协请客服部做好回访工作。

6. 高空坠物

高空坠物是一项极不文明的行为，严重者可能触犯法律，当物业服务处员工接获该类投诉时，必须做到以下几点：

（1）立即进行调查，设法寻找违例者。

（2）向违例者发出警告，必要时知会警方。

（3）如果未能找出违例者，应张贴告示警告所有业户，并指出该行为的严重性。

（4）拍照存档。

（5）记录一切详情。

（6）如高空坠物致人受伤，物业服务处员工应做好以下工作：①拨打 120 并及时通知警方；②协助照顾伤者；③设法寻找违例者或证人；④封锁现场，等待警方人员到场；⑤对现场进行拍照存档。

7. 抢劫盗窃

（1）入户抢劫盗窃

①当接报有人已经犯案或意图犯案时，应立即派人赶往现场。

②督促业主拨打110报警。

③问明嫌疑人特征及逃离方向，用对讲机或电话通知各出入口及巡查人员密切注意有无可疑人员。

④协助业主保护好现场，不要破坏一切环境证供，直到警方到达现场。

⑤配合公安机关做好调查工作。

⑥将过程记录在工作日志内。

（2）车内盗窃

①接报车内被盗事件，立即派人赶往现场。

②细心观察出事车辆情况。

③封锁现场，不允许任何人接触车辆任何部分。

④保护现场证物并拍照存档。

⑤建议车主报警。

⑥检查车辆的出入记录，翻查控制中心监控录像，查看与案情有关的资料。

⑦询问当值秩序维护员于案发时间内对该车内外有何发现。

⑧组织巡查各公共部位，查看是否有犯罪嫌疑人隐藏在园区。

⑨将过程记录在工作日志内。

（3）机动车丢失

①车主报告车辆丢失或怀疑被盗时，向车主索取有关资料并详细作好记录（如车辆类别、车牌号码、进入车辆时间等）。

②向车场管理员查询有关资料。

③翻查监控录像。

④陪当事人到停车场进行全面搜查。

⑤建议车主报案。

⑥将过程记录在工作日志内。

项目小结

物业安全管理是从业主居住安全的需求出发，尊重客户和他们的隐私权，保护其居住权，促进物业区域环境的最优化、居住场所的有序化、人际关系的和谐化，最终满足他们的安全需求，由物业公司提供的一种系统的、综合的、连续的服务。一般情况下，物业安全管理主要是指居住活动的安全管理，包括公共场所交通秩序维护、车辆管理、消防管理、治安防范服务等内容。物业安全管理是物业管理的重要组成部分，是提升物业质量的重要手段和途径。

走进物业公司

实训项目 1：根据目标设定基准，编制某小区安全管理目标和考核标准

［**实训目的**］考核物业安全管理目标和考核标准的编制。

［**实训内容**］每组编制一份，每组 5 人，共同讨论完成。

［**实训考核**］每组交一份小区安全管理目标和考核标准。

实训项目 2：编制安全事故调查报告

［**实训目的**］掌握编制安全事故调查报告（主要内容）的方法。

［**实训内容**］每组编制一份，每组 5 人，共同讨论完成。

［**实训考核**］每组交一份小区安全事故调查报告（主要内容）。

考考物业管理员

一、不定项选择题

1. 根据《物业管理条例》第（　　）条规定：物业服务企业应当按照物业服务合同的约定，提供相应的服务。物业服务企业未能履行物业服务合同的约定，导致业主人身、财产安全受到损害的，应当依法承担相应的法律责任。

A. 56　　B. 35　　C. 24　　D. 32

2. 消防管理的基本方针是（　　）。

A. 谁主管，谁负责　　B. 依靠群众

C. 依法管理　　D. 预防为主，防消结合

3. 违反治安管理，主要根据（　　）进行处罚。

A.《中华人民共和国刑法》

B.《中华人民共和国治安管理处罚法》

C.《中华人民共和国劳动合同法》

D.《中华人民共和国刑事诉讼法》

4. 从狭义来看，物业安全管理主要是指（　　）的安全管理，包括公共场所交通秩序维护、车辆管理、治安管理、治安防范服务等内容。

A. 居住物业　　B. 居住环境

C. 居住活动　　D. 居住者心理

5. 当火灾发生时，下列做法错误的是（　　）。

A. 要最大限度地保持镇静　　B. 选择拥挤的路线逃生

C. 充分利用身边的工具逃生　　D. 保持足够的体能

二、综合案例分析题

案例名称	高空抛物 车辆受损
工作任务	某日下午4点左右，当值保安员在检查小区停车场停放车辆时，发现一辆白色桑塔纳车驾驶座前门靠车轮部分被一花盆砸坏，地上散落有泥土及花盆碎片
完成时间	40分钟
任务目标	掌握突发事件处理办法
任务要求	（1）遇到这种情况，保安员应该做哪些事情？负责小区安全的负责人又该如何做？ （2）物业公司在事情处理过程中和事情处理完毕需要做哪些事情？
研讨内容	
研讨成果	
讨论过程	
自我角色	
自我评价	
小组评价	
教师评价	

项目九　物业环境管理体系

动脑筋

某小区选聘物业公司，其中有一条是“经过 ISO 14000 认证的物业公司优先考虑”，什么是 ISO 14000 认证？对物业公司来说 ISO 14000 认证有什么用？

任务导读

- 物业环境管理体系
  - ISO 14000环境管理系列标准概述
    - ISO 14000的产生
    - ISO14000系列标准的基础知识
    - ISO 14000系列标准的应用
  - 物业公司与环境管理体系
    - ISO 14000系列标准的基本思想
    - 物业管理实施ISO 14000的意义
    - 物业管理实施ISO 14000的现状与对策
  - 物业ISO 14000环境管理体系内部审核
    - 环境管理体系审核的概述
    - 环境管理体系审核的发起和策划
    - 环境管理体系内部审核的准备
    - 环境管理体系内部审核的实施
    - 管理评审
  - 物业公司如何实施认证
    - 环境管理体系审核
    - 认证申请须知
    - 环境管理体系审核的程序和要求
    - 获证后的后续活动

本章学习目标

知识目标：1. 掌握 ISO 14000 环境管理系列标准的概念、基本思想。
2. 了解物业公司实施 ISO 14000 的意义、现状、建议。
3. 了解环境管理体系认证审核流程。
4. 熟悉环境管理体系审核的目的和作用、审核准则、审核判别。

能力目标：编制某物业公司环境管理内部审核计划。

任务一　ISO 14000 环境管理系列标准概述

任务导入

某物业公司经理在一次物业行业交流会上了解了 ISO 14000 环境管理体系认证的相关信息，计划年内启动 ISO 14000 环境管理体系认证。

问题与思考：

1. 什么是 ISO 14000 环境管理体系认证？
2. ISO 14000 环境管理体系认证是如何产生的？

知识探究

随着全球环保呼声的高涨，以及“绿色家园”“环保社区”概念的引入，作为房地产的后续服务企业——物业公司如何提供更优质服务，打造金牌企业？如何提高业主、住户、社区等的满意度？如何推行标准化、科学化、规范化、国际化管理？这些已成为物业公司面临的急需解决的问题。ISO 14000 环境管理体系的引入和推行，是提高物业管理绩效和客户满意度及创造经济与社会效益的重要手段之一。

一、ISO 14000 的产生

当前，环境污染、资源的低效使用、废物管理不当、气候变化、生态系统退化、生物多样性的减少等给环境造成的压力越来越大，社会对可持续发展、透明度以及问责制的期望值已经发生了变化，这使得各组织力图通过实施环境管理体系认证，采用一种系统的方法来进行环境管理，以期为“环境支柱”的可持续性发展做出贡献，ISO 14000 就是在这种背景下产生的。20 世纪 60 年代末起，西方发达国家相继建立了环境保护的政府机构，采取各种手段直接干预环境保护的管理工作。到 1972 年之前，各国政府基本上都针对本

国的环境问题制定了各种相关法律法规，工业发达国家加快了治理环境污染的步伐。日本、德国、美国、英国等都对废气、废水制定了具体的、明确的排放标准。美国在 20 世纪 70 年代制定并颁布了 23 种固定污染源和 3 种污染物的排放标准。制定环保法律法规的目的在于防止和治理环境污染，保护和合理利用自然资源。

环境问题的全球化使得世界各国政府逐步认识到，要解决环境问题还必须通过国际社会的共同努力。1972 年 6 月 5 日至 16 日，在瑞典首都斯德哥尔摩召开的联合国人类环境会议，在《人类环境宣言》中指出“保护和改善人类环境已经成为人类一项紧迫的任务”，从观念上改变了以往把环境问题看成孤立的、局部的问题的做法。通过这次会议，世界各国树立了全球环境一体化、共同保护生物圈的整体观念。会议上通过的《人类环境宣言》和《世界环境行动计划》两个文件，唤起了全人类对环境及资源问题的普遍重视。自联合国人类环境会议后，环境保护的地位不断上升。保护和改善全球环境，已引起世界各国的普遍重视，政府间的国际组织纷纷成立。

1982 年 5 月，联合国为纪念人类环境会议 10 周年，在内罗毕召开了特别会议，邀请了联合国全体成员国参加，会议对 1972 年以来国际社会为解决环境问题彼此合作所取得的成绩进行了总结，并提出了进一步努力的方向。

1985 年，荷兰率先提出建立企业环境管理体系的概念，1988 年试行实施，1990 年进入标准化和许可制度阶段。

1992 年，世界上首个环境管理体系标准诞生于英国，是由英国标准学会（British Standards Institution，BSI）制定的，按照其编号方式，其被命名为 BS 7750。1993 年 7 月 10 日，欧洲共同体（EEC）以 NO. 1836/93 指令正式公布《工业企业自愿参加环境管理和环境审核联合体系的规则》，简称《环境管理审核规则》（*Eco - Management and Audit Scheme*，*EMAS*），并规定于 1995 年 6 月开始实施，根据欧盟立法准则，各国均须在限定时间内将其转化为本国法律。EMAS 开始实施后，得到了欧洲各国的支持。

另外一项具有基础性意义的行动准则是 1987 年 ISO（国际化标准组织）颁发的世界上第一套管理系列标准——ISO 9000 质量管理与质量保证。许多国家和地区对 ISO 9000 系列标准极为重视，积极建立企业质量管理体系并获得第三方认证，以此作为开展国际贸易进入国际市场的优势条件之一。ISO 9000 的成功经验证明了在国际标准中设立管理系列标准的可行性和巨大进步意义。因此，ISO 在成功制定 ISO 9000 系列标准的基础上，开始着手制定标准序号为 14000 的系列环境管理标准。因此，可以说，欧洲发达国家积极推行的 BS 7750、EMAS 以及 ISO 9000 的成功经验是 ISO 14000 系列标准的基础。

二、ISO 14000 系列标准的基础知识

ISO 14000 是一个系列的环境管理标准，它包括环境管理体系、环境审核、环境标志、生命周期评估等国际环境管理领域内的许多焦点问题，旨在指导各类组织表现正确的环境行为。ISO 14000 系列标准共预留 100 个标准号。

该系列标准共分七个系列，其标准号为 ISO 14001～14100，如表 9－1 所示。

表 9－1　　ISO 14000 系列标准标准号分配

组成	名称	标准号
SC1	环境管理体系（EMS）	14001～14009
SC2	环境审核（EA）	14010～14019
SC3	环境标志（EL）	14020～14029
SC4	环境行为评价（EPE）	14030～14039
SC5	生命周期评估（LCA）	14040～14049
SC6	术语和定义（T&D）	14050～14059
WG1	产品标准中的环境指标	14060
—	备用	14061～14100

三、ISO 14000 系列标准的应用

（一）ISO 14000 系列标准实施的国际动态

ISO 14000 系列标准自制定之初便受到世界各国和地区的普遍关注。其中，ISO 14001 标准是 ISO 14000 系列标准的龙头标准。

1. 欧洲各国实施 ISO 14000 系列标准现状

由于欧盟要求各成员国设立专门机构推行 EMAS，因此，欧洲各国政府对环境管理体系标准都持鲜明的支持态度。在产业界，由于 EMAS 与 ISO 14000 系列标准形成了良好的互动关系，因此也坚定了欧洲厂商建设环境管理体系的信心。

目前欧洲获得环境管理体系认证（含 EMAS 与 ISO 14000 系列标准）的组织数量占全球第一位，EMAS 注册的组织数多于获 ISO 14000 系列标准认证的组织数，但是，获 ISO 14000 系列标准认证的组织数增长的速度已经开始赶上并超过 EMAS 注册的组织数增长的速度。

2. 亚洲国家和地区 ISO 14000 系列标准实施动态

亚洲各个国家和地区 ISO 14000 系列标准则由于种种原因认证速度较慢。

亚洲各国都在努力调整本国经济结构，促进经济发展，但是可以肯定的是，亚洲各国和地区的外向型经济结构，都是以出口来拉动经济增长，这一基础经济结构不会有很大的变动。

这使亚洲各国和地区政府和企业充分认识到提高企业综合素质的重要性。因此，作为

消除“绿色壁垒”、提高企业管理水平的有效工具——ISO 14000 系列标准，可以说受到亚洲各国和地区的青睐。

亚洲各国和地区推行 ISO 14000 系列标准的模式，都是以政府推动为主导，进行宣传与试点工作，扩大标准在企业中的影响，进而带动企业主动实施。

（二）ISO 14000 系列标准在我国的应用

依据《中华人民共和国标准化法》，我国以等同的方式采用了 ISO 14000 系列标准，编制了 GB/T 24000 idt ISO 14000 标准。GB/T 24000 与 ISO 14000 标准只是语言环境不同，其他内容与性质全部相同。

为了促进 ISO 14000 环境管理体系的实施，我国政府行政主管部门陆续开展了有关活动。这些活动可以分为两个阶段，第一阶段是我国主管环境管理体系认证工作的有关部门（中国环境管理体系认证指导委员会及其分委员会）成立之前，这一阶段主要活动大多是前期准备工作，主要是围绕着标准的宣传、培训和试点工作进行。第二个阶段是指导委员会及其分委员会成立之后，这一阶段主要活动是标准的实施和机构建设，因此出台了一系列认证、咨询政策和制度。

物业管理小专家

GB/T 24000 idt ISO 14000 是什么？

GB/T 24000 idt ISO 14000 中的“ISO”是“国际标准化组织”的英文缩写，“ISO 14000”是由“国际标准化组织”编写的标准，中国将其转化为 GB/T 24000 标准，其中“idt”是“等同”之意，“GB/T”是“推荐性国家标准”代号，即中国的“GB/T 24000”标准等同“ISO 14000”标准。

（三）ISO 14000 系列标准在我国的实施前景

经过国家 ISO 14000 系列标准主管部门的努力，以及各机构、各地方有关单位和企业的不懈工作，ISO 14000 系列标准在我国的实施工作取得了有目共睹的成绩，我国的环境管理体系认证正走向成熟阶段，ISO 14000 系列标准的实施工作出现了良好的发展势头，主要表现在以下几点：

（1）积极建立环境管理体系并申请认证的企业类型，已由单纯生产型企业向生产经营型企业、服务型企业等多种类型企业发展。在试点认证之初，申请认证的企业全部是生产型企业，而发展到目前，已有部分服务型企业如酒店、物业公司等正在建立或已经通过了环境管理体系认证。

（2）环境管理体系认证已由独立的个别企业的自愿行为向区域、集团认证发展，如苏州高新区管委会下辖的企业进行区域环境管理体系的认证，取得了良好的环境效益和社会效益。科龙、海尔等大型企业集团也由当初的部分认证发展到全集团的认证。

（3）在我国众多企业中，大部分企业环境管理水平较低，有待引进新的环境管理模式，加强环境管理。因此，在我国，ISO 14000 系列标准的实施有着巨大的市场需求，我国 ISO 14000 系列标准认证正处在快速发展期。

任务二　物业公司与环境管理体系

任务导入

某物业公司最近正式获得了 ISO 14001、ISO 45001 环境和安全管理体系认证和服务认证，通过两大体系标准的规范要求，公司建立有效的管理体系，推行规范的管理制度，完善和提高了管理水平，从而也提高了物业服务意识，得到广大业主的一致认可。

问题与思考：

物业公司为何要推行 ISO 14001 体系认证?

知识探究

物业管理的本质是服务，属于第三产业范畴。物业管理虽从法律意义上说是契约性的信托管理，但无论是住宅、仓库、商场、酒店等，物业公司在以契约形式明确了其对上述物业的管理责任后，对住宅、仓库、商场、酒店等相应的环境因素产生的环境后果，物业公司都承担着不可推卸的责任。噪声的控制、固体废弃物的处理以及物业中各种形式存在的原材料，都是可能对环境造成影响的因素，对其进行控制是物业管理中的基本任务。防火管理、安全管理如果不到位，除了会对环境产生影响，还会给人民生命和财产带来极大危害。另外，物业管理越来越重视“前期介入”和提供全方位多层次的后期服务。物业（产品）形成过程中以及后期多层次、多方位服务内容中，环境因素的管理始终是管理的一项重要内容。因此，导入 ISO 14000，对规范物业公司的环境管理行为、持续改进、优质服务、树立良好的公司形象都有积极和重要的意义。

一、ISO 14000 标准的基本思想

按 ISO 14001 所建立的环境管理体系，实际上是组织全面管理的一部分，其中包括按 PDCA（Plan，计划；Do，执行；Check，检查；Action，处理）循环模式和实现组织环境方针所需的组织结构、策划活动、职责、惯例、程序、过程和资源，其目的就是加强和改善组织的环境管理工作。

1. 核心是持续改进

按照PDCA循环周而复始地进行活动，即“规划—实施运行—检查与纠正—评审”，在实现管理功能的同时不断强化，从而改善环境。

2. 重点是污染预防

标准规定，组织在制定环境方针时应包含污染预防承诺，并向社会、相关方、全体员工公开。

3. 强调管理者的承诺和责任

标准强调管理者对环境方针的承诺，指出他（她）们应为环境方针的贯彻和环境体系的运行提供资源保证。

4. 全员参与

标准实施的一个重要基础，是组织的全体员工都以高度的责任心对环境活动自觉地做出应有的贡献。

5. 系统化、程序化的管理和必要的文件支持

ISO 14000标准提供了一个系统化的管理过程，对组织的活动，要求保持和制定一个或多个工作程序，以便有序推进。

二、物业管理实施ISO 14000的意义

1. 物业管理实施ISO 14000是时代的需要

目前，许多国家把环境状况和可持续发展的道路作为21世纪国际竞争能否成功的关键，而实现可持续发展的关键在于搞好环境保护。ISO 14000强调的恰恰就是“全面管理、污染预防、持续改进”的思想，与世界范围内的“绿色生产”“绿色产品”“绿色消费”是完全吻合的。为迎接21世纪经济生态化的挑战，普及环保知识，推行“清洁生产”“低碳经济”“绿色消费”，我国政府也已将可持续发展确定为今后社会经济和环境协调发展的基本战略。

2. 物业管理实施ISO 14000是社会需要

为适应社会主义市场经济体制以及我国的基本国情，建立规范的住宅市场，建立维护消费者合法权益的社会监督机制，住宅的性能可以从安全性、居住性、实用性、耐久性、经济性和可持续发展性六个方面加以认定，其中，“居住性”包括热环境、光环境、通风换气及住宅室外环境等；“可持续发展性”包括住宅用地的合理性、住宅建筑节能新技术的应用、可持续建筑材料的应用、水资源的节约与重复利用的措施、生活垃圾的分类收集与运输等。今后的物业管理，必须从环境保护的角度出发，做到既符合政府的要求，又能够充分考虑住户的利益。

3. 物业管理实施ISO 14000可满足物业消费者的需要

人与自然的和谐是人类社会生存永远不变的法则。人们崇尚自然，希望生活在一个空气清新、幽雅宜人的环境中，因而保护环境不仅是各国政府十分关注的问题，更是作为消

费主体的人的需要，是人类消费需求的一种表现——当生活水准达到较高的层次时，人们对生活环境质量的追求已逐步地凸显出来，“绿色消费”的观念已开始渗透到住房消费的各个方面。同时，“绿色消费”的实现使社会和用户都得到了满足，物业公司本身的形象也随之得到提升。

4. 物业管理实施 ISO 14000 是物业管理自身可持续发展的需要

面对世界环境保护的潮流，如何确保企业可持续发展，是每一个物业经营与管理者面临的问题。要顺应“绿色消费”“清洁生产”的需要，就要在企业内部进行一场绿色革命。目前，我国有部分物业公司通过了环境管理体系认证，从实践来看，采用 ISO 14000 环境管理体系解决问题，其效益远远大于传统方法——既增强了员工的责任感，又建立了一套高效、新型而系统的环境管理体系。从经营与管理者本身到每一位员工工作时都从环境保护的角度考虑问题，大家共同的目标就是探索最清洁的经营方式，因而创意性的想法越来越多。可以说，在物业经营与管理中实施 ISO 14000 环境管理体系，是顺应时代发展、营造绿色环境、适应市场需求和促进自身发展的途径之一。

5. 物业管理实施 ISO 14000 有利于企业改进和降低成本

在物业公司中按 ISO 14000 环境管理体系运作，有利于降低材料和能源的消耗，提高材料和能源的使用效率，提高废弃物品的再利用水平，从而实现降低生产成本、提高环保能力、改善“三废”排放、降低环保费用、节约治污费用的目标。物业管理是一个既管理“物”又管理人的管理活动，在物业管理中实施 ISO 14000，能使小区人们整体环保意识得到提高，使他们自觉和主动地去爱护环境、保护环境，显而易见，物业公司因环境保护、清洁、管理而需支付的费用也就随之降低了，物业公司的形象也会因环境的改善而提高。同时，在这种环保意识的熏陶下，社会整体的环境也会不断地好起来。因此，选择“生态效益型经济”，是物业公司在现代市场经营中降低经营成本、获得更多商机的良好选择。

6. 物业管理实施 ISO 14000 是物业公司增强竞争力的需要

企业经营规模化、规范化、专业化，是现代市场竞争对企业提出的基本要求。在物业管理市场上，连锁化经营、实施“品牌 + 精品”战略、加强行业规范与自律、提高从业人员的操作水平以及物业公司的专业化水平，是现代市场发展对物业管理提出的要求。在物业管理中实施 ISO 14000，一方面代表着先进的管理模式在物业管理中的应用，另一方面也是企业在社会普遍的消费观念转换、环境意识提高的状况下的重要促销手段。

三、物业管理实施 ISO 14000 的现状与对策

（一）物业管理实施 ISO 14000 的现状

目前，世界上已有多个国家引进并开始实施了 ISO 14000 环境管理体系，我国也已将该系列标准等同地转化为推荐性国家标准。据悉，1996 年 7 月，原国家环保局在企业自愿

的基础上，组织全国55家企业开展了ISO 14000环境管理体系的质量认证试点工作。1998年，又选择了厦门、苏州、大连等9个城市进行了城区环保推进工作，其中，苏州工业园区和厦门鼓浪屿为试点地区，并且成功取得认证。另外，上海市生态环境局和浦东新区也在积极推行ISO 14000系列标准。但由于一些实际问题，物业公司全面推行ISO 14000系列标准依然任重而道远。

物业管理小专家

物业公司实施环境管理体系过程中，环境改造的费用应该由谁来负担?

ISO/TC 176技术委员会认为，所有组织都会从质量管理和外部质量保证相结合的总体利益中获得好处。然而，就我国目前的整体状况来看，在物业管理中实施ISO 14000系列标准认证的企业还很少，主要还是制造业。从已获ISO 14000系列标准认证的物业公司的经验与感受来看，一个最敏感的问题就是成本和费用问题。在物业管理中实施ISO 14000系列标准认证，不但认证成本高，更重要的是达到ISO 14000系列标准所述状态以及维护、保持、改善这一状态所需支付的费用更高，如住宅区物业环境质量管理中的绿化问题，可以说，我国大多数小区的环境质量与ISO 14000系列标准要求相去甚远，而要达到标准要求的绿化率水平，费用又是相当高的。同时，我国物业管理的收费水平以及业主/住户对物业管理费用的承担能力，都是物业公司不敢生硬追求ISO 14000系列标准的关键原因。就目前实际状况而言，要让物业公司全部承担环境改造的费用，对大多数物业公司来说，恐怕是不太可能的。

因此，在物业管理行业推行ISO 14000系列标准难度还是很高的。除了普遍的、显而易见的环境意识的问题，更具体的难题表现在以下几点：①经费来源难以落实；②管理难度较大；③现行理念差异较大；④系统界定难；⑤基础设施条件差。

（二）物业管理实施ISO 14000的对策

处在“绿色年代”，如何建立与企业现行管理制度相适合的ISO 14000环境管理体系，做一个关注环保、关注人类未来的绿色企业，适应经济与环境的可持续发展，赢得未来绿色市场的巨大商机，创建用户满意、社会认可的物业，是摆在物业管理者面前的一个必须考虑的问题。物业管理实施ISO 14000的对策有以下几个方面：

1. 加强宣传教育，强化生态意识

全方位、多渠道、多层次地宣传实施ISO 14000的意义和效益，转变观念，在增强企业内部环境忧患意识和环境保护意识的同时，做到及时与业主沟通，争取让业主主动加入对自身物业环境的保护中来，并通过业主委员会与业主建立良好的联系。得到广大业主的配合与支持，这是实施ISO 14000的前提条件。

2. 加强培训，全员参与

人员培训是实施 ISO 14000 的重要保障。

3. 依法行事，量体裁衣

推行 ISO 14000 环境管理体系，一定要根据企业自身的具体情况和有关的法律、法规、规范“量体裁衣”，否则，再好的理论、再先进的管理模式都只能是空谈。

4. 依靠科技，降低成本

物业管理中与 ISO 14000 系列标准有机结合，坚持管治并重、以管促治，通过自身的工艺改造，降低企业生产成本。

5. 认证专业化，少走弯路

选择有实力的咨询公司和科学的咨询程序。质量认证咨询是一项技术性极强的专业中介服务活动，因此，必须选择一家既有专业能力又能提供规范性服务的咨询机构，只有这样才能使咨询工作比较深入，取得实效。咨询机构不仅要能够帮助企业建立宣传标准，还要能协助企业建立健全组织机构，指导企业编写好质量认证体系文件，帮助其搞好试运行及内部审核、管理评审等贯标认证中的各项工作。

任务三　物业 ISO 14000 环境管理体系内部审核

任务导入

小王所在的物业公司最近要进行一年一度的 ISO 14000 环境管理体系内部审核，作为内核小组组长，小王认为良好的启动和策划是内审成功的必要条件，它有赖于正确的决策、意识上的重视、充足的资源且合理的策划，一套正规的、文件化的内审计划是必不可少的，只有如此，才能保证每次审核的有效组织和合理实施。

问题与思考：

如何编制一套正规的、文件化的内审计划？

知识探究

一、环境管理体系审核的概述

1. 环境管理体系审核的定义

环境管理体系审核是客观地获取审核证据并予以评价，判断一个组织的环境管理体系是否符合环境管理体系审核准则并且将结果呈报给管理者的系统化、文件化验证过程。

从定义中我们注意到，环境管理体系审核是一个系统化、文件化和客观的验证过程。系统化是指环境管理体系审核必须是有计划、有方法、有组织的，即遵循一定的程序，有序进行。文件化是审核的基本要求，以便于证明及追溯，这里的文件包括实施的过程、结果记录以及相关文件，如审核计划、检查清单、审核记录、不符合报告、审核报告等。客观公正也是环境管理体系审核所必需的，审核员应以客观事实为依据，以审核准则为准绳，而不能主观臆断，不同的审核员针对同一审核问题应得出类似的结论，审核应当具备重复再现性。

其中，审核准则是“该组织所规定的环境管理体系审核标准”，并要将“审核结论呈报给管理者”，这里也体现了其内审的特性。总之，环境管理体系审核是一种管理手段，能通过监督自查，达到持续改进的目的。

2. 审核的目的

环境管理体系审核的目的在于对照环境管理体系审核准则来判断以下事项：

（1）衡量受审核方环境管理体系运行情况；

（2）确定其环境管理体系是否得到了妥善的实施；

（3）发现可进一步改善的因素；

（4）评价内部审核是否能够保证环境管理体系的有效实施。

3. 审核准则

环境管理体系审核准则是审核员用来同所收集到的审核证据进行比较的方针、惯例、程序和要求。

审核准则是审核员审核环境管理体系时所遵循的准则和尺度，环境管理体系审核准则可以归纳为以下三条：

（1）GB/T 24000 标准。

（2）适用于组织的环境法律、法规及其他要求。我国有着较为健全的环境法律法规体系，GB/T 24000 标准强调对遵守法律法规作出承诺，强调将相关的法律法规内容纳入体系要求，并定期进行评价，可以说法律法规在环境管理体系中是一个贯穿始终的要求，在环境管理中占有十分重要的地位。因此，适用于某一组织的法律法规和其他要求也必须作为对该组织的审核准则之一。这里的其他要求可以是政府的非法规性要求、组织与相关方的协议、上级机关的要求、组织内部的规章制度等。

（3）组织的环境管理体系文件。包括环境管理手册、环境管理程序文件、作业指导书及有关规章和要求。环境管理体系文件是组织根据 GB/T 24000 标准编制的，它对组织内部环境管理体系的实施提供强制性指令和具体操作运行指导，一旦发布就可视为组织的内部环境管理法规，因此，环境管理体系文件也是审核准则的组成部分。

4. 审核范围

环境管理体系审核范围应覆盖组织环境管理体系建立、实施和运行的范围和领域，即使其中部分不纳入认证审核范围，但只要体系覆盖到就必须纳入内审范围。

组织进行内审的方式和频次是与其管理的需要相联系的，如在一定时间内进行部门滚动审核或其他要素滚动审核、一年一次或数次进行集中审核。无论采取何种方式，从一定周期来看，其内审范围都应当是完整的，内审考虑审核范围时应把握以下几个方面内容：

（1）审核应覆盖环境管理体系的全部管理要素。虽然首次内审无法审核到内审和管理评审等要素，但从第二次内审开始便可以对包括前次内审和管理评审在内的要素进行全面审核了。

（2）在管理上审核应覆盖环境管理体系的全部部门和职能，不能因某部门的环境因素简单或环境影响较小而不纳入，也不能因其是非专门的固定机构（如松散型的环境管理委员会）而不将其纳入。

（3）在场所上审核应覆盖环境管理体系所辖范围，如新厂房的建筑施工工地虽在厂区围墙以外，但相关的环境因素及建设项目新扩改管理工作也应纳入管理体系，所以应将该施工工地纳入审核范围。

（4）审核应覆盖组织环境管理体系所涉及的活动、产品和服务，如销售服务未纳入管理体系，则内审时可不考虑。

环境管理体系审核同各种审核一样，是抽样性质的，不可能无限细化或覆盖每一领域，所以审核时也应突出重点，关注归口及重要职能部门以及重点环境岗位，每一次内审都应适当考虑范围的侧重性和全面性，总体来讲，其抽样量和资源应多于外部审核。

合理地界定审核范围，有赖于体系建立时对体系范围的合理策划，审核范围的全面性确保了环境管理体系审核这一要素运行的充分性。

5. 审核的时机和频次

环境管理体系审核一般可分为例行的常规审核和特殊情况下的追加审核。常规审核按预先编制的年度计划进行。编制年度计划时应合理策划审核的时机，如体系发布之后经过一段时间的运行（通常为2～5个月）再进行内审较为适宜，确定内审时机还可与重要环境因素相关目标配合，在指标方案已全面启动或有关法律法规检查验收之前进行。如果组织的年度规划中包括企业搬迁、机构变更、资产重组等工作，则内审可配合该情况在体系运行稳定之后一段时间（如3个月后）再进行。总之，内审的时机和频次应结合组织的工作规划和具体情况而定。

内审在很大程度上保证了外部审核的效果，所以内审安排在外审之前也是多数组织采取的方式，目前外审较为多见的频次为认证审核之后半年进行一次年度监督审核，之后每隔一年进行一次年度监督审核，三年时进行换证审核即复评。内审的频次和时机可配合外审进行，且应不少于外审。

发生以下特殊情况，可适当追加审核：

（1）严重的环境管理问题、事故或相关方有严重投诉；

（2）组织的领导层、隶属关系或内部机构发生临时调整；

（3）环境方针、目标、指标发生较大改变；

（4）产品、环保技术及装配、生产场所发生较大改变。

6. 审核的内容、方式与方法

（1）审核的内容。审核内容包括文件审核和现场审核。

（2）审核的方式与方法。审核方式分为集中式审核和滚动式审核，滚动式审核包括部门滚动审核和要素滚动审核。审核方法主要包括审阅文件、查阅记录、面谈会谈和现场观察。

二、环境管理体系审核的发起和策划

良好的启动和策划是内审成功的必要条件，它有赖于正确的决策、意识上的重视、充足的资源及合理的策划，只有如此才能保证每次审核的有效组织和合理实施。

1. 领导必须重视

环境管理体系审核涉及组织的所有有关部门，是一项全局性的工作，最高管理者应赋予内审这项工作权威性，保证各个部门的协调配合。建立和实施一个健全的环境管理体系，尤其重要的是充分运用环境管理体系审核这一管理手段和改进机制使体系得到维持和改进。内审是对体系运行情况的验证，其结果直接提供给管理评审，以供最高管理者决策，所以各级管理者均应将内审作为重要的管理手段及工作方式来对待。领导对内审工作的重视还应表现为领导层要组建一支内审队伍，任命干部并赋予其一定的权力，确定其职责和制定其工作方针。其中，重要的一环是赋予环境管理者代表职责和权力，由其全盘组织内审工作。

2. 环境管理者代表应亲自抓

环境管理者代表应确保按照 GB/T 24000 的规定建立、实施和维持环境管理体系，环境管理体系审核在其中起着至关重要的作用，且是一项牵涉全局的工作，所以环境管理者代表应直接承担内审的领导工作或通过环保推进职能部门完成内审的组织工作。环境管理者代表应直接或间接参与的工作，包括负责建立内审的组织和程序、培训人员、制订计划、组织实施内审、审批审核报告以及不符合项的纠正验证。当审核组与被审核部门发生争执时，应由环境管理者代表仲裁或通过环境管理者代表报请最高管理者仲裁，环境管理者代表同时是组织各部门就环境管理问题向最高领导层反映各种意见，进行信息沟通的重要渠道。

3. 落实内审职责

为维持一个环境管理体系并使之长期有效和持续改进，内审是一项常规工作，这就需要有一个机构来负责内审，一般可由“环保处”这类核心职能机构负责，这些机构可能还有一些其他的环境管理工作，但内审应是此类部门的一项重要任务（内审工作完全可以与其他工作结合进行）。

4. 组建一支合格的内审队伍

有一支合格的内审队伍才能保证内审的质量，使内审工作有效开展，因此，培训内审员是一项重要的工作，应在环境管理有关部门选择一批熟悉组织业务，了解专业技术、工艺流程、环保知识和管理知识，了解环境法律法规，有一定的学历和工作经验，有交流表达能力和正直的人员，对其进行培训，使其成为环境管理体系内审员，且内审员要有一定的数量，要足以应付例行的和特殊的内审任务，同时还要考虑将其派往供方做第二方审核。人员的分布也要适当分散，不能全部集中在环境管理部门。一般情况下，除环境管理部门，各生产部门及供应、技术等部门都应有内审员。经过一定培训的内审员，考核合格后由组织领导正式任命。

5. 建立一套正规的、文件化的内审程序

为使内审有系统、有组织、有方法和有计划地进行，一套正规的、文件化的内审程序是必不可少的，内审程序应明确审核的目的、范围、执行者的职责以及具体的实施方法。

三、环境管理体系内部审核的准备

（一）制订审核计划

1. 年度审核计划

组织应在每年年初计划全年的审核工作，考虑到外审的期限、自身的生产状况和环境管理工作的实际需要，制订年度审核计划。

审核可以采用集中审核的方式，也可以采用滚动审核的方式，无论采用哪一种，均应在一个审核周期内将全部部门和要素覆盖，即要满足审核范围的完整性。年度审核计划应由最高领导层或环境管理者代表批准实施，在执行过程中必要时可按程序调整，调整的计划仍需批准。年度审核计划为全年的环境管理工作起到统筹规划的作用，也体现了跨年度历次审核的连续性。

下面分别介绍集中审核和滚动审核。

集中审核是指在一个相对集中的时间内，一般为几天，对全部部门和要素集中进行审核。组织一般一年安排1～2次审核，可以安排在外审前一个月进行，同时考虑全年的培训计划、应急演习、目标（指标）完成情况以及管理评审的安排，确定内审的具体时间。

集中审核具有连续性、系统性，能够综合地分析环境管理体系的状况，并且可以节约大量的时间和人力资源；其缺点是由于统一占用时间，一方面难以召集到人，另一方面会给正常生产带来不便。因此，中小型物业公司多采用此方式。

滚动审核是每月对一个或几个部门（或要素）进行一次审核，逐月开展，每年或每半年应覆盖所有部门（或要素）一次。频次和时间可根据审核中发现问题的大小、多少、环

境因素及环境影响的复杂程度来定，且每年可以调整。采用滚动审核在全年或半年时间内才能完成对全部门、全要素的审核，此方式的优点是审核时间短且灵活，抽调人员方便，给部门的生产带来的影响小；缺点是缺乏系统性，每阶段审核之后很难进行综合分析。此种方式在大型物业公司较为多见。

2. 详细审核计划

在年度审核计划的指导下，每次审核应编制该次审核的详细计划，一方面作为审核员指导现场审核的重要依据，另一方面下发各部门，使组织内部各层次了解本次审核的目的、范围以及日程，以便协调安排工作。详细审核计划一般包括以下内容：①审核目的；②审核范围；③审核准则；④审核的起止日期；⑤审核组成员名单及分组；⑥详细的审核日程安排及审核分组情况（其中包括会议安排）。

在制订详细审核计划时应当注意：审核员分组时应当考虑回避问题，即各审核组的主审审核员不应来自被审核部门，这样能在一定程度上保障客观性、公正性。审核日程安排上应强化重要职能部门、重要环境因素及其控制情况、重点环境岗位。如果组织的范围较大，应合理安排审核线路，应根据生产及管理的实际情况协调好部门及现场审核的时间。

物业管理小专家

××物业公司环境管理体系内部审核计划

1. 审核目的

通过审核环境管理体系与审核准则是否符合，以及体系运行的适宜性及有效性，及时采取纠正和预防措施，为外部审核做好准备。

2. 审核范围

某市某区舟山路1号某物业公司的全部管理部门。

3. 审核准则

（1）GB/T 24000 标准。

（2）有关的环境法律法规及其他要求。

（3）公司环境管理文件：环境管理手册、程序文件及其他相关文件。

- 审核时间：2021 年××月××日至 2021 年××月××日。
- 审核组成员：第一小组：××× ××× ×××

  第二小组：××× ××× ×××

- 审核日程安排

时间		第一小组	第二小组
2021 年 × × 月 × × 日	8：30—9：00	首次会议	
	9：00—10：00	与最高管理者及环境管理者代表交流	
	10：00—12：00	环保部	维修部
	13：00—14：00	化学品库	设备部
	14：00—15：00	污水处理站、分析室	客服部
	15：00—16：00	后勤部	质量部
	16：00—17：00	办公室	环卫部
2021 年 × × 月 × × 日	8：00—9：30	安保部	绿化部
	9：30—10：30	人事部	财务部
	10：30—12：00	审核组内部交流，确定审核发现	
	13：00—13：30	审核组与环境管理代表总结审核结果	
	13：30—14：30	末次会议	

（二）组成审核组，进行审核组任务分配

通常在审核前一个月，由环境管理代表或总经理任命当次审核的审核组长及审核组成员，并配备一定的资源。

审核组长应具有较强的组织能力、丰富的管理经验，熟练掌握 GB/T 24000 标准及相关法律法规，具备较强的审核经验和技巧，在环境管理体系中担当一定职务。

审核组长的职责：制订审核计划（包括审核目的及范围）、进行审核组任务分配、组织审核组审阅文件及资料、预先检查审核组成员编制的检查表及其他工作文件、组织审核实施工作、确定不符合项、编制审核报告、组织对不符合项的纠正及验证工作。

审核员应是具备内审员资格的人员，经过相应的培训，具备一定的素质和工作能力。在审核分组时应强调：审核组成员应避嫌，审核员不应来自被审核的部门，以保证客观性；可根据审核员的个人特点来安排工作，即审核员应对所审核的部门的业务较为了解且具备相关的专业知识。审核组要强调协调配合、团结合作。

审核组成员的职责：服从审核组长领导、接受审核组长分配的工作、协助审核组长完成审核任务、编写和准备工作文件、充分收集与分析审核证据、编写不符合报告、保管好与审核有关的文件及资料、协助编写审核报告、进行不符合项的纠正及验证工作。

（三）审阅文件和资料

审阅文件和资料是现场审核的基础及先行步骤，内审的文件审核有别于外审，它是在

组织建立了文件化的环境管理体系并正常运行的情况下进行的，且文件审核的一部分功能已在定期的文件评审中完成了。因此，内审中对文件及资料的审阅有别于一般意义上的文件审核。

审阅的文件应包括环境管理手册、环境管理程序文件及操作岗位的作业指导书。审阅的资料可包括环评报告、“三同时”验收报告、环境规划、环境监测记录、排污收费记录、环境管理奖惩记录、相关方投诉记录、工艺流程图、厂区平面图、下水管网图、有毒有害化学品使用清单、与组织相关的环境法律法规等，其中的部分资料在首次内审之后可不作为审核重点。

审阅文件及资料的目的包括审查文件反映的环境管理体系是否符合标准及法规的要求，是否具备适用性和可操作性；通过审阅文件了解环境管理的职责和要求，编写检查单，指导现场审核。

（四）准备审核工作文件，编制检查表

审核组应在审核实施前，将全部的审核工作文件及空白记录准备好。

审核工作文件包括审核计划、首（末）次会议签到表、会议记录册、编制完成的现场审核检查单及表格、空白的不符合报告、纠正及验证措施报告、空白的内审报告等，由审核组中专门的人员负责保存。

现场审核检查表是现场审核前应准备的主要工作文件。它既是审核员进行现场审核的重要工具，也是现场审核的重要原始资料之一，可供日后追溯检查。认真编写检查表，是审核员在审核准备阶段的主要工作。

四、环境管理体系内部审核的实施

审核组在完成全部的审核准备工作之后，即按照审核计划的日程及时间进入审核的实施阶段。

（一）首次会议

虽然 GB/T 24000 标准并没有刻意要求组织的环境管理体系内审一定要召开首次会议，但在进入现场审核之前，在审核开始的时候召开一个简短的首次会议是有实际意义的。参加首次会议的人员包括最高管理者、环境管理者代表、各个部门的主管领导及审核组全体成员。通过首次会议，可以向领导层和内审员明确当次审核的目的、范围、准则、审核的详细日程安排，可加强领导层对审核的理解。部分组织在首次会议上还由管理者代表就环境管理体系的建立和实施、维护情况作一个简短的说明，对于各部门领导和内审员而言，这也是一次加强培训、掌握组织体系运行全貌的机会。首次会议还提供了一个审核组与受审核部门交流沟通的机会，可借此机会明确审核陪同人员及部门的生产状况等，各部门领导还可就审核计划中存在的疑义向审核组寻求解答。最高管理者还可以在首次会议中作内

审动员，心使各部门领导能够对内审有足够的重视。首次会议本身也使得内审工作更为正规化：

首次会议的议程可包括以下方面。

（1）审核组长介绍审核员；

（2）确认审核的目的、范围、准则、方法、审核日程安排及分组情况，强调末次会议时间、地点；

（3）环境管理者代表简要介绍组织体系的运行状况；

（4）最高管理者进行内审动员；

（5）提出质疑及沟通。

首次会议一般由审核组长主持，在召开首次会议之前，与会者应在首次会议签到簿上签到，首次会议的签到应作为审核实施的重要记录留存。应保留首次会议的会议纪要，以便日后追溯。首次会议应开得严肃、认真、高效率，控制好会议时间，不影响后续安排。

（二）现场审核，收集审核证据

首次会议之后，就进入现场审核阶段了，审核重点如下：

（1）环境方针是否得到贯彻落实；

（2）环境因素识别的充分性、评价的合理性、更新的及时性；

（3）重要环境因素控制情况；

（4）目标、指标完成情况，环境管理方案实施情况；

（5）法律法规及其他要求的遵守情况；

（6）管理程序和运行控制程序是否已被严格遵守或执行；

（7）体系文件的适用性，及其是否已付诸实施、效果如何；

（8）日常检查及监控工作如何，是否符合法律法规；

（9）内审的实施情况，不符合项是否已纠正；

（10）管理评审是否充分、达到效果；

（11）体系的充分性和有效性，例如，资源是否充分，职责是否落实，有何可供改进的地方等。

（三）审核发现与不符合的确定

审核发现是将收集到的审核证据与审核准则进行比较所得出的审核结果，审核组在收集审核证据之后要对所有审核证据进行评审，以确定受审核方的环境管理体系在哪些方面符合审核准则，哪些方面不符合审核准则。对于不符合审核准则的审核发现，审核组应认真分析，确定体系上存在的问题，并开具不符合报告。

1. 不符合的确定

环境管理体系审核中的不符合，是指违背审核准则的审核发现。

审核准则通常包括以下三方面内容：

（1）GB/T 24000 标准。

（2）适用于受审核方的与环境有关的法律、法规及其他要求。

（3）受审核方的环境管理体系文件（包括手册、程序文件及作业性文件）。

2. 不符合判定的形成

不符合判定应当以客观事实为依据，在现场审核中，应注意以下几点原则：

（1）证据应来自在审阅文件、记录以及现场观察中发现的客观事实。文件、记录中的记载具有可追溯性，可以作为证据，现场观察中发现的事实是客观存在的有形证据，在现场已经得到受审核部门的确认，对这些事实所做的记录，也可作为证据。

（2）以审核准则为准绳。不符合判定应以审核准则为准绳，而不能以审核员的主观意志和观点为依据，即审核员开具的不符合应依据三项审核准则作出，并能明确判定不符合要素条款。

（3）对不符合产生的原因进行分析，找出体系存在的问题。内审是对组织环境管理体系的整体审核，目的是判断体系中的要素是否符合要求，所以审核员不能仅满足于发现个别的不符合现象，而应对这些现象进行追踪和分析，以找出体系存在的问题。这也是不符合判定的目的所在。

（4）审核组要统一意见。组织的环境管理体系是一个整体，体系中存在的问题不是孤立的，常常相互联系。审核发现最终是否形成不符合项，应由审核组长决定。

（5）审核发现得到受审核部门的确认。在结束部门审核之前，审核员召集部门环境管理负责人进行一次简短小结，同时对审核员认为不符合的审核发现事实再次进行确认，听取受审核部门的意见，这样有利于查清问题形成的原因，也有利于受审核部门制定纠正措施和预防措施。

3. 不符合性质判定

部分组织出于管理的需要，按性质严重程度和造成的后果将不符合区分为严重不符合和一般不符合。

（1）出现下列情况之一，即构成严重不符合：

①体系运行出现系统性失效，即某一要素、某一关键过程重复出现失效现象。例如，体系中许多部门均未按培训计划实施培训。

②体系运行出现的区域性失效，例如，某一部门中有关要素全面失效。

③不符合的事实造成严重的环境危害，例如，重大环境事故造成人员伤亡。

（2）一般不符合是个别的、偶然的、孤立的、性质轻微的问题。

此外，不符合又可按其性质进行如下分类：

（1）体系性不符合，即环境管理体系文件与环境管理体系标准不符；

（2）实施性不符合，即未按环境管理体系文件或标准实施；

（3）效果性不符合，即实施后未达到规定的目标、指标或要求。

将不符合按严重程度分类，有利于使人们对严重的问题引起重视，确保纠正与预防措施力度；将不符合按性质区分，可较好地分析不符合产生的原因，制定切实有效的纠正和预防措施，达到持续改进的目的。

4. 不符合报告的编写

不符合报告主要包括下列内容：

（1）受审核方部门名称；

（2）不符合审核准则要求；

（3）不符合事实描述；

（4）不符合 GB/T 24000 标准的条款号及不符合体系文件的编号；

（5）不符合分类（严重程度、性质）；

（6）受审核部门代表确认及签字；

（7）审核员姓名及报告开具日期。

以上内容中对不符合事实的描述，应准确地描述审核员观察到的事实，抓住问题的核心加以概括，文字力求简明精练（必要时要写明发现不符合项的时间、地点和当事人职务）。

物业管理小专家

某物业公司环境管理体系审核不符合报告

审核部门		部门负责人	
审核员		审核时间	

不符合要求描述：

《化学药品管理程序》规定化学药品仓库中全部化学品贮罐均应直立摆放，不可倒置，最高码放不得超过三层，但审核员在现场仓库审核中发现 A 区存放的 10 桶消毒剂有 6 桶倒置，D 区存放的润滑油贮罐码放了四层，以上事实不符合程序要求。

不符合条款：4. 4. 6 运行控制。

不符合文件：化学药品管理程序。

不符合分类：轻微，实施性不符合。

受审核部门代表：×××　　审核员：×××

不符合原因分析：

1. 化学药品仓库装运工人和仓库保管员不了解程序要求，环保意识淡薄，化学药品仓库经理和环境管理员监督检查不力。

2. D 区润滑油区域太小，无法满足库存需要。

续表

纠正及预防措施：

1. 化学药品仓库全体人员全面清查仓库内化学品贮罐，将所有倒置和斜放贮罐直立摆放。

2. 扩大 D 区润滑油区域贮存面积，润滑油按三层码放。

3. 化学药品仓库全体人员组织学习化工管理程序及仓库规程，建立每周点检制度，由化学药品仓库经理及环境管理员每周进行检查并记录。

4. 以上措施在××月××日完成。

部门负责人：×××　审核员认可：×××

纠正措施完成情况：

已将化学药品仓库全部倒置和斜放贮罐直立摆放；D 区面积扩大，润滑油按三层码放；培训工作完成并做记录；点检制度纳入化学药品仓库流程，本周完成检查并做记录。

部门负责人：×××

纠正措施验证：

纠正措施已全部完成，有效。

审核员：×××

（四）审核结果的汇总分析

有了若干份不符合报告，在末次会议上对审核发表结论性意见之前，还要对全部审核发现作一次汇总分析，审核组长应在末次会议前组织一次审核组会议，必要时环境管理者代表也应参加，以便综合各个审核员的审核发现，对环境管理工作作出总体评价。

（五）编写审核报告，汇总审核记录

审核报告是说明审核结果的正式文件，应由审核组长亲自编写或在审核组长的指导下编写，审核报告应如实地反映审核的内容和结果，同时应标有日期和审核组长的签名，报告应包括下列内容：

（1）审核的目的、范围、准则、时间。

（2）审核组成员、受审核部门名称。

（3）审核综述，即审核情况小结。

环境管理体系审核报告应经环境管理者代表批准后分发至各领导及部门。各部门领导再传达给部门员工。

五、管理评审

管理评审是一项非常重要的环境管理活动，在环境管理体系当中承担了高层次监督保障功能，对体系的良好运行和持续改进起到了至关重要的作用。

（一）目的

管理评审的目的是通过组织的最高管理者定期对环境管理体系进行评审，以确保体系的持续适用性、充分性和有效性，保证体系的良好运行和持续改进。

（二）参加人员

因为管理评审涉及环境管理体系运行当中的一些重要问题，以及环境管理战略、方针走向、相关方要求等有关组织发展的重要内容，所以管理评审应由最高管理者决策，同时环境管理者代表和组织的高层部门领导也要共同参与，这样既可以保证评审内容的充分深入，也保证了评审决议的贯彻落实。

（三）管理评审收集的信息

管理评审应针对体系运行中的重要环节，对发现的问题进行评审，而不应该追究体系运行的细枝末节，这里提供一些管理评审可收集的信息，但应不仅限于此：

（1）环境方针，方针中各项承诺的贯彻落实情况，组织近期的经营战略；

（2）环境目标、指标完成情况报告及分析；

（3）环境管理体系审核报告及不符合纠正、验证情况；

（4）监测报告、法律法规符合性评价报告；

（5）相关方投诉、期望等问题的汇总；

（6）重要环境因素的控制状况；

（7）预计调整更新的重要环境因素和目标、指标、环境管理方案；

（8）变化的条件与信息，如法律法规的变化、机构人员的调整、市场的变化等；

（9）环境事故报告等。

（四）管理评审的内容

组织的情况千差万别，且随着体系的运行发展，每次管理评审的内容可依据实际情况各有侧重，评审的内容一般包括以下方面：

（1）环境方针是否持续适用，能否满足未来环境管理战略发展的需要；

（2）目标、指标的达成情况，方案是否可行，目标、指标方案是否需调整、更新；

（3）法律、法规符合性状况，需要改进和加强的领域是什么；

（4）重要环境因素的控制情况，来年控制重点的转移；

（5）内审反映的体系中的薄弱环节，体系的有效性及需要改进的领域；

（6）从相关方要求的环境事故分析中寻找体系需要改进的领域；

（7）面对变化的条件和信息，环境管理体系是否仍适用；

（8）体系今后的努力发展方向，评审后需完善的工作。

（五）管理评审的程序

因为管理评审具有相当的重要性，所以管理评审应有计划、有程序地进行。

1. 应制订管理评审计划

多数组织将管理评审定于内审完成后 1 ~2 个月进行，每年至少进行一次管理评审，或与外审的周期相同并先于外审一个月。总经理可通过高层办公会议决定管理评审的时间、方式，在预计时间前 1 ~2 周应下发由总经理签发的管理评审计划通知，以便参加管理评审的人员安排工作。评审一般采用会议的形式进行。

2. 收集管理评审信息

在管理评审进行之前，环境管理者代表应组织各有关部门和人员充分收集管理评审信息，并加以汇总提要，以方便管理评审时使用。

3. 形成管理评审结论

管理评审应在各项评审内容得出结论的基础上形成管理评审结论，即环境管理体系的持续适用性、充分性和有效性如何，以及体系中可供改进的领域，确定今后工作的努力方向。

4. 形成管理评审报告

管理评审应形成报告，报告的内容可包括管理评审的目的、参加人员、时间安排、评审的内容及评审的意见、评审结论等。管理评审报告应经最高管理者审批后作为正式文件下达并存档。

5. 问题整改

对于管理评审中发现的问题和需改进的方面，应进行整改，例如，环境方针、目标和体系文件的更改以及其他变动，应由环境管理者代表组织实施并监督验证，如果需要一段较长的时间才能调整完成，则作为下次内审和管理评审的重点加以关注。

一个组织的最高管理者对环境管理体系进行定期或经常的管理评审，有利于环境管理体系的持续、有效发展和不断改进，因此，坚持管理评审制度是最高管理者环保意识的表现之一，也是其重要职责。对此，每一个组织的领导人均应予以足够的重视。环境管理者代表也要积极协助最高管理者做好管理评审工作。

任务四　物业公司如何实施认证

任务导入

物业公司历经体系的策划、初始评审、文件编写和体系的试运行，直至管理评审，一个完整的运行周期才算完成，这时如果认为条件成熟，组织便可以申请环境管理体系认证了，环境管理体系认证是由获得认可资格的环境管理体系认证机构依据审核准则对受审核方的环境管理体系进行审核及认证评定，确认受审核方的环境管理体系的符合性及有效性，并颁发证书与标识的过程。环境管理体系认证审核因为独立于受审核方，且是由不受其经济利益制约的第三方机构依据特定的审核准则、按规定的程序和方法对受审核方进行的审核，所以具备较强的权威性、公正性和客观性。

问题与思考：

物业公司申请 ISO 14000 认证需要经过哪些程序？

一、环境管理体系审核

环境管理体系审核是判定一个组织的环境管理体系是否符合环境管理体系审核准则进而决定是否给予该组织认证注册的一个重要步骤。

环境管理体系审核，首先，应以客观事实为依据，审核证据必须真实可靠；其次，要遵循严格的程序，审核内容应覆盖环境管理体系标准的全部要素；最后，审核中各个步骤的工作内容都需形成文件，以保持可追溯性。例如，文件审核要有审核报告，现场审核要有检查清单并做详细的记录等。

二、认证申请须知

（1）申请环境管理体系认证的组织必须承诺遵守中国环境保护法律法规及其他要求。

（2）组织已按 GB/T 24000 标准建立环境管理体系，运行 3 ~ 6 个月，自体系运行后组织无重大环境污染事故，污染物无严重超标排放。

（3）组织应按要求填写环境管理体系认证申请书，并提供认证必需的文件：①同意遵守认证要求、提供审核所需信息的声明。②组织的基本情况，如组织的名称、地址、法律地位、性质、规模、主要产品及工艺流程、环境管理体系主要责任人及其技术资源。③组织的地理位置图、厂区平面图、工艺流程图、污染物分布图、地下管网图、环评批复、“三同时”验收报告、监测报告、污染物排放执行标准。④环境管理体系手册、程序及所需的相关文件。

（4）组织环境管理体系申请认证程序（见图 9 - 1）。

（5）环境管理体系认证证书有效期为三年。获证组织在三年有效期内应接受认证机构的监督检查，监督检查在获证后半年内进行一次，以后每年一次；三年有效期满时，如愿意继续持有证书，应在有效期满前三个月申请复评。

（6）申请组织的权利：①与审核中心协商确定审核计划、审核组成员；②与审核组共同确认不符合报告并对审核报告提出意见；③利用各种宣传媒体进行认证宣传；④对中心认证活动、人员、认证结果提出申诉、投诉。

图 9－1 环境管理体系申请认证程序

三、环境管理体系审核的程序和要求

根据 GB/T 24000 标准，环境管理体系审核可分成以下四个阶段：

1. 启动审核阶段

在接受委托方的审核申请后，如认证机构确认受审核方符合审核的基本条件，即可安排人员去受审核方进行初访，以了解受审核方的规模、性质、特点及环境状况等基本情况，并共同确定审核范围，进而双方签订审核合同。启动审核阶段的主要工作是文件预审，包括对环境管理手册、程序文件以及必要的环境背景资料文件的审核。

2. 审核准备阶段

主要工作内容是在认证机构内部完成的，其中包括制订审核计划，组成审核组并对审核组成员进行分工，编制现场审核用的工作文件等。这里工作量最大的是编制现场检查清单，审核人员要在仔细阅读受审核方的环境管理手册及程序文件的基础上列出现场审核中对各部门的检查内容。

3. 实施现场审核阶段

根据 ISO 14000 标准，这一阶段的工作程序又可分为以下四部分：

（1）首次会议。审核组长要向受审核方的管理层人员介绍审核组成员，并共同确认审核范围、审核准则和审核进度等。

（2）收集审核证据。审核组成员必须到企业的各有关部门和生产现场去，通过交谈、现场观察和查阅文件、记录等方式收集审核证据，以便判定受审核方的环境管理体系是否符合审核准则。

（3）审核方与受审核方共同评议。分析审核发现是审核组内部对审核中所发现的问题进行分析评审，以找出受审核方在体系上存在的问题。慎重起见，这些审核发现都要与受审核方的环境管理人员共同评议一次，以确认所有审核发现具备事实依据。

（4）末次会议。审核组长向受审核方宣布审核中发现的不符合项以及现场审核结论。

4．编制审核报告阶段

审核组在完成现场审核后，要编写审核报告。审核报告中应包括受审核方的基本情况、环境管理体系文件评审情况、现场审核情况及审核结论等。如果审核组认为受审核方的环境管理体系符合审核准则，则推荐注册，经认证机构技术委员会审议后即可批准注册。

四、获证后的后续活动

1．获证后的监督及复评

（1）根据国家有关规定，认证合格证书有效期为三年。自企业获证之日起，认证机构对获证企业环境管理体系运行情况每年按计划进行监督审核，其间隔不超过 12 个月。第一次监督审核在获证之日起半年内进行，总监督次数不少于 3 次，当出现下文（4）中所列情况时，视情节可增加非例行的监督审核。

（2）凡证书有效期满前 90 日内获证单位提出继续保持环境管理体系认证资格申请的，应签订复评合同，按合同安排对其环境管理体系进行一次全面复评，复评合格后按规定办理换证手续。

（3）监督复评的程序参照初次审核的程序进行。

（4）如果获证企业对其环境管理体系进行了重大更改或者发生了影响认证基础的更改，监督活动应依据特别规定进行。体系发生重大更改的情况如下：

①更换主要负责人；

②环境管理体系覆盖范围发生变化；

③环境管理体系文件进行重大修改；

④发生了重大环境事故；

⑤组织机构进行了重大调整（包括重要的人员、设备、设施或其他重要资源）。

根据上述情况决定是否需要增加非例行监督。

（5）在监督审核中如果发现获证方存在严重不符合或其他重要问题，视情节轻重和纠正情况可做出如下处理决定：暂停使用认证证书和认证标识；撤销使用认证证书和认证标识。

（6）认证证书的更换。

2．换证的规定

凡出现体系认证标准、认证范围和证书持有者变更的，需要按规定由申请方提出书面申请，经认证机构审查批准后换证，换证的原因有以下几种情况：

（1）企业在认证有效期内要求变更环境管理体系标准的。

（2）体系认证证书持有者变更、企业名称更改的。

（3）在证书有效期内认证所覆盖的范围变更的。

（4）认证要求更改的，包括认证标准的换版。

3. 认证证书的注销

凡出现下列情况之一的，认证机构应撤销证书持有者使用环境管理体系认证证书和标识的资格，收回认证证书。

（1）由于环境管理体系认证规则发生变更，体系认证证书持有者不愿或不能确保符合新要求的。

（2）在体系认证证书有效期满时，体系认证证书持有者在体系认证证书有效期内未向认证机构提出复评申请的。

（3）体系认证证书持有者正式提出注销的。

4. 认证证书的暂停使用

凡有下列情况之一者，认证机构将暂停获证方使用认证证书和标识的资格：

（1）获证方未经认证机构批准，对获准认证的环境管理体系进行了重要更改，并且这种更改影响到认证资格的。

（2）监督审核发现获证方环境管理体系达不到规定要求，但严重程度尚不构成撤销认证资格的。

（3）获证方对认证证书和标识的使用不符合认证机构的规定的。

（4）获证方未按期缴纳认证费用，且经指出后未予以纠正的。

（5）不按期接受监督的。

（6）发生其他违反体系认证规则情况的。

5. 认证证书的恢复

获证方在暂停期间采取纠正措施，经审核证明已满足规定要求的，认证机构将取消暂停处理，恢复认证证书和标识的使用。

6. 认证证书的撤销

有下列情况之一者，认证机构将撤销获证方使用认证证书和标识的资格：

（1）获证方在被暂停使用环境管理体系认证证书后，未按规定要求采取适当的纠正措施解决存在问题的。

（2）监督审核时发现获证方环境管理体系存在严重不符合规定要求情况的。

（3）正式协议中特别规定的其他构成撤销认证证书和标识使用资格有关情况的。

被撤销体系认证资格的，应书面通知企业，一年后才能受理其重新提出的体系认证申请。

7. 认证资格保持的条件

（1）组织环境管理体系能持续满足认证标准要求。

（2）组织能持续遵守相关法律、法规、标准，使各相关方满意。

（3）组织环境管理体系能持续、有效运行，具备自我改进和自我完善的机制。

（4）现场审核不符合项的纠正措施实施完成并验证有效。

8. 认证资格扩大（缩小）的条件

（1）扩大（缩小）体系覆盖产品或服务，其体系应符合申请标准要求。

（2）产品或服务质量符合相关法律、法规、标准要求，使各相关方满意。

（3）环境管理体系有效运行并能有效实施组织的环境保护方针。

走进物业公司

实训项目：根据材料编制某物业公司环境管理内部审核计划

[实训目的] 掌握物业公司环境管理体系内审计划编制方法及内容。

[实训内容]

1. 材料

公司名称：××物业公司。

部门名称：办公室、财务部、人事部、维修部、环保部、设备部、保安部、绿化部、后勤部。

计划审核时间：2天。

审核人员：各组人员（五人一组）。

2. 要求

根据材料讨论所学内容，编制环境管理体系内部审核计划。

[实训考核] 每人编制一份物业公司环境管理体系内部审核计划。

考考物业管理员

一、不定项选择题

1. 1985年（　　）率先提出建立企业环境管理体系的概念。

A. 英国　　B. 法国　　C. 荷兰　　D. 德国

2. 1992年，世界上首个环境管理体系标准诞生于（　　）。

A. 英国　　B. 法国　　C. 荷兰　　D. 德国

3. 1992年，世界上首个环境管理体系标准诞生，按照其编号方式，被命名为（　　）。

A. EMAS　　B. BS 7750　　C. ISO 14000　　D. ISO 9000

4. 可以说欧洲发达国家积极推行的（　　）的成功经验是ISO 14000系列标准的基础。

A. EMAS　　B. BS 7750　　C. ISO 14000　　D. ISO 9000

5. ISO 14000 系列标准共预留（　　）个标准号。

A. 10　　B. 50　　C. 80　　D. 100

6. 环境管理体系认证证书有效期为（　　）年。

A. 10　　B. 5　　C. 1　　D. 3

7. 自企业获证之日起，认证机构对获证企业环境管理体系运行情况每年按计划进行监督审核，其间隔不超过（　　）个月。

A. 10　　B. 6　　C. 12　　D. 3

二、名词解释

1. ISO 14000
2. 环境管理体系审核

三、简答题

1. 简述 ISO 14000 标准的基本思想。
2. 物业企业实施 ISO 14000 标准有何意义？
3. 物业企业实施 ISO 14000 标准存在的问题有哪些？
4. 你对物业企业实施 ISO 14000 标准有何建议？
5. 环境管理体系审核的目的和作用是什么？
6. 环境管理体系审核准则有哪些？
7. 审核过程中如何判别严重不符合与一般不符合？
8. 简述环境体系认证审核流程。

参考文献

［1］王素梅．物业管理概论［M］．北京：机械工业出版社，2008.

［2］戴璐．物业环境管理［M］．武汉：华中科技大学出版社，2004.

［3］刘嘉．物业环境与安全管理［M］．北京：中国建筑工业出版社，2006.

［4］武永春．物业管理［M］．北京：机械工业出版社，2009.

［5］谭甲林．物业环境管理［M］．北京：中国劳动社会保障出版社，2001.

［6］代岚．物业环境管理［M］．北京：机械工业出版社，2011.

［7］康亮．物业绿化管理［M］．上海：华东师范大学出版社，2008.

［8］杨赉丽，班道明．居住区物业环境绿化管理［M］．北京：中国林业出版社，2002.

［9］郭淑芬，田霞．小区绿化与景观设计［M］．北京：清华大学出版社，2006.

［10］周成学．物业安全管理［M］．北京：中国电力出版社，2009.

［11］何石岩．房屋管理与维修［M］．北京：机械工业出版社，2009.

［12］刘薇．物业设施设备管理与维修［M］．北京：清华大学出版社，2006.

［13］柳涌．香港物业管理方法［M］．北京：中国建筑工业出版社，2008.

［14］宋英华．突发事件应急管理导论［M］．北京：中国经济出版社，2009.

［15］王蕾，刘晓艳．环境管理体系最新标准应用实例［M］．北京：化学工业出版社，2009.

［16］张天琪，黄金华．物业环境管理［M］．北京：中国物资出版社，2011.

［17］宁艳杰．物业环境管理［M］．北京：中国林业出版社，2013.

［18］张秀萍．物业环境管理与服务［M］．2 版．北京：中国建筑工业出版社，2013.

［19］余源鹏．物业环境管理：绿化保洁培训与管理手册［M］．北京：机械工业出版社，2014.

［20］田禹，刘德明．物业管理概论［M］．北京：清华大学出版社，2015.

［21］余源鹏．物业环境绿化与清洁管理实操一本通［M］．北京：机械工业出版社，2009.

［22］余源鹏．物业安全管理——治安、交通、车辆、消防、应急管理与培训手册［M］．北京：机械工业出版社，2014.

［23］张天琪．物业环境管理［M］．北京：中国人民大学出版社，2018.